नागरिकशास्त्र शिक्षण
TEACHING OF CIVICS

नागरिकशास्त्र शिक्षण
TEACHING OF CIVICS

लेखक
डॉ0 सुरेन्द्र कुमार शर्मा
डी. आई. ई. टी. (डाइट)
एस. सी. ई. आर. टी.
नई दिल्ली

डिस्कवरी पब्लिशिंग हाउस
नई दिल्ली–110 002

प्रथम संस्करण: 2007
Reprinted: 2013

ISBN: 978-93-5056-651-0

प्रकाशक
डिस्कवरी पब्लिशिंग हाउस
4831/24, अन्सारी रोड, दरियागंज
नई दिल्ली—110 002
दूरभाष—23279245
फैक्स—23253475
e-mail: dphbooks@rediffmail.com
dphtemp@indiatimes.com

Printed at: Dynamic printers, Delhi

प्रस्तावना

नागरिकशास्त्र पढ़ाने का उद्देश्य मानव तथा समाज को सुसंस्कृत बनाना है। स्वतन्त्रता प्राप्ति के बाद नागरिकशास्त्र को पाठ्यक्रम में अन्य विषयों के ही समान महत्त्वपूर्ण जगह दिया गया। प्रारम्भिक कक्षाओं से ही नागरिकशास्त्र का शिक्षण आरंभ किया गया। आधुनिक भारत में नागरिकशास्त्र की शिक्षा उसी तरह दी जा रही है जिस तरह पाश्चात्य देशों में दी जा रही है। भारत में अब न केवल नागरिकशास्त्र की विषय-वस्तु को परिष्कृत किया गया है वरन् नागरिकशास्त्र की शिक्षण विधियों तथा पद्धतियों का भी विकास किया गया है। भारत में भी इस बात को जान लिया गया है कि नागरिकशास्त्र नागरिकों के अधिकारों तथा कर्तव्यों का शास्त्र है और इसके ज्ञान के अभाव में मनुष्य अपने अधिकारों तथा कर्तव्यों का ज्ञान नहीं प्राप्त कर सकते हैं।

नागरिकशास्त्र के एक सफल अध्यापक को उसके शिक्षण के मुख्य उद्देश्यों का ज्ञान होना चाहिए। यह सत्य है कि किसी विषय के शिक्षण उद्देश्य ही उसकी शिक्षण-विधियाँ निर्धारित करते हैं। सफल अध्यापक अपनी योग्यता तथा शिक्षण की क्षमता के माध्यम से हमेशा इन उद्देश्यों की पूर्ति करने का प्रयास करता है। पाठ्यक्रम के भिन्न-भिन्न विषय, किसी न किसी सीमा तक शिक्षा के साधारण उद्देश्यों की पूर्ति में सहायक होते हैं। शिक्षा के उद्देश्य ही विभिन्न विषयों के उद्देश्य हैं। फिर भी विषय के कुछ ऐसे विशेष उद्देश्य होते हैं, जिनकी पूर्ति उस विषय के माध्यम से ही अधिक

सीमा तक सम्भव होती है और उन्हीं को ध्यान में रखकर उस विषय का शिक्षण किया जाता है। यही नियम नागरिकशास्त्र के साथ भी है।

किसी विषय का शिक्षण, उद्देश्य निर्धारित किए बिना किया जाए तो बालक का व्यवहार दिशाहीन हो जाता है। बालक के व्यवहार में अपेक्षित बदलाव का लक्ष्य ही नागरिकशास्त्र शिक्षण के माध्यम से निर्धारित किया जाता है।

नागरिकशास्त्र शिक्षण में शिक्षण विधि से आशय है कि किसी विषय-वस्तु को छात्रों को किस तरह प्रदान किया जा सकता है। शिक्षक अभीष्ट उद्देश्य की प्राप्ति के लिए कुछ विशेष विधियों का अनुसरण करता है। ये विधियाँ शिक्षण कला को सजीव बनाती हैं। शिक्षण की सफलता मुख्यतः इन्हीं शिक्षण विधियों पर आधारित रहती है। नागरिकशास्त्र के शिक्षक को भी अपने उद्देश्यों की पूर्ति के लिए कुछ विधियों का सहारा लेना पड़ता है।

आधुनिक युग में शिक्षण कार्य को सरल, रोचक और बोधगम्य बनाने हेतु पाठ्य पुस्तकों को एक उपयोगी साधन के रूप में जाना जाता है। पाठ्य पुस्तकों की मदद से नागरिकशास्त्र के शिक्षण को और अधिक प्रभावी बनाया जा सकता है। वर्तमान वक्त में शिक्षण प्रक्रिया में पाठ्य पुस्तकें पथ प्रदर्शन का कार्य करती हैं।

नागरिकशास्त्र शिक्षण में पाठ योजना सृजन का शिक्षक व छात्र हेतु विशेष महत्त्व है। पाठ योजना वास्तव में शिक्षक के माध्यम से पढ़ाए जाने वाले पाठ की पाठ्यवस्तु का पूर्व निर्धारित प्रारूप है जिसके माध्यम से शिक्षक पाठ पढ़ाने से पूर्व चिन्तन करके पाठ पढ़ाने के क्रम में आने वाली समस्याओं के हल का पूर्वाभ्यास कर लेता है। वास्तव में पाठ योजना बनाते वक्त शिक्षक इन बातों पर पहले ही विचार कर लेता है कि वह अमुक पाठ को किन उद्देश्यों की प्राप्ति हेतु पढ़ाएगा तथा इसके लिए किन-किन शिक्षण सामग्रियों की आवश्यकता पड़ेगी। उन सामग्रियों का उपयोग आवश्यकतानुसार वह कैसे करेगा। पाठ्यवस्तु में उसे किन-किन तथ्यों व सूचनाओं को छात्रों को प्रदान करना है। इस तरह पाठ योजना पाठ को पढ़ाने का एक निर्धारित प्रारूप है।

'नागरिकशास्त्र शिक्षण' की इस पुस्तक में नागरिकशास्त्र शिक्षण : परिचय, नागरिकशास्त्र शिक्षण के उद्देश्य, पाठ्यक्रम, आदर्श नागरिकशास्त्र अध्यापक, नागरिकशास्त्र शिक्षण में अध्यापक व्यवहार, पाठ प्रस्तुतीकरण एवं पाठ योजना, गृहकार्य, संसाधन कक्ष और अन्य शीर्षकों के अन्तर्गत विषय-वस्तु को अत्यंत ही सरल एवं रोचक शब्दों में प्रस्तुत किया गया है। आशा ही नहीं अपितु पूर्ण विश्वास है कि यह पुस्तक पाठकों को पसन्द आयेगी।

अनुक्रम

1

नागरिकशास्त्र शिक्षण : परिचय

नागरिकशास्त्र अंग्रेजी शब्द 'सिविक्स' का रूपान्तर है। सिविक्स शब्द की उत्पत्ति लैटिन भाषा के दो शब्दों सिविक्स और सिविटास से हुई है। सिविक्स का अर्थ नागरिक तथा सिविटास का अर्थ है नगर (राज्य शब्द की उत्पत्ति इन्हीं दो शाब्दिक अर्थ के अनुरूप सिविक्स) वह विषय है जो नागरिकों तथा नगर राज्यों पर प्रकाश डालता है। प्राचीन काल में ग्रीस में छोटे-छोटे राज्य थे जो आज के शहरों से भी छोटे होते थे। इन्हें नगर राज्य कहा जाता था। जिन व्यक्तियों को राज्य की ओर से विशेष अधिकार प्राप्त थे, नागरिक कहा जाता था। उस वक्त के नगर राज्य स्वतन्त्र होने के साथ-साथ राजनैतिक तथा सामाजिक जीवन के केन्द्र होते थे। नगर राज्यों के इस तरह से नवजीवन से सम्बन्धित होने के कारण यह विषय सिविक्स कहा जाने लगा।

नागरिकशास्त्र हिन्दी के दो शब्दों नागरिक शास्त्र से मिलकर बना है। नागरिक का अर्थ राज्य के उन व्यक्तियों से है जिन्हें राज्य की नागरिकता प्राप्त है। इसमें विदेशी तथा अनागरिक व्यक्ति सम्मिलित नहीं होते। शास्त्र का अर्थ है किसी विषय का क्रमबद्ध तथा उपयोगी ज्ञान। दूसरे शब्दों में नागरिकों के क्रमबद्ध तथा उपयोगी ज्ञान को नागरिकशास्त्र कहते हैं।

नागरिकशास्त्र के अर्थ को आधुनिक यातायात के साधन एवं संचार साधनों ने काफी व्यापक बना दिया है। इन साधनों ने विश्व को एक इकाई के रूप में

स्थापित कर दिया है। आज का मानव अपनी संकीर्ण सीमाओं को पार कर चुका है। वर्तमान में मनुष्य के सम्बन्ध समस्त विश्व तथा मानवता को स्पर्श करते हैं। वर्तमान में नगर का नागरिक राष्ट्र का नागरिक बन गया है तथा सहानुभूति और उच्च मानवीय आदर्शों के साथ विश्व का नागरिक बनने हेतु अग्रसर है। इस तरह नागरिकशास्त्र आधुनिक सामाजिक जीवन की सभी क्रियाओं तथा समस्याओं का अध्ययन है जिसका क्षेत्र नगर राज्य की सीमाओं से बढ़कर विश्व तक व्यापक होता जा रहा है।

परिभाषा

नागरिकशास्त्र का वर्णन एक बड़ा तार्किक विषय है। अनेक विद्वानों ने अपने ढंग से इसका वर्णन किया है। नागरिकशास्त्र एक गत्यात्मक शास्त्र है। इसकी गत्यात्मक प्रवृत्ति के कारण विभिन्न विद्वानों ने अपने-अपने ढंग से परिभाषित किया है–

पेट्रिक गेड्स के अनुसार–"नागरिक शास्त्र नागरिकता का विज्ञान एवं दर्शन है।"

श्री ए.टी. शॉ के विचारों के अनुसार–"नागरिकशास्त्र मानव ज्ञान की वह शाखा है जिसमें मनुष्य के एक राजनैतिक संगठन के सदस्य के नाते, अधिकारों तथा कर्त्तव्यों की विवेचना की जाती है।"

प्रो. एफ.जे. गोल्ड के शब्दों में "नागरिकशास्त्र उन संस्थाओं, आदतों और कार्यों का अध्ययन है जिनके माध्यम से कोई मनुष्य अथवा स्त्री अपने कर्तव्यों की पूर्ति करता है तथा राजनीतिक समुदाय होने के लाभ प्राप्त करता है।"

इनसाइक्लोपीडिया ब्रिटानिका के अनुसार–"नागरिकशास्त्र नागरिकों के अधिकारों एवं कर्त्तव्यों का विज्ञान है।"

डॉ. बेनी प्रसाद ने नागरिकशास्त्र की परिभाषा देते हुए कहा है कि– "नागरिकशास्त्र वह शास्त्र है जो पास-पड़ोस की क्रियाओं का विवेचन तथा अधिकारों एवं कर्त्तव्यों का ज्ञान कराता है।"

उक्त परिभाषाएँ विद्वानों ने अपने विचारों के अनुरूप दी हैं। इनमें से कोई भी परिभाषा पूर्ण सन्तोषप्रद नहीं है जो आधुनिक नागरिकशास्त्र के व्यापक क्षेत्र को स्पष्ट करती हो। नागरिकशास्त्र की न्यायसंगत परिभाषा डॉ. ई.एम. ह्वाइट ने दी है।

डॉ. ई.एम. ह्वाइट के अनुसार–"नागरिकशास्त्र मानव ज्ञान की वह शाखा है जो नागरिकों से सम्बन्धित समस्त विषयों (सामाजिक, बौद्धिक, राजनैतिक,

आर्थिक एवं धार्मिक) पर विचार करती है। इसके साथ-साथ वह नागरिकता के अतीत, भविष्य एवं वर्तमान स्थानीय, राष्ट्रीय एवं विश्वव्यापी पहलुओं का विश्लेषण करती है।''

इस परिभाषा को देखने से यह मालूम होता है कि नागरिकशास्त्र नागरिकों के आर्थिक, सामाजिक, राजनैतिक आदि विषयों से सम्बन्धित तत्त्वों का समावेश करता है। इसके साथ ही उसका क्षेत्र राष्ट्रीय एवं विश्वव्यापी है। वह नागरिकों के भूत, वर्तमान तथा भविष्य सभी कालों की स्थिति का ज्ञान कराती है।

उक्त सभी परिभाषाओं को देखने से यह प्रतीत होता है कि नागरिशास्त्र वह उपयोगी ज्ञान है जो नागरिकता के सभी पक्षों का अध्ययन कराता है। अर्थात् इसमें भूत, वर्तमान तथा भविष्यकालीन, स्थानीय, राष्ट्रीय एवं मानवीय पक्षों का अध्ययन किया जाता है।

इस प्रकार नागरिकशास्त्र की परिभाषा तीन प्रमुख बातों के योग से बनी है—

1. नागरिकशास्त्र एक उपयोगी ज्ञान है।

2. नागरिकशास्त्र नागरिकता के भूत, वर्तमान तथा भविष्य के पृथक्-पृथक् पक्षों पर विचार करता है।

3. नागरिकशास्त्र मनुष्य का अध्ययन स्थानीय, राष्ट्रीय तथा अन्तर्राष्ट्रीय समाज के सदस्य के रूप में करता है।

स्वरूप

जहाँ तक नागरिक शास्त्र के स्वरूप का प्रश्न है, विद्वानों के बीच यह काफी वक्त से विवाद का विषय रहा है। विद्वानों में इस बात को लेकर विवाद है कि नागरिकशास्त्र विज्ञान है या कला है। कुछ विद्वान इसे कला मानते हैं तो कुछ विज्ञान मानते हैं। कुछ विद्वान नागरिकशास्त्र को कला और विज्ञान दोनों मानते हैं। नागरिकशास्त्र को कला मानने वाले विद्वानों की मान्यता है कि यह कभी भी विज्ञान नहीं हो सकता। कुछ लोग इसे कला मानने में भी संकोच करते हैं। इस सम्बन्ध में बकलं (Buckle) महोदय का विचार उद्धत किया जा सकता है जिन्होंने कहा है कि ''नागरिकशास्त्र विज्ञान होने से दूर रहा, कलाओं में भी सबसे पिछड़ी कला है।'' वास्तव में इस तरह का मत रखने वाले विद्वान शायद विज्ञान को संकुचित दृष्टि से देखते हैं। विज्ञान उस एकीकृत ज्ञान भण्डार को कहते हैं जो क्रमबद्ध निरीक्षण, अनुभव और अध्ययन विषय वर्गीकरण के माध्यम से प्राप्त किया जाता है। विज्ञान में पर्यवेक्षण, इस्तेमाल तथा वर्गीकरण की विधियों के माध्यम से निश्चित

नियम अथवा सिद्धान्त का पता लगाया जाता है। ये नियम अटल होते हैं। वक्त एवं जगह की विभिन्नता के कारण उनमें कोई बदलाव नहीं होता। विज्ञान के माध्यम से भावी घटनाओं का भी अंदाजा लगाया जा सकता है। इस सम्बन्ध में डॉ. गार्नर के विचार उद्धृत किए जा सकते हैं जिन्होंने विज्ञान के व्यापक दृष्टिकोण के विषय में कहा है कि "विज्ञान योजनाबद्ध निरीक्षण, अनुभव तथा अध्ययन के माध्यम से अर्जित किसी विषय का वह ज्ञान है जिसका समन्वय योजनाबद्ध तथा वर्गीकरण के माध्यम से किया जा चुका है। इस विचार के अनुरूप किसी वस्तु का योजनाबद्ध एवं निश्चित ज्ञान का विज्ञान है।" विज्ञान सम्बन्धी व्यापक दृष्टिकोण के प्रकाश में कहा जा सकता है कि नागरिकशास्त्र विज्ञान है चूँकि इसमें वे सारी विशेषताएँ विद्यमान है जो किसी भी विज्ञान में हो सकती हैं। नागरिकशास्त्र विज्ञान है यह धारणा विभिन्न कारणों से पुष्ट होती है–

(1) नागरिकशास्त्र में निरीक्षण सम्बन्धी गुण हैं।
(2) नागरिकशास्त्र में विज्ञान की प्रकार शुद्ध परीक्षण किया जा सकता है।
(3) वैज्ञानिक विधियों का इस्तेमाल नागरिकशास्त्र विषय पर भी किया जा सकता है।
(4) नागरिकशास्त्र का अध्ययन विज्ञान की प्रकार किया जा सकता है।

नागरिकशास्त्र को विज्ञान मानने वाले विद्वानों के विचारों का खंडन करते हुए कुछ विद्वान नागरिकशास्त्र को विज्ञान न मानने के निम्नलिखित कारण बताते हैं–

(1) नागरिकशास्त्र में कार्य कारण का सम्बन्ध स्थापित नहीं किया जा सकता।
(2) परीक्षण एवं निरीक्षण असंभव है।
(3) नागरिकशास्त्र में निंश्चित नियमों का अभाव है।
(4) नागरिकशास्त्र में परिणाम तथा नियम शुद्ध, निश्चित और हमेशा रहने वाला नहीं है।

उक्त दोनों तरह के मतों के आधार पर यह कहा जा सकता है कि नागरिकशास्त्र विज्ञान तो है लेकिन अन्य विज्ञानों के समान निश्चित और अटल नहीं है। नागरिकशास्त्र को कला मानने वाले विद्वान की यह मान्यता हैं कि "व्यावहारिक जीवन में ज्ञान के इस्तेमाल का ही नाम कला है।" कला सुन्दर वस्तुओं का मार्ग प्रशस्त करती है। कला ज्ञान के व्यवहारिक इस्तेमाल के माध्यम से जीवन को अधिक सुखी और उन्नतशील बनाती है। नागरिकशास्त्र हमें कुछ सिद्धान्तों का ज्ञान कराकर ही शान्त नहीं होता वरन् हमें यह बतलाता है कि किस प्रकार प्राप्त ज्ञान को व्यवहारिक जीवन में इस्तेमाल करना चाहिए। हमें आदर्श नागरिक के गुणों

का ज्ञान होना ही पर्याप्त नहीं है। हमें यह भी जानना होगा कि हम आदर्श नागरिक के अनुरूप किस तरह व्यवहार करें। इस बारे में प्रो. पैट्रिक गैट्स ने कहा है कि ''नागरिकशास्त्र सामाजिक सर्वेक्षण को सामाजिक सेवा में लगाने वाला ज्ञान है। इसका उद्देश्य केवल सामाजिक संस्थाओं का ज्ञान कराना और उनका विकास बतलाना ही नहीं है, बल्कि समाज के प्रति क्रियाशील भक्ति जागृत करना भी है।''

नागरिकशास्त्र को कला मानने वाले विद्वान अपने मत की पुष्टि निम्नलिखित बातों के आधार पर करते हैं–

(1) नागरिकशास्त्र का उद्देश्य मानव कल्याण है।

(2) नागरिकशास्त्र एक आदर्श समाज का सृजन करता है।

(3) नागरिकशास्त्र नागरिकों को अधिकारों तथा कर्त्तव्यों का ज्ञान कराता है।

उक्त बातों से यह स्पष्ट होता है कि नागरिकशास्त्र को कुछ विद्वान कला और कुछ विद्वान विज्ञान मानते हैं। वास्तव में बिना किसी वाद-विवाद अथवा मतभेद कहा जाए तो कहा जा सकता है कि नागरिकशास्त्र विज्ञान तथा कला दोनों है। इस सम्बन्ध में डॉ. ई.एम. ह्माइट ने कहा है कि ''एक वैज्ञानिक की प्रकार नागरिकशास्त्र का विद्यार्थी निश्चित एवं सही ज्ञान प्राप्त करता है और एक नागरिक कलाकार की प्रकार स्वयं को तथा अपने आदर्श को सामाजिक जीवन में व्यक्त करता है। नागरिकशास्त्र को कला और विज्ञान दोनों मानते हुए डॉ. बेनी प्रसाद ने कहा है कि ''नागरिकशास्त्र इस विचार से विज्ञान और कला दोनों है कि यह परिस्थितियों की खोज करता है और अपनी खोजों के फलों को मानव कल्याण की वृद्धि करने में लगाता है।''

इस तरह यह माना जाता है नागरिकशास्त्र कला और विज्ञान दोनों है।

उद्देश्य

साधारणतया हर व्यक्ति की क्रियाओं के पीछे निश्चित उद्देश्य होते हैं। अतः किसी भी कार्य की पूर्णता हेतु लक्ष्य का ज्ञान होना जरूरी है। लक्ष्य ज्ञान के अभाव में व्यक्ति उस नाविक के समान होता है जिसे अपनी मंजिल का ज्ञान नहीं होता है। गंतव्य का ज्ञान न होने पर जो स्थिति पथिक की होती है वही स्थिति उद्देश्य से अनभिज्ञ होकर क्रिया करने वाले व्यक्ति की होती है।

शिक्षण कार्य में उद्देश्यों का पूर्व–निर्धारण आवश्यक है, चूँकि उद्देश्यों की स्पष्टता पर ही कार्य सफलता निर्भर करती है। स्पष्ट उद्देश्यों के अभाव में कार्य को सुचारू रूप से सम्पादित नहीं किया जा सकता है। शिक्षण जैसे प्रमुख कार्य में

उद्देश्यों का पूर्व–निर्धारण काफी जरूरी है। आदिमकाल में भी जब मनुष्य अपनी सन्तानों को शिक्षा देता था तो उसके पास उद्देश्य होता था, जीवन की रक्षा करना। सभ्यता के विकास के साथ-साथ शिक्षा में उद्देश्यों के पूर्व–निर्धारण की आवश्यकता चली आ रही है। नागरिकशास्त्र पढ़ाने का उद्देश्य मानव तथा समाज को सुसंस्कृत बनाना है। नागरिकशास्त्र के शिक्षण की आवश्यकता का अनुभव करते हुए महात्मा गाँधी ने अपनी बेसिक शिक्षा में इस विषय के अध्ययन पर बल दिया था। बुनियादी शिक्षा पूर्णरूप से सुनागरिकता की शिक्षा कही जाती है। स्वतन्त्रता प्राप्ति के बाद नागरिकशास्त्र को पाठ्यक्रम में अन्य विषयों के ही समान महत्त्वपूर्ण जगह दिया गया। प्रारम्भिक कक्षाओं से ही नागरिकशास्त्र का शिक्षण आरंभ किया गया। आज के भारत में नागरिकशास्त्र की शिक्षा उसी तरह दी जा रही है जिस तरह पाश्चात्य देशों में दी जा रही है। भारत में अब न केवल नागरिकशास्त्र की विषय-वस्तु को परिष्कृत किया गया है वरन् नागरिकशास्त्र की शिक्षण विधियों तथा पद्धतियों का भी विकास किया गया है। भारत में भी इस बात को जान लिया गया है कि नागरिकशास्त्र नागरिकों के अधिकारों तथा कर्तव्यों का शास्त्र है और इसके ज्ञान के अभाव में मनुष्य अपने अधिकारों तथा कर्तव्यों का ज्ञान नहीं प्राप्त कर सकते हैं।

लाभ

(1) नागरिकता संबंधी गुणों का विकास—नागरिकशास्त्र के अध्ययन से नागरिकों में वैयक्तिक गुणों का विकास होता है। इसके अध्ययन से चरित्र सृजन होता है। इसके माध्यम से मनुष्यों में सदाचार, कर्त्तव्यपरायणता, सहयोग एवं सहानुभूति आदि गुणों का विकास होता है। इन गुणों के विकास से समाज में सुव्यवस्था एवं सामंजस्य पैदा होता है और मानव जीवन सुखी होता है।

(2) कर्त्तव्यों एवं अधिकारों की जानकारी—नागरिकशास्त्र नागरिकों को उनके अधिकारों का ज्ञान कराकर यह सिखाता है कि इनका इस्तेमाल किस तरह किया जाना चाहिए। इसके अलावा परिवार, पास-पड़ोस, नगर, राज्य एवं राष्ट्र के प्रति मनुष्य के कर्त्तव्यों का ज्ञान कराकर इनके प्रति मनुष्य को सजग करता है जिससे अधिकार एवं कर्त्तव्य के सामंजस्य से समाज एवं राष्ट्र का विकास हो सके।

(3) समुदायों एवं संघों की जानकारी—मनुष्य अपनी आवश्यकताओं की पूर्ति हेतु अनेक संघों एवं समुदायों की स्थापना करता है। ये समुदाय सामाजिक, धार्मिक, आर्थिक, राजनैतिक तथा सांस्कृतिक हो सकते हैं। प्रत्येक व्यक्ति इन संघों एवं समुदायों के प्रति कुछ कर्त्तव्य रखता है। इसके बदले में ये संघ तथा समुदाय

समाज में व्यक्ति की मदद करते हैं। नागरिकशास्त्र इन सभी संघों एवं समुदायों का सम्यक रूप से ज्ञान कराता है।

(4) आदर्श नागरिकता का ज्ञान—नागरिकशास्त्र नागरिकों के सामने 'वसुधैव कुटुम्बकम्' का आदर्श प्रस्तुत करता है। नागरिकशास्त्र कर्त्तव्यनिष्ठ एवं देशभक्त नागरिक पैदा करता है। इसके माध्यम से राष्ट्रीयता के धरातल पर अन्तर्राष्ट्रीय भावना का विकास किया जाता है। इसके माध्यम से मनुष्य में आदर्श नागरिक के गुणों का विकास होता है।

(5) आदर्श समाज की स्थापना—नागरिकशास्त्र का मुख्य उद्देश्य आदर्श समाज की स्थापना करना है। नागरिशास्त्र वर्तमान समाज की बुराईयों को ढूँढकर उनका उन्मूलन करने हेतु नागरिकों में जागरूकता उत्पन्न करता है। समाज की विभिन्न बुराईयों यथा, छुआछूत, दहेज प्रथा, जातिवाद, सम्प्रदायवाद को दूर कर समाज सुधार हेतु नागरिकों को प्रेरित करता है।

(6) राज्य तथा सरकार का ज्ञान—नागरिकशास्त्र के माध्यम से राज्य की उत्पत्ति एवं कार्य से सम्बन्धित सिद्धान्त आदि का ज्ञान प्राप्त होता है। सरकार राज्य का एक भूत तत्त्व है। सरकार के संगठन, कार्य-प्रणाली, उद्देश्य एवं सरकार के विभिन्न अंग आदि का ज्ञान नागरिकशास्त्र के माध्यम से प्राप्त होता है।

(6) लोकतांत्रिक ढाँचे में समाज एवं शासन की स्थापना—जनतन्त्र की शासन प्रणाली में जनता अपने प्रतिनिधियों का चुनाव करती है। नागरिकशास्त्र नागरिकों को परोपकारी, त्यागी, देशभक्त, कर्त्तव्यपरायण बनने की प्रेरणा देता है। नागरिकशास्त्र के अध्ययन से नागरिकों को जनकल्याणकारी शासन-तन्त्र की स्थापना में मदद प्राप्त होती है।

(7) नेतृत्व क्षमता का विकास—नागरिकशास्त्र के अध्ययन से नेतृत्व का विकास होता है। नागरिकशास्त्र आदर्श नेतृत्व हेतु स्वार्थहीनता, लगन, सहयोग, अनुशासन, सेवाभाव आदि गुणों का विकास करता हे।

(8) राष्ट्रीयता, राष्ट्रप्रेम तथा अन्तर्राष्ट्रीयता की भावना का विकास—नागरिकशास्त्र व्यक्ति, समुदाय तथा राष्ट्र के नागरिकों में 'जियो और जीनो दो' की भावना जागृत करता है। इस भावना के माध्यम से राष्ट्रीयता एवं अन्र्राष्ट्रीयता की भावना का विकास होता है। नागरिकशास्त्र समाज एवं राष्ट्र में व्याप्त विरोधी एवं विषैली भावनाओं को संज्ञान में लाकर उन्हें दूर करने की प्रेरणा जागृत करता है।

उक्त बातों के आधार पर हम इस निष्कर्ष पर पहुँचते हैं कि नागरिकशास्त्र, नागरिकता का विज्ञान है इसमें सफल जीवन हेतु अनिवार्य तथा आदर्श दशाओं का

अध्ययन किया जाता है। आधुनिक युग में विश्वमानवता को आणविक युद्धों की विभीषिका से बचाने के लिए नागरिकशास्त्र का अध्ययन-अध्यापन लाभप्रद होगा।

क्षेत्र

प्रत्येक विज्ञान का अपना एक क्षेत्र होता है। नागरिकशास्त्र का क्षेत्र सामाजिक विज्ञान है जिसकी विभिन्न शाखाएँ हैं, यथा–समाजशास्त्र, अर्थशास्त्र, राजनीतिशास्त्र, इतिहास, भूगोल आदि। ये सभी शास्त्र समाज की परिधि में मानव जीवन के विभिन्न पक्षों का पृथक्-पृथक् अध्ययन करते हैं। नागरिकशास्त्र का क्षेत्र अत्यन्त व्यापक है। मनुष्य का सम्पूर्ण सामाजिक, आर्थिक, धार्मिक, राजनीतिक एवं सांस्कृतिक जीवन इस शास्त्र के अन्तर्गत आता है। प्राचीन काल से लेकर वर्तमान तक के समस्त मानव जीवन सम्बन्धी कार्यकलाप इस शास्त्र के अन्तर्गत आते हैं। आरंभ में मानव की आवश्यकताएँ भी बढ़ती गईं और इस तरह नागरिक जीवन का क्षेत्र भी विशद होता गया। नागरिकशास्त्र के अन्तर्गत केवल अपने पास-पड़ोस, गाँव, शहर, प्रान्त का ही नहीं वरन् राष्ट्रीय एवं अन्तर्राष्ट्रीय समस्याओं का भी अध्ययन करते हैं। जिस तरह एक मनुष्य का कार्य दूसरे को प्रभावित करता है उसी प्रकार एक राष्ट्र का कार्य दूसरे राष्ट्र को प्रभावित करता है। उदाहरणार्थ अगर हमारा पड़ोसी राष्ट्र संसार के विभिन्न देशों से अत्याधुनिक सैन्य सामग्री एकत्र करता है तो हमारे देश को भी सतर्क रहना पड़ेगा तथा सुरक्षा सम्बन्धी व्यवस्था मजबूत करनी पड़ेगी। वास्तविक नागरिकता मानव की सेवा में निहित है। नागरिकशास्त्र का विशद एवं व्यापक क्षेत्र निम्नलिखित है–

(1) नागरिक एवं पड़ोसियों का अध्ययन–नागरिकशास्त्र उस जगह का ज्ञान कराता है जहाँ बालक जन्म लेता है, जहाँ उसका पालन-पोषण होता है। उसके पास-पड़ोस तथा शहर से सम्बन्धित समस्याओं का ज्ञान कराता है। समस्याओं के निदान का मार्ग भी बताता है।

(2) अधिकारों एवं कर्त्तव्यों का अध्ययन–नागरिकशास्त्र मनुष्यों को उनके कर्त्तव्यों तथा अधिकारों का ज्ञान कराता है। गाँव, शहर, प्रान्त एवं राष्ट्र के प्रति हमारे कर्त्तव्यों का ज्ञान इसी शास्त्र के माध्यम से कराया जाता है। संविधान में हमें एक नागरिक के रूप में कौन-कौन से अधिकार प्राप्त हैं इसका ज्ञान भी इसी के माध्यम से कराया जाता है। अधिकारों तथा कर्त्तव्यों के मध्य समन्वय किस तरह बनाया जाए इसका ज्ञान भी इसी शास्त्र के माध्यम से कराया जाता है।

(3) राज्य तथा सरकार का अध्ययन–नागरिकशास्त्र का सम्बन्ध केवल व्यक्ति से ही नहीं होता वरन् उससे सम्बद्ध सभी तरह की संस्थाओं एवं समुदायों

से भी उसका सम्बन्ध होता है। राज्य तथा सरकार के विषय में ज्ञान इसी शास्त्र के माध्यम से कराया जाता है।

(4) विभिन्न समुदायों तथा संस्थाओं का अध्ययन—मनुष्य अपनी आवश्यकताओं की पूर्ति हेतु विभिन्न तरह की संस्थाओं एवं समुदायों का सृजन करता है। इन समुदायों एवं संस्थाओं के विषय में नागरिकशास्त्र विस्तारपूर्वक ज्ञान कराता है।

(5) भूत, वर्तमान तथा भविष्य—नागरिकशास्त्र में भूतकाल की राजनैतिक, सामाजिक परिस्थितियों का ज्ञान कराते हुए वर्तमान में क्या होना चाहिए, का दिशा-निर्देश किया जाता है, साथ ही भविष्य में क्या होना चाहिए? देश की उन्नति कैसे हो? विश्व मानवता का कल्याण कैसे हो? आदि प्रश्नों का उत्तर इसी शास्त्र के माध्यम से प्राप्त होता है।

(6) स्थानीय, राष्ट्रीय एवं अन्तर्राष्ट्रीय समस्याओं का अध्ययन—नागरिकशास्त्र गाँव, शहर के जीवन से लेकर अन्तर्राष्ट्रीय जीवन तक ले जाने में समर्थ है। इसमें हम विश्व की विभिन्न राजनैतिक विचारधाराओं का भी अध्ययन करते हैं जैसे—व्यक्तिवाद, समाजवाद, साम्यवाद, गांधीवाद, मार्क्सवाद, लेनिनवाद आदि।

नागरिकशास्त्र के क्षेत्र की व्यापकता के विषय में डॉ. ई.एम. ह्माइट ने कहा है "नागरिकशास्त्र न्यूनाधिक रूप में मानव ज्ञान की वह उपयोगी शाखा है जो नागरिक से सम्बन्धित सभी (सामाजिक, बौद्धिक, आर्थिक, राजनैतिक तथा धार्मिक) पक्षों का प्रतिपादन करती है, चाहे वह भूतकाल, वर्तमान तथा भविष्य से सम्बन्धित हो, चाहे स्थानीय, राष्ट्रीय या अन्तर्राष्ट्रीय हो।"

प्रो. ए.जे. शॉ. के अनुरूप नागरिकशास्त्र का क्षेत्र अत्यन्त व्यापक है। यह समस्त सामाजिक विज्ञानों की मुख्य विशेषताओं में सामंजस्य स्थापित करता है तथा व्यवहारिक आधार प्रदान करता है।

नागरिकशास्त्र का अन्य विषयों से सम्बन्ध

नागरिकशास्त्र शब्द अंग्रेजी में सिविक्स (Civics) के नाम से जाना जाता है। इसकी उत्पत्ति लैटिन भाषा के सिविक्स तथा सिविटास, शब्दों से हुई है। सिविक्स का अर्थ नागरिक एवं सिविटास का अर्थ राज्य से है। इस दृष्टिकोण से नागरिकशास्त्र मानव ज्ञान की वह शाखा है जो नगर एवं राज्यों के नागरिकों के सामाजिक तथा राजनैतिक जीवन का अध्ययन करता है।

मनुष्य एक सामाजिक प्राणी है। नागरिकशास्त्र मनुष्य को समाज में रहकर आदर्श नागरिक बनने का पथ प्रदर्शित करता है। मनुष्य का दैनिक जीवन विभिन्न क्रिया-कलापों में व्यतीत होता है अतः आदर्श नागरिक बनने हेतु अन्य शास्त्रों की भी जानकारी जरूरी है। बहुत से सामाजिक शास्त्र तो ऐसे हैं जिनमें विभेद करना कठिन है, जैसे नागरिकशास्त्र एवं राजनीतिशास्त्र, नागरिकशास्त्र एवं सामाजिकशास्त्र, इतिहास आदि। शास्त्रों को सामान्यतः दो वर्गों में विभक्त किया जाता है। प्राकृतिकशास्त्र एवं सामाजिकशास्त्र। प्राकृतिकशास्त्रों में भौतिक एवं रसायन शास्त्र आदि आते हैं। सामाजिक शास्त्रों में नागरिकशास्त्र, राजनीतिशास्त्र, इतिहास, अर्थशास्त्र एवं समाजशास्त्र आदि हैं। नागरिकशास्त्र एक सामाजिक शास्त्र है इसलिए इसका अन्य सामाजिक शास्त्रों से सम्बन्ध होना जरूरी एवं स्वाभाविक है। कुछ महत्त्वपूर्ण सामाजिक शास्त्रों का नागरिकशास्त्र से सम्बन्ध निम्नवत है—

1. नागरिकशास्त्र व इतिहास—इतिहास मानव सभ्यता के विकास का शास्त्र है। इसमें किसी देश के उत्थान-पतन का विशद लेखा-जोखा प्रस्तुत किया जाता है। इस शास्त्र के अन्तर्गत प्राचीन रीति-रिवाज, सामाजिक जीवन, धार्मिक जीवन, आर्थिक जीवन एवं विभिन्न तरह के राजनैतिक एवं कलात्मक जीवन का अध्ययन किया जाता है। इतिहास के अध्ययन से हम अपनी पिछली सफलताओं एवं असफलताओं को समझ कर भविष्य हेतु आदर्श सिद्धान्त निश्चित कर सकते हैं, जिन पर चलकर नागरिक एवं उसका देश उत्थान के शिखर पर पहुँच सकता है। नागरिकशास्त्र भूत की पृष्ठभूमि पर वर्तमान तथा भविष्य को उज्जवल बनाता है। इतिहास के बिना आदर्श नागरिक की भूमिका नहीं अदा की जा सकती। अतः स्पष्ट है कि इतिहास और नागरिकशास्त्र में घनिष्ठ सम्बन्ध है। इतिहास और नागरिकशास्त्र के सम्बन्ध के विषय में प्रो. सीले (Seelly) लिखते हैं कि "इतिहास नागरिकशास्त्र की जड़ है, और नागरिकशास्त्र उसका फल है।" वास्तविकता तो यह है कि इतिहास की नींव पर नागरिकशास्त्र का भवन खड़ा किया जा सकता है। डॉ. बर्गेस ने इस सम्बन्ध में कहा है कि अगर "नागरिकशास्त्र एवं इतिहास को एक दूसरे से अलग कर दिया जाए तो उनमें से एक मृत नहीं तो अपाहिज अवश्य हो जाएगा।"

2. नागरिकशास्त्र एवं राजनीतिशास्त्र—नागरिकशास्त्र एवं राजनीतिशास्त्र में बहुत गहरा सम्बन्ध है। आक्सफोर्ड डिक्शनरी के अनुरूप नागरिकशास्त्र राजनीतिशास्त्र का वह भाग है जो नागरिक के अधिकारों एवं कर्त्तव्यों का ज्ञान कराता है। राजनीतिशास्त्र राज्य की उत्पत्ति, उसकी रूपरेखा एवं उसके उद्देश्य आदि का अध्ययन कराता है। नागरिकशास्त्र राज्य के नागरिक के रूप में राज्य के प्रति उसके

कर्त्तव्यों एवं अधिकारों का ज्ञान कराता है। वास्तव में दोनों शास्त्र एक सिक्के के दो पहलू हैं, एक के बिना दूसरा अधूरा है। राजनीतिशास्त्र उन साधनों की व्याख्या करता है जिनके माध्यम से नागरिकशास्त्र कार्यों का संचालन करता है। दोनों एक दूसरे के पूरक हैं।

3. नागरिकशास्त्र एवं समाजशास्त्र–समाजशास्त्र मनुष्य के सामाजिक जीवन का शास्त्र है जिसके अन्तर्गत समस्त मानव समाज का अध्ययन किया जाता है। 'फेयर बैक्स' ने समाजशास्त्र की परिभाषा करते हुए कहा है कि "समाजशास्त्र में सभी सामाजिक शास्त्र समाहित हैं, यह एक अलग विज्ञान नहीं है, वरन् ज्ञान का भण्डार है जिसमें अनेक शास्त्रों का समावेश है।" नागरिकशास्त्र में हम आदर्श नागरिक का अध्ययन करते हैं जबकि समाशास्त्र में मनुष्य के सभी तरह के अच्छे और बुरे कार्यों का विश्लेषण किया जाता है। प्रो. ए.जे. शॉ ने नागरिकशास्त्र और समाजशास्त्र के सम्बन्ध के विषय में कहा है कि "समाजशास्त्र न्यूनाधिक मात्रा में विभिन्न सामाजिक शक्तियों का वर्णन है, जबकि नागरिकशास्त्र उस दर्शन का उपभोग करता है और सामाजिक समस्याओं को हल करने हेतु व्यावहारिक कदम उठाता है।" उक्त बातों से स्पष्ट है कि नागरिकशास्त्र एवं समाजशास्त्र में बहुत सम्बन्ध है।

4. नागरिकशास्त्र एवं अर्थशास्त्र–अर्थशास्त्र मानव ज्ञान की वह शाखा है जो मनुष्य के आर्थिक सम्बन्धों का विवेचन करती है। अर्थशास्त्र को धन का विज्ञान भी कहा जाता है। इसके अन्तर्गत मनुष्य की विभिन्न आर्थिक क्रियाओं का अध्ययन किया जाता है। वास्तव में अर्थशास्त्र नागरिकशास्त्र की आधारशिला है। नागरिकशास्त्र मनुष्य का सम्पूर्ण विकास चाहता है। निर्धनता मनुष्य के विकास में सबसे बड़ी बाधा है। भूखे व्यक्ति के सामने अधिकारों और कर्त्तव्यों की बात करना भैंस के आगे बीन बजाने जैसा ही होगा। मनुष्य आदर्श तथा कर्त्तव्यनिष्ठ तभी बन सकता है जब उसकी न्यूनतम आवश्यकताओं की पूर्ति बराबर होती रहे। इसके लिए जरूरी है कि उसे अर्थशास्त्र का ज्ञान हो। कोई भी देश अच्छी अर्थव्यवस्था के बिना उन्नति नहीं कर सकता। आर्थिक सम्पन्नता के अभाव में कोई व्यक्ति आदर्श नागरिक नहीं बन सकता। इससे स्पष्ट है कि नागरिकशास्त्र और अर्थशास्त्र में घनिष्ठ सम्बन्ध है। इस सम्बन्ध में प्रो. मिहिरसेन ने लिखा है कि "अर्थशास्त्र कला के रूप में नागरिकशास्त्र पर और नागरिकशास्त्र कला के रूप में अर्थशास्त्र पर निर्भर है।" चार्ल्स पियर्डन ने कहा है कि–"अर्थशास्त्र के बिना नागरिकशास्त्र अवास्तविक एवं सारहीन ढाँचा है।"

5. नागरिक एवं नीतिशास्त्र—नीतिशास्त्र मनुष्य के अच्छे और बुरे कार्यों का विश्लेषण करता है। इसमें मनुष्य की नैतिकता का अध्ययन किया जाता है। आचार शास्त्र में एक अच्छे और सुकृति मनुष्य का सृजन करता है जिससे उसका केवल उस लोक में ही नहीं वरन् परलोक में भी कल्याण हो। इस शास्त्र का सम्बन्ध बहुत कुछ आत्मा और ईश्वर से भी है। यह शास्त्र मनुष्य को धर्मभीरू बनाता है। प्रो. मैकेंजी के अनुरूप "आचार शास्त्र मानव जीवन में निहित आदर्शों का अध्ययन है।" दोनों शास्त्र आदर्श मनुष्य का अध्ययन करते हैं। किसी भी देश की उन्नति सदाचार की शिक्षा पर आधारित होती है। अच्छा नागरिक अच्छे आचरण वाला व्यक्ति ही बन सकता है। अतः कहा जा सकता है कि नागरिकशास्त्र की सफलता पूर्णतया नीतिशास्त्र पर ही आधारित है। प्रो. पुन्ताम्बेकर के अनुरूप "यदि आचारशास्त्र दर्शन है तो नागरिकशास्त्र आदर्श जीवन का आचरण है।" वास्तविकता यह है कि आचारशास्त्र सिद्धान्त प्रतिपादित करता है और नागरिकशास्त्र उन सिद्धान्तों का इस्तेमाल करता है। एक विद्वान ने नागरिकशास्त्र को नैतिकता का विज्ञान कहा है। इससे स्पष्ट है कि दोनों शास्त्रों में अन्योन्याश्रित सम्बन्ध है।

6. नागरिकशास्त्र और भूगोल—भूगोलशास्त्र में किसी देश की प्राकृतिक दशाओं का अध्ययन किया जाता है। विभिन्न भौगोलिक स्थितियों का ज्ञान भूगोल के अन्तर्गत किया जाता है। मनुष्य की प्रकृति, बनावट, रंग आदि सभी बातें भौगोलिक परिस्थितियों पर आधारित हैं। किसी भी देश की प्राकृतिक सम्पदा, खनिज सम्पदा, नदियों के माध्यम से प्रदत्त उर्वरा शक्ति ही देश की तथा वहाँ के नागरिकों की आर्थिक स्थिति का निश्चय करती है। जितनी अधिक प्राकृतिक सम्पदा मनुष्यों को उपलब्ध होती है उतना ही अधिक मनुष्य का जीवन सुखी एवं समृद्ध होता है। नागरिक सुखी होने पर ही राज्य के प्रति अपने दायित्वों का निर्वाह भली तरह कर सकता है। नागरिकशास्त्र का उद्देश्य मानव को समुन्नत करना है और भूगोल उसके लिए संसाधन जुटाता है। अतः दोनों शास्त्रों का गहरा सम्बन्ध है। दोनों ही शास्त्रों का अध्ययन क्षेत्र भिन्न-भिन्न है फिर भी दोनों अप्रत्यक्ष रूप से एक दूसरे के साथ सम्बन्धित हैं।

7. नागरिकशास्त्र एवं मनोविज्ञान—मनोविज्ञान मनुष्य की विभिन्न परिस्थितियों में मन की दशाओं का अध्ययन करता है। इसीलिए इसे मन का विज्ञान भी कहा जाता है। मनोविज्ञान में मनुष्य की मानसिक, बौद्धिक क्रियाओं आदि का अध्ययन किया जाता है। मनुष्य का सामाजिक जीवन उसकी मानसिक एवं बौद्धिक दशाओं पर आधारित है। नागरिकशास्त्र मनुष्य के सामाजिक जीवन का अध्ययन करता है।

वुडवर्थ के अनुरूप ''मनोविज्ञान मनुष्य की क्रियाओं का वैज्ञानिक अध्ययन करता है। मनोविज्ञान के माध्यम से हम बालकों के मस्तिष्क, उसके रूझान का विश्लेषण करते हैं और तदनुरूप शिक्षा देकर उसे उत्तम नागरिक बनाने का प्रयत्न करते हैं। इस तरह कहा जा सकता है कि मनोविज्ञान उत्तम नागरिक बनाने की कुंजी है। प्लेटो के अनुरूप ''राज्य एवं उनकी संस्थाओं का अध्ययन करने में मनोविज्ञान एक सर्वोत्तम साधन है।''

सुझाव

निष्कर्ष रूप में यह कहा जा सकता है कि—''नागरिकशास्त्र अत्यन्त व्यापक अध्ययन है जो आदर्श एवं व्यवहार के सन्तुलन पर योग्य नागरिकों का सृजन करता है तथा आदर्श जीवन को सम्भव बनाने का मागदर्शन करता है।''

2

नागरिकशास्त्र शिक्षण के उद्देश्य

नागरिकशास्त्र के एक सफल अध्यापक को उसके शिक्षण के मुख्य उद्देश्यों का ज्ञान होना चाहिए। यह सत्य है कि किसी विषय के शिक्षण उद्देश्य ही उसकी शिक्षण-विधियाँ निर्धारित करते हैं। सफल अध्यापक अपनी योग्यता तथा शिक्षण की क्षमता के माध्यम से हमेशा इन उद्देश्यों की पूर्ति करने का प्रयास करता है। पाठ्यक्रम के भिन्न-भिन्न विषय किसी न किसी सीमा तक शिक्षा के साधारण उद्देश्यों की पूर्ति में सहायक होते हैं। शिक्षा के उद्देश्य ही विभिन्न विषयों के उद्देश्य हैं। फिर भी विषय के कुछ ऐसे विशेष उद्देश्य होते हैं, जिनकी पूर्ति उस विषय के माध्यम से ही अधिक सीमा तक सम्भव होती है और उन्हीं को ध्यान में रखकर उस विषय का शिक्षण किया जाता है। यही नियम नागरिकशास्त्र के साथ भी है।

किसी विषय का शिक्षण, उद्देश्य निर्धारित किए बिना किया जाए तो बालक का व्यवहार दिशाहीन हो जाता है। बालक के व्यवहार में अपेक्षित बदलाव का लक्ष्य ही नागरिकशास्त्र शिक्षण के माध्यम से निर्धारित किया जाता है। बालक के व्यवहार में कितना, किस सीमा तक तथा किस तरह बदलाव किया जाए, इसका निर्धारण उद्देश्यों से सम्भव है। बालक उन शैक्षिक लक्ष्यों को प्राप्त करने का प्रयास करता है, जो उसके लिए निर्धारित किए जाते हैं। बालक निर्धारित उद्देश्यों को तभी प्राप्त कर सकता है जब शिक्षण उद्देश्य स्पष्ट रूप से निर्धारित किए जाएँ साथ ही शिक्षा के विभिन्न स्तरों पर यथा—प्राथमिक स्तर, माध्यमिक स्तर तथा उच्चतर माध्यमिक

स्तर पर बालकों की मानसिक आयु व वास्तविक आयु के अनुरूप निर्धारित किए जाएँ।

अध्यापक भी अपनी शिक्षण क्रिया सुनियोजित तथा व्यवस्थित ढंग से तभी कर सकते हैं जब उसके समक्ष शिक्षा के हर स्तर पर शिक्षा के उद्देश्य स्पष्ट हों। अध्यापक अपनी शिक्षण क्रियाओं, शिक्षण के विभिन्न सिद्धान्तों, शिक्षण के विभिन्न सूत्रों तथा शिक्षण युक्तियों, विभिन्न सहायक सामग्रियों को तभी व्यवस्थित व सुनियोजित रूप में प्रयुक्त कर सकते हैं जब अध्यापक हर शिक्षण उद्देश्य को स्पष्ट रूप से समझता हो तथा उन्हें प्राप्त करने की दिशा में ईमानदारी से प्रयास करता हो।

नागरिकशास्त्र शिक्षण के उद्देश्य

नागरिकशास्त्र शिक्षण के अनेक उद्देश्य हैं जिनमें से निम्न प्रमुख हैं—

(1) सामाजिक चेतना जागृत करना—नागरिकशास्त्र सामाजिक विषय है। इसके ज्ञान के आधार पर विद्यार्थी ठीक तरह अपने सामाजिक वातावरण का अध्ययन कर सकता है। अपने देश तथा दूसरे देशों की वर्तमान सामाजिक तथा राजनीतिक समस्याओं का अध्ययन उनकी आशाओं तथा आकांक्षाओं से तथा संसार के घटना-चक्र में उनके महत्त्वपूर्ण जगह से परिचित कराते हुए उनमें एक विवेकपूर्ण दृष्टिकोण की सृष्टि करना ही नागरिकशास्त्र शिक्षक का वास्तविक ध्येय होता है। इंग्लैण्ड की स्पेन्स कमेटी की रिपोर्ट (1938) में भली तरह नागरिकशास्त्र शिक्षक के उद्देश्य की चर्चा की गई। नागरिकशास्त्र संसार तथा उसमें प्राप्त विभिन्न वातावरणों का ज्ञान कराता है जिससे विद्यार्थियों को सामाजिक तथा राजनीतिक प्रश्नों का यथार्थ ज्ञान होता है और अन्य देशों के निवासियों के विषय में सहानुभूति-पूर्ण जानकारी होती है। अच्छी नागरिकता तथा सामाजिक गुणों के विकास में नागरिकशास्त्र का महत्त्वपूर्ण योग है। इस विषय के अध्ययन के माध्यम से ही हम प्रकृति तथा समाज दोनों में गहरा सम्बन्ध स्थापित करते हैं तथा व्यक्तियों और सामाजिक समुदायों के मध्य रहने वाले अन्यान्श्रय सम्बन्धों से परिचित होते हैं। इस विषय के अध्ययन करने से छात्रों में सामाजिक चेतना जागृत होती है।

(2) मानसिक शक्तियों का विकास करना—नागरिकशास्त्र के अध्ययन के माध्यम से शिक्षक को विद्यार्थियों की मानसिक शक्तियों का विकास करना चाहिए। दूसरे देशों के निवासियों के जीवन के विषय में पढ़ते वक्त बहुधा हमें कल्पना करनी पड़ती है। पिगमीज पेड़ पर अपने मकान किस तरह बनाते होंगे। ऐस्किमों इगलू (बर्फ के बने मकानों) में किस तरह रहते होंगे। विभिन्न तरह के देशों के विषय

में पढ़ते वक्त हमें काल्पनिक चित्र बनाने पड़ते हैं। नागरिकशास्त्र शिक्षक को चाहिए कि वह बालकों की कल्पना शक्ति का भली तरह विकास करें।

नागरिकशास्त्र सिद्धान्तों के अध्ययन में तर्क, निर्णय तथा निरीक्षण शक्ति का विकास करें, बुम्बई कपास का तथा रंगून चावल का निर्यात क्यों करता है। गंगा का मैदान इतना घना क्यों हुआ है तथा राजस्थान की आबादी कम क्यों है। इन सभी प्रश्नों का निर्णय क्या, कैसे और क्यों के आधार पर ही किया जाता है। 'कारण' और 'फल' में सम्बन्ध स्थापित करना नागरिकशास्त्र शिक्षक का उद्देश्य होना चाहिए। क्योंकि इससे विद्यार्थियों में तर्क तथा निर्णय शक्ति का विकास होता है। नागरिकशास्त्र तथा सांस्कृतिक वातावरण को सभी वस्तुओं का निरीक्षण करने हेतु प्रोत्साहित करना चाहिए। इस तरह शिक्षक को नागरिकशास्त्र के माध्यम से अन्य वैज्ञानिक विषयों की प्रकार छात्रों की निरीक्षण शक्ति, कल्पना, तर्क शक्ति, स्मरण शक्ति आदि मानसिक शक्तियों का विकास करना चाहिए। नागरिकशास्त्र तथ्यों की खोज में भी इन सभी मानसिक शक्तियों का विकास होता है। विद्यार्थियों में अपने आप सोचने की शक्ति भी पैदा होती है।

(3) राष्ट्रीय एकता का विकास करना—नागरिकशास्त्र विश्व बन्धुत्व की भावना तो जागृत करता ही है, लेकिन देश-प्रेम की भावना को भी प्रोत्साहित करता है। छात्र अपने देश के नागरिकशास्त्र का अध्ययन करते हुए प्रकृति के माध्यम से दिए गए गगनचुम्बी विशाल पर्वत, वन, नदियाँ तथा खनिज पदार्थ आदि सुन्दर प्रकृति के वरदानों का अध्ययन करते हैं जिनके कारण उनका देश उन्नति कर रहार है। इस तरह के अध्ययन से बालकों के हृदय में देश-प्रेम पैदा होता है। देश-प्रेम की भावना को अधिक संकुचित रूप में हमें नहीं समझना चाहिए। लेकिन शिक्षकों को 'मानव-पृथ्वी' सम्बन्ध का उदार अवलोकन' कराना है। देश-प्रेम की भावना जागृत करने के साथ शिक्षक को 'वसुधैव कुटुम्बकम' के उच्च्व आदर्श की उपेक्षा नहीं करनी चाहिए।

(4) विश्वबन्धुत्य की भांवना का विकास—नागरिकशास्त्र शिक्षण के माध्यम से विद्यार्थियों में देश-विदेश के निवासियों के प्रति सच्ची साहनुभूति पैदा की जा सकती है। संसार के विभिन्न भागों का वर्णन वहाँ के निवासियों के रहन-सहन पर भौगोलिक परिस्थितियों का प्रभाव जान कर हम उनके जीवन को भली-भाँति समझ सकते हैं और हमें यह भी ज्ञान होता है कि संसार के भिन्न-भिन्न देश किस तरह कच्चा माल तथा बनी हुई वस्तुएँ भेजकर व्यापार के माध्यम से एक दूसरे की मदद करते हैं और संकट के वक्त गेहूँ तथा अन्य खाद्य पदार्थों के माध्यम से दूसरे देशों के निवासियों की जीवन रक्षा करते हैं। सयुक्त राष्ट्र अमेरिका तथा आस्ट्रेलिया

ने संकट काल में भारत को गेहूँ देकर यहाँ के निवासियों की जीवन रक्षा की है। आज के युग में कोई भी राष्ट्र अकेला कूप-मण्डूक होकर अपना कार्य नहीं चला सकता है, उसकी उन्नति हेतु जरूरी है कि वह मिल-जुलकर, सहयोग से अपना कार्य करे। नागरिकशास्त्र का शिक्षक तथा विद्यार्थी सारे संसार को कुटुम्ब समझता है। उसके हृदय में मानवता के प्रति प्रेम और सहानुभूति जागृत हो जाती है। वर्तमान युग मे जब भयंकर युद्धों से संसार भयभीत हो गया है, इस तरह की विश्वबन्धुत्व की भावना अत्यन्त जरूरी है। विश्व में एकता की भावना तथा मानवता के प्रति सहानुभूति पैदा करना नागरिकशास्त्र शिक्षण के महत्त्वपूर्ण उद्देश्य हैं। इसके आधार पर विद्यार्थी अपने देश तथा संसार का सुनागरिक बन सकता है। इस तरह विश्व में जनतन्त्र बलवान होता है और हर राष्ट्र के लोगों में अन्र्राष्ट्रीय सद्भावना, मैत्री, पारस्परिक सहयोग, सुख और शान्ति की वृद्धि होती है।

(5) आर्थिक विकास करना—राजनैतिक ज्ञान की मदद से आज कल के युग में प्रादेशिक आधार पर आर्थिक विकास की योजनाएँ बनाई जा सकती हैं। प्रादेशिक आधार पर किसी विशाल देश के प्रकृति वन साधनों को ध्यान में रखकर उसे छोटी-छोटी इकाइयों में बाँटा जा सकता है। इन छोटी प्राकृतिक इकाइयों की प्राकृतिक दशा, जलवायु, वनस्पति, खनिज पदार्थ आदि का अनुमान लगाकर इस क्षेत्र हेतु सफल आर्थिक योजनाएँ बनाई जा सकती है।

(6) नागरिकशास्त्र स्थिति का ज्ञान कराना—नागरिकशास्त्र शिक्षण का उद्देश्य है कि वह छात्रों में नित्य प्रति होने वाली घटनाओं में रुचि पैदा करें। नागरिकशास्त्र हमें विभिन्न स्थानों का ज्ञान कराता है, किसी महत्त्वपूर्ण घटना में हमारी रुचि अधिक हो जाती है। अगर हमें इस घटना के होने वाले जगह की स्थिति का ज्ञान होता है।

(7) भौगोलिक परिस्थितियों के प्रभाव को स्पष्ट करना—मानव जीवन पर पड़े हुए, भौगोलिक परिस्थितियों के प्रभाव को स्पष्ट करना भी नागरिकशास्त्र शिक्षण का उद्देश्य है। मानव जीवन पर प्रकृति नियन्त्रण मनुष्य का स्वयं को प्रकृति के अनुकूल बनाना, भिन्न-भिन्न भागों के निवासियों के जीवन तथा प्राकृतिक वातावरण के पारस्परिक सम्बन्धों को स्पष्ट करना तथा भौगोलिक एवं राजनैतिक सभी कारणों को निश्चित करना नागरिकशास्त्र शिक्षण के उद्देश्य हैं।

(8) तुलनात्मक जगह निर्धारित करना—नागरिकशास्त्र शिक्षण का उद्देश्य है कि मनुष्य को अपनी स्वयं तथा अपने वातावरण की तुलना अन्य लोगों से कराने में सहायक हो सके। नागरिकशास्त्र के ज्ञान के माध्यम से ही मनुष्य संसार में अपनी वास्तविक स्थिति निश्चित करता है और यह बताता है कि अन्य व्यक्तियों के बीच

उसका क्या जगह है जिससे वह अपने मूल्य को बिना घटाए-बढ़ाए लगाकर अपना यथार्थ महत्त्व समझ सकता है और अपने से दूसरों के प्रति नागरिकता के कर्त्तव्य भली-भाँति पूर्ण कर सकता है। आज के छात्र भावी नागरिक हैं, नागरिकशास्त्र अध्यापक को छात्रों को प्राकृतिक साधनों का महत्त्व बताना चाहिए तथा उनके संरक्षण की शिक्षा भी उन्हें देनी चाहिए। वन जैसे प्राकृतिक साधन को नष्ट करने से मनुष्य पर कितनी आपत्तियाँ आ सकती हैं।

(9) जीविकोपार्जन का उद्देश्य—नागरिकशास्त्र शिक्षण का उद्देश्य है कि विद्यार्थियों को ऐसा ज्ञान देना चाहिए जिससे जीविका कमाने तथा जीवन-यापन में मदद मिले तथा छात्र उस ज्ञान को दैनिक जीवन में विद्योपार्जन काल तथा उसके बाद भी इस्तेमाल में ला सके। छात्र को उद्योग-धन्धों के विषय में ज्ञान तथा इस नागरिकशास्त्र ज्ञान को वे वाणिज्य-व्यवसायों, कृषि तथा उद्योग-धन्धों में उपयोग कर सकें। आजकल के युग में बहुत से जीवन क्षेत्रों में भौगोलिक ज्ञान की आवश्यकता होती है। सफल नागरिकशास्त्र अध्यापक इस तरह का जरूरी राजनैतिक ज्ञान प्रदान कर इस उद्देश्य की पूर्ति करता है।

(10) सौन्दर्य भावना का विकास—नागरिकशास्त्र प्रकृति प्रेम पैदा करता है। कौन ऐसा मनुष्य होगा जिसका हृदय हिमालय की गगनचुम्बी बर्फ से ढकी हुई चोटियों को देखकर हर्ष से आनन्दित न होता होगा। सुन्दर हरे-भरे वन तथा उसमें बसने वाले पशु-पक्षी, झरनों का कलकल नाद सदैव से मनुष्य की सौन्दर्य भावना तथा कलात्मक भावना को जागृत करता रहा है। नागरिकशास्त्र शिक्षक का कर्त्तव्य है कि छात्रों में सही रूप से सौन्दर्य भावना का विकास करें।

(11) अवकाश काल का सदुपयोग—नागरिकशास्त्र अध्ययन के माध्यम से छात्रों में यात्रा करने की रुचि, समाचार पत्रों के पढ़ने की इच्छा तथा उनको प्रिय तथा रुचिकर लगने वाले कार्यों को प्रोत्साहित किया जा सकता है। ये सभी कार्य अपने अवकाश प्राप्त वक्त में कर सकते हैं। इस तरह उनका अवकाश प्राप्त वक्त भी व्यर्थ नहीं जाता है।

(12) व्यापक दृष्टिकोण विकसित करना—नागरिकशास्त्र मस्तिष्क को विशाल तथा विशद बनाता है। स्थानीय संकुचित क्षेत्र में ऊँचा उठाकर हमें विशाल विश्व रंगमंच की कल्पना कराता है। अनभिज्ञ स्थानों तथा मनुष्यों के विषय में अध्ययन करने से हमारी संकीर्णता, जातीयता तथा पृथकत्व की भावना दूर होती है। पृथ्वी के विशाल विस्तार तथा उसमें होने वाली विभिन्न तरह की प्राकृतिक क्रियाओं (वर्षा, भूकम्प, आँधी, ज्वालामुखी उद्‌गार) के विषय में अध्ययन करने से मस्तिष्क उन्नत तथा विशद होता है।

(13) नागरिकता का विकास—नागरिकशास्त्र शिक्षण का उद्देश्य यह भी है कि आज के छात्रों को जो कल के भावी नागरिक हैं प्राकृतिक साधनों (भूमि, वन, कोयला, पेट्रोलियम और अन्य बहुमूल्य खनिज पदार्थों) का सही तथा मितव्ययिता से उपयोग करना चाहिए। प्रकृति के माध्यम से दिए हुए वन तथा खनिज पदार्थ सीमित मात्रा में हैं, उनके जल्दी समाप्त होने से राष्ट्र में संकटकालीन परिस्थिति पैदा हो सकती है। नागरिकशास्त्र अध्यापक विद्यार्थियों में इस चेतना को जागृत कर सकता है और उन्हें इन बहुमूल्य तथा सीमित मात्रा से प्राप्त होने वाली प्रकृति के माध्यम से दी हुई वस्तुओं का संरक्षण सीखा सकता है। मनुष्य के माध्यम से प्राकृतिक साधनों, का जो दुरुपयोग भूतकाल में हुआ है, वह किसी से छिपा नहीं है। मनुष्यों के माध्यम से लापरवाही से वन काटे गए, जिसके दुष्परिणाम स्वरूप भूकम्प कटाव आरम्भ हुआ और उपजाऊ भूमि नदियों के माध्यम से समुद्र में बहाकर ले जाई गई। बाढ़ों का प्रकोप हुआ और विभिन्न तरह की बीमारियाँ फैली। इन सबके परिणामस्वरूप खेती की अवनति हुई। एक प्राकृतिक साधन वन के नष्ट होने से कितनी आपत्तियाँ मनुष्य पर आईं। इस तरह उदाहरणों के माध्यम से शिक्षक छात्रों को इन प्रकृति के माध्यम से दिए हुए साधनों का महत्त्व बताकर उन्हें इन सभी प्राकृतिक साधनों को सावधानी से संरक्षण करने की शिक्षा दे सकता है।

उपर्युक्त उद्देश्य शिक्षा के हर स्तर हेतु प्रासंगिक है, किन्तु शिक्षा के हर स्तर पर जब छात्र-छात्राओं की मानसिक योग्यता का स्तर भिन्न-भिन्न होता है, शिक्षण उद्देश्यों का स्पष्ट होना अत्यन्त जरूरी है। प्राथमिक कक्षाओं, माध्यमिक स्तर की कक्षाओं तथा उच्च स्तर, माध्यमिक स्तर की कक्षाओं में छात्र-छात्राओं का मानसिक स्तर धारण करने की क्षमता, संवेगात्मकता तथा बोध स्तर भिन्न-भिन्न होते हैं। अतः हर स्तर पर नागरिकशास्त्र शिक्षण के उद्देश्य स्पष्ट रूप से निर्धारित किए जा सकते हैं।

नागरिकशास्त्र शिक्षण के उद्देश्य

प्राथमिक स्तर पर उद्देश्य

प्राथमिक स्तर पर नागरिकशास्त्र शिक्षण में उद्देश्य बालक की क्षमताओं को देखकर ही क्रियानुसार निर्धारित करना चाहिए। इस स्तर पर बालक की शारीरिक और मानसिक शक्तियाँ अधिक परिपक्व तथा स्थाई हो जाती हैं। बाह्य जगत के प्रति बालक की रुचि तथा कुतूहल और भी बढ़ जाता है। उसकी अनुसंधान की प्रवृत्ति तीव्र हो उठती है। बच्चों की इस प्रवृति के कारण सामूहिक योजनाएँ बहुधा सफल हो जाती हैं। इस अवस्था के बच्चों में संग्रह भाव, अनुकरण, उत्सुकता, रचना आदि

प्रवृतियाँ होती है। इस स्तर पर नागरिकशास्त्र शिक्षण के उद्देश्य निम्नलिखित हो सकते हैं–

1. नागरिकशास्त्र शिक्षण का एक प्रमुख उद्देश्य यह है कि छात्र-छात्राओं जो देश के भावी नागरिक हैं, को प्राकृतिक साधनों का सही तथा मितव्ययिता से उपयोग करना चाहिए।
2. छात्र-छात्राओं में नागरिकशास्त्र शिक्षण के माध्यम से विश्व बन्धुत्व की भावना पैदा करना तथा मानवीय मूल्यों, भ्रातृत्व आदि गुणों को विकसित करना।
3. नागरिकशास्त्र शिक्षण के माध्यम से छात्र-छात्राओं में कल्पना, चिन्तन, तर्क शक्ति का विकास करना।
4. छात्र-छात्राओं में नागरिकशास्त्र कौशलों को विकसित करना।
5. नागरिकशास्त्र विषय के प्रति बालक की जिज्ञासा एवं रुचि को आकर्षित करना।
6. नागरिकशास्त्र के साधारण तथ्यों तथा उसकी परिभाषिक शब्दावली से बालक को परिचित कराना।
7. बालक के क्रमशः विकसित होने वाली जीवन की गति को सफल नागरिकता की दिशा में मोड़ना।
8. नागरिकशास्त्र के अध्ययन के माध्यम से बालक-बलिकाओं की मानसिक शक्तियों का विकास करना चाहिए।

माध्यमिक स्तर पर शिक्षण के उद्देश्य

यह किशोरावस्था की प्रारम्भिक अवस्था है। बच्चों का शारीरिक विकास शीर्घता से होता है। इस स्तर पर बालक की मानसिक अवस्था में बदलाव होता है। वह वास्तविकता तथा उपयोगिता की ओर झुकने लगता है। बालक वस्तुओं और अनुभवों के संग्रह के साथ-साथ अपने ज्ञान को व्यवस्थित करने का प्रयास करने लगता है। वह वस्तुओं के सम्बन्ध उनके कारण और प्रभाव को समझने लगता है। बालक में घटनाओं की विश्लेषण की शक्ति आ जाती है। वह कल्पना के क्षेत्र से वास्तविक चिन्तन की ओर बढ़ता है। इस स्तर पर नागरिकशास्त्र अध्यापन के निम्नलिखित उद्देश्य हो सकते हैं–

1. विभिन्न देशों में पाई जाने वाली नागरिक विशेषताओं को समझना तथा उनके माध्यम से मानव जीवन की विभिन्न परिस्थितियों के प्रति सहानुभूति की वृद्धि करना।

2. चित्र, मानचित्र, ग्लोब, ग्राफ, रेखाचित्र आदि के अध्ययन साधनों को समझना और उनके माध्यम से नागरिक व नगरीय ज्ञान प्राप्त करने की योग्यता प्राप्त करना। इस स्तर पर भी आजकल नागरिकशास्त्र सामाजिक विषय के अन्तर्गत पढ़ाया जा रहा है।
3. पूर्व स्तर पर प्राप्त किए हुए सामाजिक ज्ञान को व्यवस्थित और संगठित करना।
4. सामाजिक नियंत्रण कार्य और कारण से सम्बन्ध का विस्तार करना। प्राकृतिक वातावरण और मानव जीवन के बारे में समझना।
5. बालकों की जिज्ञासा, कल्पना शक्ति, स्मरण शक्ति की वृद्धि करना।

उच्चतर माध्यमिक स्तर पर शिक्षण के उद्देश्य

इस अवस्था में बालकों की बुद्धि अधिक परिपक्व होने लगती है। वह कार्य कारण के सम्बन्धों को व्यवस्थित रूप में समझने लगते हैं। इस अवस्था में अधिक व्यवस्थित और वैज्ञानिक पाठ्यक्रम होता है। यह पाठ्यक्रम स्वतः पूर्ण होना चाहिए और इसमें मुख्यः नागरिकशास्त्र समस्याओं पर ध्यान केन्द्रित करना चाहिए। कल्पना, तर्क तथा निर्णय शक्तियों के अधिक विकास के कारण छात्र हर नागरिकशास्त्र तथ्य के कारणों की कसौटी पर जाँच कर ही स्वीकार करते हैं। छात्र की शारीरिक वृद्धि भी होती है तथा यह वस्तु तथा पर्यटन के माध्यम से नागरिकशास्त्र ज्ञान की वृद्धि करना चाहता है।

1. इस अवस्था में बालक किशोरावस्था के अन्तिम चरण में होते हैं और उनकी मानसिक शक्ति पूर्ण विकास की ओर अग्रसर होती है। इसलिए नागरिकशास्त्र अध्यापन के माध्यम से बालकों में पूर्ण मानसिक विकास करने का विशेष प्रयास करना चाहिए।
2. इस अवस्था में बालक के सभी अंग अपने पूर्ण विकास को प्राप्त कर चुके होते हैं। इसलिए इस स्तर पर कक्षा कक्ष की बाहर की क्रियाओं पर विशेष ध्यान देना चाहिए जिनसे बालक अपने इस लक्ष्य को पूर्ण करने हेतु तेजी से अग्रसर हो सकें।
3. बालक को सामाजिक वातावरण, सांस्कृतिक वातावरण तथा राजनैतिक वातावरण का अनुभव नागरिकशास्त्र विषय के विभिन्न पाठ्यांशों के माध्यम से प्रदान करना।
4. किशोर तथा किशोरियों में आत्मनिर्भर बनने की भावना इस स्तर पर अवश्य पैदा की जानी चाहिए क्योंकि किशोर या किशोरी उच्चतर माध्यमिक शिक्षा

प्राप्त कर सामाजिक जीवन में प्रवेश कर अपने पारिवारिक तथा सामाजिक उत्तरदायित्वों का निर्वाह करते हैं।

5. यह उत्तरदायित्व तभी सफलतापूर्वक निभाया जा सकता है, जब नागरिकशास्त्र शिक्षण के माध्यम से किशोर-किशोरियों में आत्मनिर्भता का गुण विकसित किया जाए। यह उद्देश्य नागरिकशास्त्र शिक्षण के प्रमुख उद्देश्यों में से एक है।
6. नागरिकशास्त्र सिद्धान्तों एवं तथ्यों से परिचित कराते हुए बालकों की भौतिक वातावरण विषय की जानकारी को पुष्ट करना।
7. विश्व के विभिन्न प्रदेशों में मानव जीवन एवं नागरिकशास्त्र परिस्थितियों की क्रिया-प्रतिक्रियाओं तथा उनके पारस्परिक सम्बन्धों का ज्ञान कराना।
8. नागरिकशास्त्र नियन्त्रण से पैदा विभिन्नताओं का अनुभव करते हुए विश्व में निहित मानव समुदायों के प्रति प्रेम एवं सहानुभूति के भाव विद्यार्थियों में पैदा करना।
9. नागरिकशास्त्र अध्ययन में रुचि पैदा कर बालकों को सफल नागरिकता की ओर अग्रसर करना और विश्व की भौगोलिक समस्याओं के समझने की क्षमता उनमें पैदा करना।
10. मानचित्र एवं अन्य अध्ययन सामग्री के माध्यम से नागरिकशास्त्र तथ्यों के संग्रह करने में बालकों को दक्ष बनाना।

किसी भी शिक्षा संगठन में किसी स्तर पर विषयों का निर्धारण इस स्तर पर निश्चित किए गए उद्देश्यों पर निर्भर करता है। हेनरी जॉनसन के मतानुसार नागरिकशास्त्र चेतना का जब से उदय हुआ तब से ही किसी न किसी रूप में नागरिकशास्त्र शिक्षा का एक भाग रहा है। यूरोप में यद्यपि 18वीं शताब्दी में नागरिकशास्त्र पढ़ाया जाने लगा था लेकिन 19वीं शताब्दी तक यह वैकल्पिक विषय के रूप में ही रहा। 1911 में नागरिकशास्त्र माध्यमिक शिक्षा बोर्ड में एक विषय के रूप में शामिल हुआ। स्वतन्त्र भारत में नागरिकशास्त्र का उद्देश्य राजनैतिक घटनाओं के क्रमबद्ध उल्लेख से हटकर सामाजिक, आर्थिक एवं सांस्कृतिक पक्ष की ओर आकृष्ट हुआ। शनैः शनैः नागरिकशास्त्र के उद्देश्यों में बदलाव आया। इसके साथ ही नागरिकशास्त्र पाठ्यक्रम को उद्देश्यों के आधार पर विकसित किया गया।

कक्षा शिक्षण में नागरिकशास्त्र का स्थान

नागरिकशास्त्र का अभ्युदय एक स्वतन्त्र शास्त्र के रूप में 19वीं शताब्दी में हुआ है किन्तु यह उतना ही पुराना है जितना एक सभ्य समाज। इसकी विशेषताओं

के कारण विद्यालयीय पाठ्यक्रम में एक पृथक् विषय के रूप में जगह प्राप्त हुआ। पृथक् विषय के रूप में कक्षा शिक्षण में नागरिकशास्त्र को मान्यता प्राप्त होने के कारण निम्नलिखित हैं–

(1) वर्तमान समाज की जटिलताओं को देखते हुए नागरिकशास्त्र को एक अलग विषय के रूप में कक्षा शिक्षण में जगह दिया गया। समाज की विभिन्न संस्थाओं, समुदायों के अपने-अपने हित होते हैं जिनसे उनके मध्य संघर्ष की स्थिति पैदा होती रहती है। समाज की जटिलताओं को समझने तथा समाज को उनसे छुटकारा दिलाने की दृष्टि से नागरिकशास्त्र का अध्ययन जरूरी हो गया क्योंकि नागरिकशास्त्र के ज्ञान से मनुष्य एक आदर्श नागरिक के रूप में सद्जीवन व्यतीत कर सकता है।

(2) 19वीं शताब्दी के पूर्व यूरोप सहित कई महाद्वीपों में एकतन्त्र तथा राजशाही शासन था। इस शासन व्यवस्था के अत्याचारों के विरुद्ध जनक्रान्ति के परिणामस्वरूप प्रजातन्त्र शासन व्यवस्था की आधारशिला रखी गई। अमेरिका तथा फ्रांस की क्रान्ति के परिणामस्वरूप जनतान्त्रिक शासन व्यवस्था की प्रबल माँग उठी। स्वतन्त्रता, समानता और भ्रातृता की माँग की गई। ये प्रजातन्त्र के मूलाधार माने जाते हैं। जनतन्त्र शासन-व्यवस्था का आशय जनता द्वारा, जनता के लिए, जनता की शासन व्यवस्था वाली सरकार है। इसके लिए जरूरी है कि जनता सामाजिक एवं नागरिक दृष्टि से जागरूक हो। नागरिक शास्त्र को एक अलग विषय के रूप में मान्यता इसी आवश्यकता की पूर्ति हेतु प्राप्त हुई। नागरिकशास्त्र बालकों को भावी जीवन में एक आदर्श नागरिक बनाने में सहायक होता है।

(3) समाज के सभी समुदाय एक दूसरे पर निर्भर एवं सम्बन्धित हैं। सभी का कल्याण एक दसूरे पर निर्भर है। आधुनिक वक्त में सभी समाज विश्व के अंग के रूप में हैं। सुखमय सफल जीवन जीने हेतु आदर्श एवं सभ्य जीवन जीने की कला सीखना हर व्यक्ति हेतु जरूरी है। मनुष्य को यह कला सिखाने हेतु नागरिकशास्त्र महत्त्वपूर्ण विषय सिद्ध हुआ है इसीलिए पाठ्यक्रम में उसे एक अलग विषय के रूप में मान्यता प्राप्त हुई। ई.एम. ह्माइट के अनुसार–''नागरिकशास्त्र जीवन की आधुनिकता का विशद सर्वेक्षण करता है तथा बालकों को विभिन्न तरह के सम्बन्धों को देखने तथा उसके मूल्यांकन करने की क्षमता प्रदान करता है।''

नागरिकशास्त्र को पाठ्यक्रम में एक विषय के रूप में जगह देने का यह कारण है कि बालकों में आरंभ से ही नागरिकता के गुणों का विकास किया जा सके। किसी भी राष्ट्र की बहुमुखी उन्नति तभी सम्भव होती है जब वहाँ के नागरिक अपने कर्त्तव्यों एवं आदर्शों का भली तरह इस्तेमाल करें। नागरिकशास्त्र बालकों को आरंभ से ही

इस तरह का प्रशिक्षण प्रदान करता है। इसके माध्यम से बालकों में सामाजिक एवं राजनैतिक चेतना जागृत की जाती है।

नागरिकशास्त्र शिक्षण का महत्त्व

नागरिकशास्त्र एक ऐसा विषय है जिसे हम प्रतिदिन के जीवन हेतु उपयोगी पाते हैं। जिस तरह शारीरिक शुद्धता हेतु स्नान, मन की शुद्धता हेतु ईश्वर की पूजा जरूरी है उसी तरह आदर्श नागरिक बनने हेतु नागरिकशास्त्र का अध्ययन जरूरी है। नागरिकशास्त्र ही हमको अपने प्रति, पास-पड़ोस, राज्य तथा राष्ट्र के प्रति कर्त्तव्यों का ज्ञान कराता है। हमारे मूल अधिकार क्या हैं? आदि समस्याओं का निदान नागरिक शास्त्र शिक्षण के माध्यम से किया जा सकता है। देशप्रेम, सच्ची नागरिकता, सहानुभूति, परोपकार आदि अच्छी भावनाओं का विकास नागरिकशास्त्र की ही देन है। इस तरह स्पष्ट है कि इसका अध्ययन मनुष्य हेतु उपयोगी है। उपयोगिता को देखते हुए स्वतः सिद्ध है कि हमारे जीवन में नागरिकशास्त्र का विशेष महत्त्व है।

स्वतन्त्रता के पूर्व राजनैतिक कारणों से नागरिकशास्त्र को पाठ्यक्रम में कोई उल्लेखनीय जगह नहीं दिया जाता था। इसका कारण अंग्रेजों की स्वार्थपरक राजनीति थी। वे भारतीयों को इससे दूर रखना चाहते थे। स्वतन्त्रता प्राप्ति के बाद नागरिकशास्त्र के महत्त्व को देखते हुए इसे पाठ्यक्रम में समुचित जगह दिया गया है और यह अपेक्षा की गई कि इसके माध्यम से हम स्वतन्त्र जनतान्त्रिक भारत हेतु सुयोग्य नागरिक तैयार कर सकेंगे। जनतन्त्र की सफलता नागरिकों के गुणों पर निर्भर करती है और इन गुणों का विकास नागरिकशास्त्र के माध्यम से सरलता से किया जा सकता है। अतः इसका महत्त्व स्वतः सिद्ध हो जाता है।

नागरिकशास्त्र का महत्त्व निम्नलिखित कारणों से भी स्पष्ट होता है—

(1) वसुधैव कुटुम्बकम की भावना जागृत करता है—आज विज्ञान के युग में जहाँ एक ओर वैमनस्यता बढ़ रही है, आणविक अस्त्र-शस्त्रों का सृजन हो रहा है वहीं संयुक्त राष्ट्र संघ तथा अन्य संस्थाएँ विश्वशान्ति की स्थापना हेतु प्रत्यनशील हैं। नागरिकशास्त्र का विश्व राज्य की स्थापना का सपना साकार किया जा सकता है। विश्व शान्ति की स्थापना हेतु नागरिकशास्त्र वसुधैव कुटुम्बकम की भावना जागृत कर सकता है।

(2) सद्गुणों का विकास करता है—नागरिकशास्त्र हमें कर्त्तव्य पालन, आज्ञाकारिता, अनुशासन, प्रेम, सहयोग तथा दया आदि गुणों का पाठ पढ़ाता है तथा

इन गुणों के माध्यम से सभी को आत्मनिर्भर बनने की प्रेरणा देता है। इन गुणों के अभाव में एक सुव्यवस्थित समाज तथा कल्याणकारी राज्य की कल्पना असम्भव है। नागरिक जितना ही उक्त गुणों से सम्पन्न होंगे उतना ही अच्छा हमारा राज्य होगा। इस दृष्टि से भी नागरिकशास्त्र का महत्त्व है।

(3) लोकतन्त्रात्मक सरकार की सफलता में सहायक—नागरिकशास्त्र नागरिकों में देश प्रेम तथा सच्ची राष्ट्रीयता का विकास कर उनके मानवीय सफलताओं का विस्तार करता है। लोकतन्त्रात्मक सरकार की विशेषताओं का ज्ञान कराकर नागरिकशास्त्र नागरिकों को सरकार की सफलता हेतु सहयोग करने हेतु प्रेरित करता है। इस तरह लोकतन्त्रात्मक राज्य हेतु उसका विशेष महत्त्व है।

(4) आदर्श नागरिकों का सृजन करता है—नागरिकशास्त्र नागरिकता के गुणों का विकास कर जन साधारण को एक आदर्श नागरिक बनाता है जिससे वे अपने कर्त्तव्यों तथा अधिकारों का ज्ञान कर राष्ट्र हेतु उपयोगी सिद्ध हों। इस तरह इसका महत्त्व स्पष्ट होता है।

(5) अधिकारों एवं कर्त्तव्यों का ज्ञान कराता है—नागरिकशास्त्र मनुष्य को उनके अधिकारों एवं कर्त्तव्यों का ज्ञान कराता है। इनका सन्तुलन भी नागरिकशास्त्र सिखाता है। नागरिकशास्त्र 'जियों और जीने दो' का पाठ पढ़ाता है। नगारिकशास्त्र यह सिखाता है कि हर व्यक्ति को जीवित रहने का अधिकार है लेकिन यह तभी सम्भव है जब दूसरे लोग अपने कर्त्तव्य अर्थात् जीने दो का पालन करें। इस दृष्टि से भी नागरिकशास्त्र का महत्त्वपूर्ण जगह है।

(5) राज्य तथा सरकार का ज्ञान कराता है—नागरिकशास्त्र हमें राज्य के विषय में ज्ञान कराता है जैसे हमारा राष्ट्र धर्म सापेक्ष्य या धर्मनिरपेक्ष या कल्याणकारी राज्य है। इनका ज्ञान हमें नागरिकशास्त्र के माध्यम से कराया जाता है। सरकार की कार्य प्रणाली का ज्ञान भी इसी के माध्यम से होता है। संविधान प्रदत्त अधिकार एवं कर्त्तव्य राज्य की नीति निर्देशक तत्त्वों के महत्त्व आदि का भी ज्ञान नागरिकशास्त्र कराता है। अतः राष्ट्रीयता, देशप्रेम जैसी महत्त्वपूर्ण मनोवृत्तियों के विकास की दृष्टि से इसका महत्त्व है।

(6) विभिन्न समुदायों एवं संस्थाओं का ज्ञान करता है—नागरिकशास्त्र हमें परिवार, पास-पड़ोस, राज्य, राष्ट्र तथा धार्मिक, आर्थिक एवं व्यावसायिक समुदायों का ज्ञान कराता है। वर्तमान युग में इन समुदायों और संस्थाओं का विशेष महत्त्व है। वर्तमान युग का ढाँचा ही समुदायों एवं संस्थाओं पर आधारित है। समुदायों का निर्माण, उद्देश्य, उनकी पूर्ति आदि सभी बातों का ज्ञान नागरिकशास्त्र के माध्यम से कराया जाता है। इस दृष्टि से इसका महत्त्व मनुष्य हेतु है।

उक्त तथ्यों के आधार पर यह कहा जा सकता है कि नागरिकशास्त्र समाज, राज्य नागरिकों एवं विद्यार्थियों हेतु महत्त्वपूर्ण है। यह विद्यार्थियों के कोमल मस्तिष्क में आदर्श नागरिक के गुण, अधिकार एवं कर्त्तव्यों का ज्ञान, राज्य एवं सरकार का ज्ञान जैसी बातों की छाप डालकर उन्हें भविष्य में एक अच्छा नागरिक बनने हेतु तैयार करता है।

निष्कर्ष रूप में कहा जा सकता है कि किसी भी देश की सरकार जन साधारण के नैतिक एवं बौद्धिक स्तर पर निर्भर करती है केवल कुछ विशिष्ट लोगों पर ही निर्भर नहीं करती। अतः किसी भी राष्ट्र की उन्नति वहाँ जनसाधारण की रुचि और प्रयत्न पर निर्भर करती है। हर नागरिक को अपने अधिकारों एवं कर्त्तव्यों का पूर्ण ज्ञान होना चाहिए जिससे वे इनका सामंजस्य करते हुए उपभोग करें। नागरिकों के इसी सामंजस्यपूर्ण उपयोग पर समाज का कल्याण निर्भर करता है। बालकों की आरंभ से ही नागरिकता के पाठ पढ़ाने हेतु कक्षा शिक्षण में जगह देना जरूरी है। अतएव वर्तमान में नागरिकशास्त्र विषय को पाठ्यक्रम में जगह प्रदान किया गया है।

3

पाठ्यक्रम

सभी विषय को पढ़ाने के कुछ उद्देश्य रहते हैं और उन उद्देश्यों की प्राप्ति हेतु पाठ्यक्रम निर्धारित किया जाता है। नागरिकशास्त्र को पढ़ाने के कई उद्देश्य हैं, उन उद्देश्यों को प्राप्त करने हेतु जो पाठ्यवस्तुएँ निर्धारित की जाती हैं, उन्हें पाठ्यक्रम में रखा जाता है। अतः उद्देश्यों को प्राप्त करने हेतु पाठ्यक्रम का निर्धारण जरूरी है।

'करीकुलम' (Curriculum) शब्द की उत्पत्ति लैटिन भाषा के Curricular शब्द से हुई है। जिसका अर्थ दौड़ लगाना (Race Course) होता है। इसलिए पाठ्यक्रम वह दौड़ का मैदान है, जिस पर बालक लक्ष्य को प्राप्त करने हेतु दौड़ता है। पाठ्यक्रम की आधुनिक धारणा विशद एवं व्यापक है। लेकिन यह इतनी व्यापक नहीं है कि जीवन के क्रियाकलापों का दिग्दर्शन करा सके। आज पाठ्यक्रम में केवल उन्हीं अनुभवों को शामिल किया जाता है जिन्हें शिक्षक के निर्देशन में छात्र प्राप्त करता है। ऐसे अनुभव प्रायः विद्यालय प्रागण में, कक्षा तथा खेल के मैदान में, प्रयोगशाला अथवा कार्यशाला में, पुस्तकालय या अन्य शैक्षिक कार्यों के माध्यम से प्राप्त होते हैं। पाठ्यक्रम के सम्बन्ध में स्पष्टता लाने हेतु और परिभाषाएँ दी जा सकती हैं—

मुनरो के विचार में—"पाठ्यक्रम में वे समस्त अनुभव निहित हैं जिनको विद्यालय के माध्यम से शिक्षा के उद्देश्यों की प्राप्ति हेतु उपयोग में लिया जाता है।"

फ्रोबेल के विचार में—"पाठ्यक्रम को मानव जाति के सम्पूर्ण ज्ञान तथा अनुभव का सार समझना चाहिए।"

कर्निंघम के विचार में—"पाठ्यक्रम कलाकार (शिक्षक) के हाथ में एक यन्त्र है जिससे वह अपनी सामग्री (विद्यार्थी) को अपने आदर्श (लक्ष्य) के अनुरूप कलागृह (स्कूल) में मोड़ता है।"

शिक्षा आयोग के अनुसार—"विद्यालय पाठ्यक्रम अधिगम अनुभव की वह समग्रता है जो विद्यालयों के माध्यम से छात्रों को विद्यालय में अथवा उसके बाहर की बहुमुखी क्रियाओं के माध्यम से प्रदान की जाती है। ये समस्त क्रियाएँ विद्यालय के परिनिरीक्षमण में संचलित की जाती हैं।"

माध्यमिक शिक्षा आयोग के अनुसार—"पाठ्यक्रम का अर्थ केवल उन सैद्धान्तिक विषयों से नहीं है जो विद्यालय में परम्परागत रूप से पढ़ाए जाते हैं वरन् इसमें अनुभवों की वह समग्रता सम्मिलित होती है, जिसको छात्र विद्यालय की उन बहुमुखी क्रियाओं से प्राप्त करता है जो कक्षा, पुस्तकालय, कर्मशाला, प्रयोगशाला और खेल के मैदान में तथा शिक्षकों एवं छात्रों के अंकगणित अनौपचारिक सम्पर्कों से प्राप्त होती है। इस तरह विद्यालय का सम्पूर्ण जीवन पाठ्यक्रम हो जाता है जो छात्रों के जीवन के सभी पक्षों को प्रभावित कर सकता है और उनके सन्तुलित व्यक्तित्व के विकास में मदद देता है।"

पाठ्यक्रम सृजन के सिद्धान्त

आज नागरिकशास्त्र का सर्वमान्य पाठ्यक्रम तैयार नहीं किया गया है जो विश्व की समस्त जातियों हेतु आदर्श हो लेकिन प्रयत्न करने पर ऐसा पाठ्यक्रम बनाया जा सकता है जो सबके लिए उपयुक्त हो। पाठ्यक्रम सृजन करते वक्त जिन विशेष सिद्धान्तों को ध्यान में रखा जाना चाहिए वे निम्नलिखित हो सकते हैं—

1. विविधता और लचीलेपन का सिद्धान्त—पाठ्यक्रम सृजन में विविधता और लचीलेपन के सिद्धान्त को अपनाना जरूरी है। पाठ्यक्रम में विविधता और लचीलापन होने पर उसे छात्रों की रुचियों, आवश्यकताओं, योग्यताओं के अनुसार बनाया जा सकता है। पाठ्यक्रम में विविधता होने पर उसे छात्र अपनी रुचि और योग्यता के अनुसार विषयवस्तु का चुनाव कर सकते हैं। लचीलापन होने पर पाठ्यक्रम में आवश्यकतानुसार बदलाव किया जा सकता है। अतः पाठ्यक्रम में विविधता और लचीलेपन का सिद्धान्त अपनाना चाहिए।

2. एकता का सिद्धान्त–नागरिकशास्त्र मानव के विकास का अध्ययन है। यह अखण्ड प्रतीत होता है और इसमें पूर्ण एकता है। हमें इस बात का ध्यान रखना चाहिए कि मानव जाति का नागरिकशास्त्र विकास का इतिहास है। इसलिए हम मानव कहानी को विभिन्न विभागों में नहीं ले सकते हैं। इस एकता को बनाए रखने हेतु नागरिकशास्त्र की सामग्री को नागरिकशास्त्र शिक्षण के पूर्व निश्चित कर लेना चाहिए ताकि उसका शिक्षण प्रभावशाली बना रहे।

3. रुचि का सिद्धान्त–नागरिकशास्त्र पाठ्यक्रम का सृजन करते वक्त ऐसी सामग्री का चुनाव किया जाना चाहिए जो बालकों में रुचि पैदा कर सके। रुचि होने का मतलब यह नहीं है कि वह सत्यता से परे हो। रुचि की डिग्री में अन्तर हो सकता है। विषय-वस्तु अगर रुचिकर है तो उसे आसानी से धारण किया जा सकता है।

4. केन्द्रीयकरण तथा समन्वय का सिद्धान्त–हरबार्ट के अनुरूप हमारा पाठ्यक्रम विभिन्न कणों से मिलकर बना है। पाठ्यक्रम के तथ्य ऐसे होने चाहिए जिनमें समन्वय किया जा सके। हरबार्ट के शिष्य (Ziller) का विचार था कि एक विषय को केन्द्र बनाकर अन्य विषय पढ़ाए जाएँ। नागरिकशास्त्र को केन्द्रीय विषय माना। इस सिद्धान्त को इस्तेमाल में लाने के पूर्व नागरिकशास्त्र के ऐसे तथ्यों को चुना जाए जो समन्वय तथा केन्द्रीयकरण स्थापित करने में सहायक हो। इसके लिए नागरिकशास्त्र को दैनिक जीवन से सम्बन्धित किया जाए और स्थानीय नागरिकशास्त्र की सामग्री को शामिल किया जाए जो एक दूसरे से सम्बन्धित हो।

5. शैक्षिक मूल्य का सिद्धान्त–नागरिकशास्त्र शिक्षण का प्रमुख उद्देश्य छात्रों को केवल सामाजिक सूचनाएँ देना ही नहीं है, वरन् वह छात्रों के चरित्र-निर्माण में भी सहायक होता है। इसके माध्यम से तर्क शक्ति, विचार शक्ति, स्मरण तथा सृजन शक्ति का विकास होता है। अतः इसके पाठ्यक्रम का चुनाव इस तरह किया जाए कि वह छात्र को वातावरण के अनुकूल शिक्षा देकर उसमें सामाजिक चेतना का विकास कर सके।

6. वक्त का सिद्धान्त–पाठ्यक्रम सृजन करते वक्त इस बात का विशेष ध्यान रखा जाए कि उतनी ही पाठ्य-सामग्री का चयन किया जाए जो निश्चित वक्त में पूर्ण की जा सके।

7. आन्तरिक परिस्थितियाँ–नागरिकशास्त्र विषय के पाठ्यक्रम का सृजन करते वक्त उन व्यावहारिक परिस्थितियों का ध्यान रखना चाहिए जो पाठ्यक्रम को प्रभावित करती हैं। नागरिकशास्त्र कक्ष तथा उसमें रखी सामग्री नागरिकशास्त्र के तथ्यों को प्रस्तुत करने में सहायक है। हमें शिक्षण सामग्री विषय के अनुरूप एकत्रित करनी चाहिए। पुस्तकालय भी पाठ्यक्रम के निर्धारण में सहायक होता है।

8. वैयक्तिक विभिन्नता का सिद्धान्त—नागरिकशास्त्र का पाठ्यक्रम सृजन करते वक्त इस बात का ध्यान रहे कि पाठ्य सामग्री बालकों के मनोवैज्ञानिक विकास में सहायक हो तथा उनकी आवश्यकताओं की पूर्ति कर सके।

9. सामाजिक अनुरूपता का सिद्धान्त—नागरिकशास्त्र पाठ्यक्रम में उस विषय-वस्तु को जगह दिया जाना चाहिए जिसके माध्यम से समाज की आवश्यकताओं की पूर्ति की जा सके और छात्र अपने भावी जीवन हेतु समाज में सक्रिय भाग ले सकें। नागरिकशास्त्र के प्रस्तुतीकरण की समस्या मूलतः उस विषय की प्रकृति से सम्बन्धित है। नागरिकशास्त्र अध्ययन अन्य विषयों से भिन्न है। नागरिकशास्त्र एक ऐसा विषय है जिसकी विषय-वस्तु और पात्र युगों पहले गुजर चुके हैं। उनसे सीधा सम्पर्क कर पाना असम्भव है। नागरिकशास्त्र की चर्चा में बढ़ते हुए विषयों के भार के कारण नागरिकशास्त्र के अन्तर्गत कितनी सामग्री का चयन किया जाए? वह कौन सी सामाग्री हो? उसे बालकों के योग्य कैसे बनाया जाए? से सब प्रश्न नागरिकशास्त्र के पाठ्यक्रम को तय करते वक्त ध्यान में रखना चाहिए।

10. उपयोग का सिद्धान्त—पाठ्यक्रम के सृजन में एक प्रमुख सिद्धान्त यह है कि पाठ्यक्रम में उन्हीं क्रियाओं को लाना चाहिए जो बालक के जीवन हेतु उपयोगी हों। क्योंकि जिन क्रियाओं की उपयोगिता छात्र हेतु न होगी, उनको सीखने में छात्र की रुचि न रहेगी और उनको सीखने में किया गया श्रम व वक्त व्यर्थ होगा। अतः पाठ्यक्रम के सृजन में उपयोगिता का सिद्धान्त अपनाना चाहिए।

11. क्रिया का सिद्धान्त—बालक की प्रवृत्ति क्रियाशील रहने की होती है। अतः पाठ्यक्रम सृजन में उन क्रियाओं को सम्मिलित करना चाहिए जो बालक को अधिक से अधिक क्रियाशील बनाए रखे। बालक जिन क्रियाओं को स्वयं करके सीखेंगे, वह क्रियाएँ। अतः पाठ्यक्रम सृजन में क्रियाशीलता का सिद्धान्त अपनाना चाहिए।

12. जीवन सम्बन्धी क्रियाओं का सिद्धान्त—पाठ्यक्रम सृजन में यह विशेष ध्यान रखना चाहिए कि बालक के जीवन से सम्बन्धित सभी क्रियाओं का समावेश पाठ्यक्रम में हो जाए, जिससे बालक आरंभ से ही लोकतन्त्रीय जीवन के ढंग को अपना सके। जीवनोपयोगी क्रियाओं के होने पर पाठ्यक्रम में बालक की रुचि अधिक होगी।

13. जनतान्त्रिक सम्बन्धों का सिद्धान्त—भारत एक गणतन्त्र राष्ट्र है, इसी कारण बालक में जनतन्त्रीय मूल्यों को विकसित कर आदर्श नागरिकता के गुणों का

विकास करना नागरिकशास्त्र के पढ़ाने का मुख्य उद्देश्य है। अतः पाठ्यक्रम में ऐसी क्रियाओं का समावेश होना चाहिए, जिससे बालकों में परस्पर समानता, सहिष्णुता, ईमानदारी, सहयोग आदि की भावना विकसित हो सके।

14. व्यापकता का सिद्धान्त—पाठ्यक्रम सृजन में व्यापक दृष्टिकोण अपनाना चाहिए। पाठ्यक्रम का सृजन इस तरह करना चाहिए कि वह केवल पुस्तकीय ज्ञान पर आधारित न हो और न उसमें संकुचित दृष्टिकोण अथवा विचारधारा का समावेश हो जिससे समाज के किसी विशेष वर्ग को कष्ट हो।

15. उत्पादकता से सम्बन्धित होने का सिद्धान्त—पाठ्यक्रम को उपयोगी और छात्रों हेतु लाभकारी बनाने हेतु जरूरी है कि पाठ्यक्रम में उत्पादक कार्यों को महत्त्वपूर्ण जगह दिया जाए जिससे सभी छात्र जीवनयापन हेतु आत्मनिर्भर बन सकें। स्थानीय आवश्यकताओं और परिस्थितियों के अनुसार छात्रों को उत्पादक कार्यों की शिक्षा देनी चाहिए।

16. अवकाश हेतु प्रशिक्षण का सिद्धान्त—पाठ्यक्रम सृजन में इस बात का विशेष ध्यान रखना चाहिए कि वह छात्रों को कार्य और अवकाश दोनों हेतु प्रशिक्षित करे। पाठ्यक्रम में अध्ययन विषयों के साथ-साथ उन क्रियाओं को भी सम्मिलित करना चाहिए जो छात्रों को सौन्दर्यानुभूति कराने के साथ-साथ उनके अवकाश काल का सदुपयोग करें।

17. तथ्यों का चुनाव—बालकों को शिक्षा उनके मानसिक स्तर के अनुरूप दी जानी चाहिए। नागरिकशास्त्र के अध्यापकों एवं पाठ्यक्रम निर्धारकों को चाहिए कि वे विभिन्न अवस्था के छात्रों हेतु नागरिकशास्त्र शिक्षण की व्यवस्था करें। इस विचार की पुष्टि हेतु दो प्रमुख विचारकों ने प्रयत्न किए हैं—

सांस्कृतिक युग सिद्धान्त अथवा पुनरावृत्ति के सिद्धान्त के प्रवर्तक व पोषक अमेरिका के स्टेनली (Stanley Hall) हैं, इन्होंने मानव जीवन के आरंभ से लेकर वर्तमान तक के विकास पर गम्भीरता पूर्वक विचार किया है और मनुष्य के क्रमिक विकास का अध्ययन कर यह तय किया कि मनुष्य अपने जीवन काल में ही मानव विकास के सम्पूर्ण क्रमों की पुनरावृत्ति करता है। अतः नागरिकशास्त्र की विषय-वस्तु सांस्कृतिक विकास की उस अवस्था से लेनी चाहिए जिस अवस्था से बालक गुजर रहा है। मानव जाति की शिशु अवस्था का नागरिकशास्त्र शिशुओं हेतु उपयुक्त होगा। बाल्यवस्था का नागरिकशास्त्र बालकों को और मानव जाति के अन्तिम का नागरिकशास्त्र प्रौढ़ों को पढ़ाया जाना चाहिए। इस दृष्टि से नागरिकशास्त्र शिक्षण में निम्नलिखित व्यवस्था की जा सकती है—

(क) प्राचीनकाल का नागरिकशास्त्र प्राथमिक स्तर पर ही पढ़ाया जाए।
(ख) मध्यकाल का नागरिकशास्त्र जूनियर स्तर पर ही पढ़ाया जाए।
(ग) वर्तमान काल का नगारिकशास्त्र हाई स्कूल स्तर पर ही पढ़ाया जाए।
(घ) वर्तमान का आलोचनात्मक नागरिकशास्त्र उच्च कक्षाओं में ही पढ़ाया जाए।

इस सिद्धान्त ने नागरिकशास्त्र के शिक्षकों तथा नागरिकशास्त्र के पाठ्यक्रम के निर्धारण में बड़ी मदद दी है। यह सिद्धान्त छात्रों के समुचित तथा संगठित विकास पर बल देता है। विषय प्रतिपादन तथा शिक्षण विधियों में इस सिद्धान्त ने पर्याप्त सहायता की है।

वर्तमान पाठ्यक्रम के दोष

नागरिकशास्त्र के प्रचलित पाठ्यक्रम की आलोचना अनेक शिक्षाविदों ने की है। उनके अनुसार पाठ्यक्रम में पाठ्यक्रम सृजन के सिद्धान्तों और पाठ्यक्रम सृजन में ध्यान देने वाली बातों को ध्यान में न रखने के कारण ही पाठ्यक्रम दोषपूर्ण है। प्रचलित पाठ्यक्रम छात्रों हेतु अनुपयोगी और अनुपयुक्त है। इसमें छात्रों की रुचि और आवश्यकताओं का ध्यान नहीं रखा गया। इसमें अनेक ऐसे निरर्थक तथ्यों को बताया जाता है जो छात्र जीवन हेतु अनुपयोगी हैं। प्रचलित पाठ्यक्रम की समीक्षा करने पर निम्नलिखित दोष दिखाई देते हैं–

1. क्रियाशीलता का अभाव–वर्तमान पाठ्यक्रम छात्रों को क्रियाशील नहीं रखता है। इस पाठ्यक्रम के माध्यम से छात्र शिक्षक के माध्यम से दी गई सूचनाओं को केवल श्रोता बनकर सुनते हैं। उन सूचनाओं के आधार पर स्वयं करके सीखने का कोई अवसर पाठ्यक्रम में छात्रों को नहीं दिया जाता है।

2. रटने पर बल–वर्तमान पाठ्यक्रम में क्रियाशीलता के अभाव तथा सूचनाओं के संग्रह के कारण छात्रों में रटने की प्रवृत्ति बढ़ती जा रही है। छात्र उन सूचनाओं को बिना समझे रट लेते हैं और परीक्षा में उन्हीं सूचनाओं को लिख देते हैं। रटने पर अधिक बल देने के कारण छात्रों में मौलिकता एवं सृजनात्मकता का अभाव रहता है।

3. संकुचित पाठ्यक्रम–वर्तमान पाठ्यक्रम छात्रों में संकुचित दृष्टिकोण का विकास करता है क्योंकि इसमें छात्रों को ज्ञान प्रदान करने वाले तथ्यों का ही समावेश किया गया है। इसके माध्यम से छात्रों को व्यावहारिक ज्ञान नहीं प्रदान किया जा सकता है। यह छात्रों को केवल सूचनात्मक तथ्यों को बताकर अगली कक्षा में प्रवेश करने के योग्य बनाता है। यह छात्रों के सार्वजनिक हित को ध्यान में नहीं रखता।

4. शिक्षण सामग्री का अभाव—प्रचलित पाठ्यक्रम का एक दोष यह भी है कि इसमें छात्रों को शिक्षण की विभिन्न सहायक सामग्री के माध्यम से शिक्षा नहीं प्रदान की जाती है। पाठ्यक्रम में इस तरह की क्रियाएँ नहीं रखी गई हैं जिनको सीखने में शिक्षक को श्रव्य-दृश्य साधनों का इस्तेमाल करना पड़े। इन साधनों के अभाव में छात्रों को बहुत से तथ्य समझ में आते हैं और वे उन्हें बिना सोचे-समझे याद कर लेते हैं।

5. सैद्धान्तिक एवं पुस्तकीय—पाठ्यक्रम में छात्र के सम्पूर्ण जीवन की क्रियाओं का समावेश होना चाहिए किन्तु वर्तमान पाठ्यक्रम केवल पुस्तकों तक सीमित रह गया है। वह छात्रों को व्यावहारिक ज्ञान नहीं प्रदान करता है। केवल सैद्धान्तिक ज्ञान प्राप्त होने के कारण छात्र जीवन में असफल रहते हैं। नागरिकशास्त्र वास्तविक जीवन की परिस्थितियों से सम्बन्धित होता है। वर्तमान पाठ्यक्रम में छात्रों के माध्यम से केवल कुछ तथ्यों, सूचनाओं, नियमों, आदि की जानकारी पुस्तकों के माध्यम से प्राप्त की जाती है।

6. वैयक्तिक विभिन्नता का अभाव—नागरिकशास्त्र के वर्तमान पाठ्यक्रम में वैयक्तिक विभिन्नता का अभाव है। उसका सृजन छात्रों की व्यक्तिगत रुचियों, योग्यताओं के अनुसार नहीं किया गया है जिससे छात्र एक समान पाठ्यवस्तु को पढ़ने हेतु विवश होते हैं।

7. परीक्षा पर आधारित—नागरिकशास्त्र का वर्तमान पाठ्यक्रम उसके शिक्षण के उद्देश्यों के अनुसार नहीं है। नागरिकशास्त्र छात्रों में लोकतान्त्रिक नागरिकता के विकास हेतु होता है। किन्तु वर्तमान पाठ्यक्रम छात्रों को केवल परीक्षा उत्तीर्ण कराने हेतु निर्धारित है। इसके माध्यम से छात्रों में लोकतान्त्रिक भावना का विकास बिल्कुल नहीं होता है। इस पाठ्यक्रम के माध्यम से छात्र सामाजिक एवं नागरिक जीवन में कुशल नहीं हो पाते।

आदर्श पाठ्यक्रम की विशेषताएँ

वर्तमान में प्रचलित पाठ्यक्रम से प्रायः सम्पूर्ण विश्व में असन्तोष है। प्रायः सभी देशों में यह अनुभव किया जा रहा है कि दुतगति से ज्ञान के विस्तार के साथ पाठ्यक्रम का समुचित विकास नहीं हो पा रहा है और न ही प्रचलित पाठ्यक्रम वैयक्तिक एवं सामाजिक आवश्यकताओं एवं आकांक्षाओं की पूर्ति कर पा रहा है। अगर इस सन्दर्भ में प्रचलित पाठ्यक्रम को देखें तो यह विश्वास और भी दृढ़ होता है। माध्यमिक शिक्षा आयोग (1952-53) ने माध्यमिक शिक्षा के दोषों को स्पष्ट

करते हुए प्रचलित पाठ्यक्रम के दोषों पर भी प्रकाश डाला है जिनमें से कुछ नागरिकशास्त्र के पाठ्यक्रम पर भी लागू होते हैं।

1. आधुनिक शैक्षिक विचारधारा के अनुरूप हमें बालक की क्षमता, रुचि एवं आवश्यकता आदि को पाठ्यवस्तु का आधार बनाना चाहिए।
2. पाठ्यक्रम की विषय-वस्तु बालक एवं समाज दोनों की दृष्टि से चुनी जानी चाहिए।
3. आज हमारे देश के समक्ष राष्ट्रीय एकीकरण की समस्या है अतः पाठ्यक्रम में व्यक्ति, समाज एवं राष्ट्र की स्थिति एवं माँगों का विचार निहित होना चाहिए।
4. नागरिकशास्त्र के पाठ्यक्रम में क्रमबद्धता तथा निरन्तरता को भी ध्यान में रखना चाहिए।
5. जो भी इकाइयाँ पाठ्यक्रम में शामिल हों उनसे पूर्व तथ्यों तथा विवरणों में सम्बन्ध होना चाहिए।
6. वर्तमान को समझने में मदद कर सके तथा समाज में पुनर्जीवन पैदा कर सके ऐसा पाठ्यक्रम हो।
7. अच्छे पाठ्यक्रम का आधार विद्यालय का सम्पूर्ण जीवन होना चाहिए।
8. पाठ्यक्रम में पर्याप्त विविधता तथा लचीलापन होना चाहिए जिससे वैयक्तिक विभिन्नताओं, रुचियों एवं आवश्यकताओं की पूर्ति की जा सके।
9. पाठ्यक्रम ऐसा है जो सामुदायिक जीवन से सम्बन्धित हो।
10. पाठ्यक्रम स्थानीय आवश्यकताओं की पूर्ति करने में सहायक हो।
11. पाठ्यक्रम इस तरह नियोजित किया जाना चाहिए जो छात्रों को केवल ज्ञान हेतु ही परीक्षित न करे वरन् उनके अवकाश के क्षणों का भी सदुपयोग निश्चित करे।
12. पाठ्यक्रम में समन्वय के सिद्धान्त को धारण करना चाहिए जिससे उसकी पाठ्यवस्तु का जीवन की समस्याओं से तारतम्य स्थापित हो सके।

प्रो. सी.पी. हिल ने अच्छे पाठ्यक्रम में निम्नांकित बातों का होना जरूरी बताया है—

1. पाठ्यक्रम लचीला हो ताकि नवीन तथ्यों एवं अनुभवों को जगह दिया जा सके।
2. उच्च्य कक्षाओं हेतु विशेष काल का निर्धारण किया गया हो।
3. पाठ्यक्रम का सम्बन्ध अन्य विषयों से होना चाहिए।

4. नागरिकशास्त्र के पाठ्यक्रम को सामाजिक पुनर्जीवन हेतु बनाया जाना चाहिए।
5. पाठ्यक्रम इस तरह का हो जो विद्यालय की आवश्यकताओं को पूर्ण कर सके।
6. बालकों की रुचि, अवस्था आदि का ध्यान रखकर पाठ्ययक्रम का सृजन करना चाहिए।

उपरोक्त विवेचनाओं के आधार पर वर्तमान पाठ्यक्रम के दोषों व कमियों को दूर कर तथा पाठ्यक्रम के सिद्धान्तों को अपनाकर एक अच्छे पाठ्यक्रम का सृजन किया जा सकता है। विभिन्न विद्वानों ने एक अच्छे पाठ्यक्रम के विभिन्न गुण बताए हैं जिनमें से निम्नलिखित प्रमुख हैं–

1. क्रियाशीलता–एक अच्छे पाठ्यक्रम में क्रियाशीलता का गुण होना चाहिए। पाठ्यक्रम छात्रों को केवल निष्क्रिय श्रोता न बनाए वरन उन्हें क्रियाशील बनाए। छात्र पाठ्यक्रम की सम्पूर्ण क्रियाओं को स्वयं करके सीखे इससे छात्रों की क्रियाशीलता बनी रहेगी।

2. प्रेरणा–नागरिकशास्त्र के अच्छे पाठ्यक्रम को छात्रों को प्रेरणा करने वाला होना चाहिए। पाठ्यक्रम ऐसा हो जिससे छात्र स्वयं पाठ्यक्रम की क्रियाओं को सीखन हेतु प्रेरित हों।

3. लचीलापन–एक अच्छे पाठ्यक्रम में लचीलेपन का गुण होना जरूरी है। इसके अभाव में छात्रों की रुचियों, योग्यताओं, क्षमताओं के अनुसार पाठ्यक्रम में बदलाव करना सँभव नहीं होता है। अतः पाठ्यक्रम को इतना लचीला होना चाहिए कि उसमें आवश्यकतानुसार थोड़ा बहुत बदलाव किया जा सके।

4. रुचि के अनुकूल–एक अच्छे पाठ्यक्रम को छात्रों की रुचि के अनुकूल होना चाहिए। उसमें छात्रों की रुचियों को ध्यान में रखना चाहिए और ऐसी क्रियाओं को सम्मिलित करना चाहिए जिनमें छात्रों की रुचि हो। क्योंकि छात्रों की रुचि के अनुकूल पाठ्यक्रम न होने पर उसके अध्ययन में छात्रों को कोई रुचि न होगी और वह पाठ्यक्रम उनके लिए निरर्थक सिद्ध होगा।

5. अवकाश काल का सदुपयोग–एक अच्छे पाठ्यक्रम में छात्रों के अवकाश काल का सदुपयोग करने वाली क्रियाएँ अवश्य होनी चाहिएँ जिससे छात्र मनोरंजन के साथ-साथ समाजोपयोगी क्रियाओं को सीख सकें। पाठ्यक्रम में खेलकूद, सामाजिक क्रियाएँ आदि को सम्मिलित करना चाहिए। इन क्रियाओं के माध्यम से छात्रों के अवकाश का वक्त केवल निरर्थक मनोरंजन हेतु न होकर जीवनोपयोगी क्रियाओं में अनुभाव प्रदान करने हेतु होगा।

6. व्यापकता—एक अच्छे पाठ्यक्रम को व्यापक दृष्टिकोण अपनाना चाहिए। उसमें संकुचित दृष्टिकोण—दलगत राजनीति, विशेष वर्ग हेतु अपमानजनक बातें आदि नहीं होनी चाहिएँ। पाठ्यक्रम के माध्यम से छात्रों में वसुधैव कुटुम्बकम की भावना का विकास करते हुए व्यापक दृष्टिकोण का विकास करना चाहिए।

7. उपयोगिता—एक अच्छा पाठ्यक्रम हम उसी पाठ्यक्रम को कह सकते हैं जो छात्रों हेतु उपयोगी हो। छात्रों को जीवन में काम आने वाली बातें, संदर्भित तत्त्वों का ज्ञान करने वाला पाठ्यक्रम अच्छा पाठ्यक्रम कहा जाता है। जिस पाठ्यक्रम में जीवनोपयोगी बातों का समावेश नहीं होता ऐसे पाठ्यक्रम को सीखने में छात्रों की कोई रुचि नहीं होती है।

8. जनतान्त्रिक आदर्श—भारत एक जनतन्त्र राष्ट्र है अतः भारत में नागरिकशास्त्र के एक अच्छे पाठ्यक्रम में जनतान्त्रिक आदर्शों को आधार बनाना चाहिए। क्योंकि राष्ट्र की सफलता जनतन्त्र की सफलता पर निर्भर है और जनतन्त्र की सफलता उसके नागरिकों में जनतान्त्रिक आदर्शों के गुणों के विकसित होने पर निर्भर है।

9. अन्य विषयों से समन्वय—अच्छे पाठ्यक्रम का एक प्रमुख गुण यह भी होना चाहिए कि वह अन्य विषयों से सम्बन्धित हो। पाठ्यक्रम को ज्ञान की सम्पूर्ण इकाई पर आधारित होना चाहिए जिससे हर विषय पृथक्-पृथक् प्रतीत हो और एक विषय के अध्ययन का लाभ दूसरे विषय के अध्ययन में मिल सके।

4

नागरिकशास्त्र शिक्षण की आधुनिक विधियाँ एवं युक्तियाँ

नागरिकशास्त्र शिक्षण में शिक्षण विधि से आशय है कि किसी विषय-वस्तु को छात्रों को किस तरह प्रदान किया जा सकता है। किसी विषय के शिक्षण में विधि का वह महत्त्व है जो किसी निर्दिष्ट जगह पर पहुँचने हेतु सही मार्ग का जिस तरह मार्ग के अभाव में एक व्यक्ति निर्दिष्ट जगह पर नहीं पहुँच पाता उसी तरह विधि के अभाव में ज्ञान प्रदान नहीं किया जा सकता। शिक्षक अभीष्ट उद्देश्य की प्राप्ति के लिए कुछ विशेष विधियों का अनुसरण करता है। ये विधियाँ शिक्षण कला को सजीव बनाती हैं। शिक्षण की सफलता मुख्यतः इन्हीं शिक्षण विधियों पर आधारित रहती है।

शिक्षण विधियाँ पढ़ाने के उद्देश्य

नागरिकशास्त्र के शिक्षक को भी अपने उद्देश्यों की पूर्ति के लिए कुछ विधियों का सहारा लेना पड़ता है। हमारी शिक्षण विधि दृढ़ एवं अपरिवर्तित नहीं होनी चाहिए वरन् वैयक्तिक तथा लचीली होनी चाहिए। यह तथ्य नागरिकशास्त्र शिक्षण हेतु बहुत ही महत्त्वपूर्ण है क्योंकि नागरिकशास्त्र छात्रों को सम्पूर्ण स्थिति के साथ पूर्ण प्रत्युत्तर देने हेतु प्रशिक्षित करता है इसलिए इसकी विधि जीवन के सम्पूर्ण सन्दर्भ को उपयुक्त ढंग से अपने अन्तर्गत लें। इसके अन्तर्गत जीवन की कला को सीखने

की एकमात्र प्रभावशाली विधि—समझदारी, व्यवस्थित तथा सहानुभूतिपूर्वक जीवन व्यतीत करना है। छात्रों का वास्तविक जीवन ही नागरिकशास्त्र की पाठ्यवस्तु है। शिक्षण विधि ऐसी हो जिसके इस्तेमाल से हर छात्र सामाजिक परिस्थिति को अपने ढंग से सीख सके। अतः शिक्षण विधि वैयक्तिक एवं लचीली होनी चाहिए जिससे हर बालक अपनी रुचि, क्षमता एवं योग्यतानुसार सीख सके। विभिन्नताओं के होते हुए भी एक सामान्य नियम क्या आदर्श के विभिन्न व्यक्तियों की सीखने की प्रक्रिया में खोजा जा सकता है। अतः वैयक्तिक ढंग से आरंभ करके सामान्य की प्राप्ति हेतु कोई कार्य किया जाना चाहिए।

नागरिकशास्त्र शिक्षण की आधुनिक विधियाँ

नागरिकशास्त्र शिक्षण की विधियों को निम्नानुसार विभाजित किया जा सकता है—

आगमन विधि

आगमन विधि शिक्षण की वह विधि है, जिसमें शिक्षक बालकों का ध्यान सर्वप्रथम अनेक विशिष्ट और समान उदाहरणों की ओर आकर्षित करता है और तत्पश्चात् उनके आधार पर एक सामान्य सिद्धांत निकलवाता है। उपरान्त में शिक्षक के माध्यम से निकाले गए, सामान्य सिद्धांतों की सत्यता प्रमाणित करने हेतु कुछ अन्य उदाहरणों को प्रस्तुत करता है।' जैसे मान लीजिए छात्रों से यह सामान्य सिद्धांत निकलवाना चाहता है कि मनुष्य एक मरणशील प्राणी है। "इसके लिए वह सर्वप्रथम छात्रों का ध्यान उन-उन व्यक्तियों की ओर आकर्षित करेगा, जो मर चुके हैं। इस प्रकार अनेकानेक उदाहरणों के माध्यम से वह खुद छात्रों से यह सामान्य सिद्धांत निकलवाएगा कि मनुष्य मरणशील प्राणी है।"

परिभाषा—आगमन विधि की कुछ प्रमुख परिभाषाएँ निम्नलिखित हैं—

लेंडन के शब्दों में—"जब कभी हम बालकों के समक्ष बहुत-से तथ्य, उदाहरण अथवा वस्तुएँ प्रस्तुत करते हैं, और फिर उनसे अपने स्वयं के निष्कर्ष निकलवाने का प्रयत्न करते हैं, यह प्रक्रिया शिक्षण की आगमन-विधि हैं।"

फाउलर (Fowler) ने आगमन की परिभाषा प्रस्तुत करते हुए लिखा है, "आगमनविशेष से सामान्य या कम सामान्य से अधिक सामान्य का विधियुक्त अनुमान है।

आगमन की इन परिभाषाओं के आधार पर हम कह सकते हैं कि शिक्षण में आगमन विधि का आशय उस विधि से है, जिसमें बालकों का ध्यान अनेक

विशिष्ट उदाहरणों पर केन्द्रित कर उनकी मदद से '**सामान्य सिद्धान्त**' निकलवाए जाते हैं। आगम विधि के माध्यम से शिक्षण करते वक्त नियमों, सिद्धान्तों, परिभाषाओं आदि को पहले नहीं बताया जाता है। छात्र अनेक तथ्यों, उदाहरणों, वस्तुओं आदि का निरीक्षण, तुलना अथवा वर्गीकरण करके इन नियमों, सिद्धान्तों आदि पर स्वयं पहुँचते हैं। सूक्ष्म रूप से देखने से स्पष्ट पता चलता है कि इस विधि में शिक्षण के तीन सूत्रों का इस्तेमाल होता है–(1) विशिष्ट से सामान्य की ओर (From Particular to General) तथा (2) स्थूल से सूक्ष्म की ओर (From concrete to abstract) (3) विशिष्ट से सामान्य की ओर (From Particular to General)। **रायबर्न** (Ryburn) ने आगमन विधि पर प्रकाश निक्षेप करते हुए लिखा है "आगमन विधि के पाठ में बालक निरीक्षण करता है अथवा उसका ध्यान अनेक विशिष्ट उदाहरणों की ओर आकर्षित होता है और तभी विशिष्ट उदाहरणों के आधार पर एक सामान्य सिद्धान्त का सृजन कर लेता है।"

आगमन विधि के पद–इसके प्रमुख पद निम्न हैं–

उदाहरण–एक ही तरह के विभिन्न उदाहरणों का चयन कर उन्हें छात्रों के समक्ष प्रस्तुत करना।

निरीक्षण–समस्त उदाहरणों का अवलोकन के माध्यम से तुलना करके उनमें समानता देखना तथा एक परिणाम पर पहुँचने का प्रयत्न करना।

नियमीकरण–एक ऐसे नियम अथवा सामान्य सिद्धान्त का छात्रों के माध्यम से निर्धारण करवाना, जिनसे अपना अभीष्ट सिद्ध हो सके।

परीक्षण–छात्रों के माध्यम से कुछ अन्य उदाहरणों के माध्यम से प्राप्त नियम अथवा सामान्य सिद्धान्त की सत्यता सिद्ध करवाना।

आगमन विधि के गुण–इसके प्रमुख गुण निम्नलिखित हैं–

1. इस विधि के माध्यम से जो बालक ज्ञान प्राप्त करता है, वह उसका स्थायी अंग बन जाता है।
2. यह विधि प्रत्यक्ष तत्त्वों पर आधारित होने के कारण सबसे अधिक वैज्ञानिक विधि है।
3. इस विधि का इस्तेमाल करने से बालकों में स्वतंत्र चिन्तन की क्षमता का विकास हो जाता है।
4. यह विधि 'स्थूल से सूक्ष्म की ओर' बढ़ने के कारण सरल और रोचक है।
5. यह विधि बालक को अपने भावी जीवन में खोज और अन्वेषण करने हेतु प्रोत्साहित करती है।

6. इस विधि में शिक्षक को उसे सामान्य नियम बतलाने की आवश्यकता नहीं पड़ती क्योंकि इसमें बालक स्वयं परिश्रम करके नये नियम अथवा सिद्धान्त की खोज करते हैं।
7. यह विधि पूर्णतया मनोवैज्ञानिक है। क्योंकि यह बालकों को बिल्कुल स्वाभाविक ढंग से ज्ञान प्रदान करने के कारण मनोवैज्ञानिक है।
8. इस विधि के माध्यम से ज्ञानार्जन करने से बालकों में आत्मनिर्भरता तथा आत्मविश्वास की भावना जाग्रत होती है।
9. इस विधि के माध्यम से बालकों को भावी जीवन में अन्वेषण तथा खोज करने हेतु प्रोत्साहन प्राप्त होता है।
10. इस विधि के माध्यम से अध्ययन करने से विषय अत्यन्त सरल तथा रोचक हो जाता है।

आगमन विधि के दोष—इस विधि के प्रमुख दोष निम्नलिखित हैं—

1. इस विधि में वक्त की अपेक्षा बहुत कम ज्ञान प्राप्त होता है।
2. यह विधि कभी-कभी बालक को गलत निष्कर्ष पर पहुँचा देती है, जिससे कि उसके मस्तिष्क पर विषय की गलत छाप अंकित हो जाती है।
3. यह विधि कक्षा शिक्षण में हमेशा प्रयुक्त नहीं हो सकती है।
4. यह विधि सभी विषयों के शिक्षण हेतु उपयुक्त नहीं है।
5. यह विधि पूर्ण नहीं है, क्योंकि यह बालक को यह नहीं बताती है कि किसी नियम को निर्धारित करने के उपरान्त क्या करे।
6. ज्ञानार्जन की गति बहुत ही धीमी रहती है। इसलिए यह बड़ी कक्षाओं हेतु यह अधिक महत्त्वपूर्ण नहीं होती है।
7. यह विधि मन्द बुद्धि छात्रों हेतु उपयोगी नहीं है, क्योंकि वे चिन्तन एवं तर्क से भागते हैं। वे इस विधि के माध्यम से प्रगति नहीं कर सकते हैं।

आगमन विधि के प्रयोम में सावधानियाँ—इस विधि का इस्तेमाल करते वक्त शिक्षक को निम्नलिखित बातों पर ध्यान रखना चाहिए—

1. प्रश्न सरल और प्रासंगिक होने चाहिए।
2. छात्रों को अधिक-से-अधिक तर्क करने का अवसर देना चाहिए।
3. छात्रों को भी प्रश्न पूछने हेतु प्रेरित करना चाहिए।
4. शिक्षक को निकाले जानेवाले सामान्य सिद्धान्त से छात्रों को पहले से ही परिचित नहीं होने देना चाहिए।
5. उदाहरणों को एक क्रम में प्रस्तुत करना चाहिए।

6. उदाहरणों में समानता होनी चाहिए।
7. उदाहरणों को बालक के बौद्धिक स्तर के अनुरूप प्रस्तुत करना चाहिए।
8. शिक्षक को जहाँ तक सम्भव हो सके सरल एवं समझने योग्य उदाहरणों को प्रस्तुत करना चाहिए।

आगमन विधि के गुण-दोषों की विवेचना से यह स्पष्ट होता है कि आगमन विधि का इस्तेमाल विज्ञान, भाषा, गणित, व्याकरण, भूगोल आदि के शिक्षण में अत्यन्त लाभदायक होता है। व्याकरण जो कि बहुत कठिन होती है, इस विधि के इस्तेमाल से अत्यन्त सरल हो जाती है। लेकिन, उच्च कक्षाओं की अपेक्षा निम्न कक्षाओं हेतु ही यह अधिक उपयोगी है। लेंडन ने भी इसका समर्थन किया है। इस संदर्भ में लेंडन ने अपना मत व्यक्त करते हुए कहा है कि अधिकांश दशाओं में प्राथमिक शिक्षण हेतु यह विधि निगमन विधि से अधिक उपयुक्त विधि है।

निगमन विधि

निगमन विधि के सन्दर्भ में लेंडर का विचार है कि इस विधि के माध्यम से शिक्षण में पहले परिभाषा अथवा नियम सिखाया जाता है, फिर उसके अर्थों की सावधानी से व्याख्या की जाती है और अन्त में तथ्यों का इस्तेमाल करके उसे पूर्ण रूप से स्पष्ट किया जाता है। यह विधि आगमन विधि से ठीक विपरीत है, आगमन विधि में 'विशिष्ट से सामान्य की ओर' चलते हैं। इसके विपरीत निगमन विधि में 'सामान्य से विशिष्ट की ओर' (From General to Particular) चलते हैं। इस विधि के माध्यम से अध्यापन में शिक्षक बालकों को पहले सामान्य नियम का ज्ञान करा देता है फिर विभिन्न उदाहरणों को प्रस्तुत कर उस नियम की सत्यता सिद्ध करता है। उदाहरण हेतु छात्रों को पहले यह सामान्य नियम बता दिया जाता है कि वस्तुओं का भार वायु की अपेक्षा जल में कम होता है। उसके उपरान्त विभिन्न वस्तुओं का भार वायु और जल से लेकर यह सिद्ध किया जाता है कि यह नियम सत्य है। इसी तरह दूसरा उदाहरण दिया जा सकता है छात्रों के समक्ष ज्यामिती का यह नियम प्रस्तुत किया जाता है कि अगर एक सरल रेखा दूसरी सरल रेखा को काटती है तो इसके फलस्वरूप जो चार कोण बनते हैं उनका योग चार समकोणों के बराबर अर्थात 360° होता है। यह नियम सुनकर बालक के मस्तिष्क में यह जिज्ञासा पैदा होती है कि आखिर किस तरह इन चारों कोणों का योग चार समकोण के बराबर होता है। इस जिज्ञासा की तृप्त करने हेतु शिक्षक उदाहरण प्रस्तुत करके उसके चारों कोणों को नपवाता है। अन्त में बालक के समक्ष नियम की सत्यता स्पष्ट हो जाती है और वह नियम को अपने ज्ञान के रूप में अपना लेता है।

शिक्षण के इसी ढंग को अर्थात् सामान्य नियम को विशेष उदाहरणों में इस्तेमाल कर उसकी सत्यता की पुष्टि करने को निगमन विधि कहते हैं। इस विधि में शिक्षण के दो सूत्रों का इस्तेमाल किया जाता है—(1) सामान्य से विशिष्ट की ओर (2) सूक्ष्म से स्थूल की ओर।

निगमन विधि के पद—इसके प्रमुख पद निम्नलिखित हैं—

1. **नियम**—छात्रों के समक्ष कोई नियम प्रस्तुत करना।
2. **उदाहरण**—नियम की सत्यता हेतु उदाहरण प्रस्तुत करना।
3. **निष्कर्ष**—उदाहरण के माध्यम से किसी निष्कर्ष पर पहुँचना।
4. **परीक्षण**—छात्रों के माध्यम से उदाहरण की मदद से निष्कर्ष का परीक्षण किया जाना।

निगमन विधि के गुण—इसके प्रमख गुण निम्नलिखित हैं—

1. इसके माध्यम से कम-से-कम वक्त में अधिक-से-अधिक बातें बताई जा सकती हैं।
2. यह विधि उच्च कक्षाओं के छात्रों हेतु बहुत उपयोगी है, क्योंकि उसमें अमूर्त विचारों को समझने की क्षमता होती है।
3. यह विधि ज्ञान को तीव्र गति से प्रदान करती है, क्योंकि बालक सामान्य नियम को जानने के उपरान्त थोड़े-से उदाहरणों से उसकी सत्यता को जान जाता है।
4. यह विधि अध्यापक के कार्यों को सरल बनाती है, क्योंकि उसे अपने कथन का प्रमाण नहीं देना पड़ता है।
5. यह विधि मन्द बुद्धि छात्रों हेतु विशेष उपयोगी होती है।

निगमन विधि के दोष—इसके प्रमुख दोष निम्नलिखित हैं—

1. इस विधि के माध्यम से प्राप्त ज्ञान अपूर्ण तथा अस्पष्ट होता है।
2. सूक्ष्म से स्थूल की ओर बढ़ने के कारण यह विधि अमनोवैज्ञानिक है।
3. यह विधि किसी सिद्धान्त की खोज करने में सहायक नहीं है।
4. यह विधि छात्रों की तर्क और विचार-शक्तियों का विकास नहीं करती है, क्योंकि यह किसी नियम को बिना परिश्रम किये उसे बता देती है।
5. इससे बच्चों में अनुकरण की प्रवृत्ति आ जाती है।
6. चिन्तन शक्ति का सदुपयोग नहीं हो पाता।
7. इससे छात्रों में आत्मनिर्भरता नहीं आ पाती।

उपर्युक्त विवरणों से यह स्पष्ट होता है कि निगमन विधि में छात्रों की स्वाभाविक क्रियाशीलता के प्रति थोड़ा भी ध्यान नहीं दिया जाता है। छोटे बालकों

में क्रियाशीलता की मात्रा बहुत अधिक होती है। इसलिए इस विधि को उनके लिए अनुपयुक्त समझा जाता है। इस सन्दर्भ में लेंडन का कहना है कि कम आयु के बालकों हेतु निगमन विधि का इतनी सफलता से इस्तेमाल नहीं किया जा सकता है, जितना कि आगमन विधि के माध्यम से सरल शिक्षण का।

थोड़े में ऐसा कहा जा सकता है कि जब शिक्षक बालकों से विशिष्ट उदाहरणों के माध्यम से सामान्य सिद्धान्तों को निकलवाता है तो इस पद्धति को आगमन विधि कहते हैं और जब बालकों को सीधे सामान्य सिद्धान्त बतलाकर उनका विशिष्ट परिस्थितियों अथवा उदाहरणों के माध्यम से परीक्षण कराता है तो इस विधि को निगमन विधि कहते हैं। सामान्य रूप से ऐसा प्रतीत होता है कि ये विधियाँ एक-दूसरे की विरोधी हैं लेकिन सिद्धान्ततः ये दोनों विधियाँ एक-दूसरे की विरोधी नहीं, बल्कि एक-दूसरे की पूरक हैं। आगमन विधि की मदद से जिस नियम की खोज की जाती है, उसकी सत्यता की परीक्षा निगमन विधि से की जाती है। इस तरह दोनों विधियों का एक-दूसरे में समावेश रहता है। शिक्षकों को चाहिए कि आगमन विधि के माध्यम से बालकों से सामान्य सिद्धान्त निकलवाकर निगमन विधि के माध्यम से उनका परीक्षण कराएँ, तभी वे अध्यापन में वास्तविक सफलता प्राप्त कर सकेंगे। **'हरबार्ट की पंचपद प्रणाली'** में इस विधि का सुन्दर समन्वय मिलता है।

प्रयोगशाला विधि

शिक्षा की वैज्ञानिक प्रवृत्ति ने हर विषय हेतु अपनी प्रयोगशाला स्थापित करने को बाध्य किया है। जिस तरह वैज्ञानिक विषयों हेतु प्रयोगशाला की आवश्यकता है उसी तरह सामाजिक विषयों हेतु भी आधुनिककाल की विचारधारा के अनुरूप प्रयोगशाला का होना जरूरी है। नागरिकशास्त्र भी एक विज्ञान है जिसके लिए एक विशेष कक्ष अथवा प्रयोगशाला की आवश्यकता है, जो शिक्षा हेतु अति जरूरी है। आधुनिक शैक्षिक विचारधारा के अनुरूप शिक्षक का परम कर्त्तव्य है कि छात्रों हेतु ऐसा वातावरण अथवा स्थिति पैदा करे जिसमें छात्र स्वक्रिया के माध्यम से ज्ञान अर्जित कर सके। विशेष कक्ष अथवा प्रयोगशाला वह साधन है जिसके माध्यम से नागरिकशास्त्र का शिक्षक बच्चों की शिक्षा हेतु उपयोगी स्थिति तथा वातावरण पैदा कर सकता है।

नागरिकशास्त्र की प्रयोगशाला के जरूरी उपकरण—यह प्रश्न स्वतः ही उठता है कि नागरिकशास्त्र की प्रयोगशाला में किन-किन वस्तुओं का होना जरूरी

है। इसके उत्तर में निम्नलिखित बातों को प्रस्तुत कर सकते हैं–

1. साधारण कक्ष से एक बड़ा कक्ष होना चाहिए जिसमें एक वक्त में 30 अथवा 40 बालक स्वाध्ययन कर सकें।
2. छात्रों हेतु मेज तथा कुर्सियाँ होनी चाहिएँ। मेज ऐसी हो जिन पर छात्र सुगमता से अपना प्रायोगिक कार्य कर सकें।
3. पत्र पत्रिकाएँ।
4. रेडियो तथा टेलीविजन।
5. फिल्म तथा प्रोजेक्ट।
6. सूचनापट्ट।
7. श्यामपट्ट।
8. संगठन चार्ट, तालिका चार्ट, माडल, चित्र, मानचित्र, रेखाकृतियाँ आदि।
9. सूचनापट्ट।
10. पुस्तकों की आलमारियाँ, विषय से सम्बन्धित पाठ्य पुस्तकें, सहायक पुस्तकें तथा विशेष अध्ययन योग्य पुस्तकें होनी चाहिएँ। शिक्षकों के अध्ययन हेतु भी उपयुक्त पुस्तकें होनी चाहिए।

प्रयोगाला विधि का स्वरूप–वारनिंग तथा वाइनिंग का मत है कि प्रयोगशाला विधि का स्वरूप विद्यालयों में भिन्न-भिन्न है। सामान्यतः इस विधि में शिक्षक का कार्य केवल कक्षा के कार्य का निरीक्षण करना है। शिक्षक छात्रों के बीच निरीक्षक एवं पथ-प्रदर्शक का कार्य करता है। वह उनकी अशुद्धियों को सुधारता है और समय-समय पर उन्हें प्रोत्साहन तथा सुझाव देता है। कभी-कभी शिक्षक अनिश्चित बिन्दुओं को निश्चित तथा स्पष्ट करने हेतु कक्षा के कार्य को कुछ वक्त हेतु रोक देता है। इस विधि में छात्र निर्धारित कार्य को शिक्षक के पथ-प्रदर्शन में स्वयं पूरा करते हैं। **प्रो. एच.सी. हिल** ने इस विधि के स्वरूप को इन शब्दों में व्यक्त किया है–"अधिकांश छात्र अपनी मेजों पर अध्ययन एवं लिखित कार्य करेंगे। दो अथवा तीन छात्र किसी संदिग्ध विषय पर चर्चा कर सकते हैं। दूसरे छात्र किसी कार्य की रूपरेखा अथवा नोट्स की तुलना कर सकते हैं। कोई छात्र शब्दकोष को देखने में संलग्न हो सकता है, दूसरा एटलस देखने में व्यस्त हो सकता है, तीसरा पेन्सिल को नुकीली अथवा अपने पेन में स्याही भर सकता है, चौथा मानचित्र अथवा ग्राफ बना सकता है, पाँचवा छात्र शिक्षक से किसी कठिनाई के सम्बन्ध में राय ले सकता है। सामान्यतः कक्ष शान्त जगह है जिसमें छात्र किसी न किसी लाभप्रद क्रिया में संलग्न है।"

प्रयोगशाला विधि के गुण—यह विधि एक मनोवैज्ञानिक कक्षा शिक्षण विधि है। अन्य विधियों की प्रकार इस विधि में भी कुछ महत्त्वपूर्ण गुण हैं। जो निम्नवत् हैं—

1. इसके माध्यम से छात्रों में स्वाध्याय की आदत का सृजन किया जाता है।
2. इसके इस्तेमाल से सामूहिक शिक्षण के दोषों को दूर किया जा सकता है।
3. इस विधि में छात्रों की वैयक्तिकता और क्रियाशीलता तथा सीखने के सिद्धान्तों को उपयुक्त जगह प्रदान किया गया है।
4. इसके इस्तेमाल से छात्र स्वक्रिया से ज्ञान अर्जित करते हैं।
5. इसके माध्यम से छात्रों में दायित्वों को निर्वाह करने की क्षमता का विकास किया जाता है।
6. इसमें छात्र पुस्तकों, पत्र-पत्रिकाओं, मानचित्र, ग्राफ आदि शैक्षिक सामग्री का इस्तेमाल करना सीख जाते हैं।

प्रयोगशाला विधि के दोष—भारत के विद्यालयों में किसी भी आधुनिक शिक्षण विधि को अभी मान्यता नहीं मिली है। इन विधियों का उपयोग भी अध्यापकों के माध्यम से नहीं किया जाता है। उस का मुख्य कारण है कि ये विधियाँ भी हमारी आवश्यकताओं को पूर्ण करने में सक्षम नहीं हैं क्योंकि इस में भी अन्य शिक्षण विधियों की प्रकार कुछ दोष हैं, जो निम्नवत् हैं—

1. इसके माध्यम से शिक्षण करने हेतु अधिक वक्त की आवश्यकता है जबकि नागरिकशास्त्र को वक्त तालिका में अपेक्षाकृत कम वक्त मिलता है।
2. इसके माध्यम से छात्रों के माध्यम से अर्जित ज्ञान व्यवस्थित नहीं हो पाता है।
3. यह विधि बहुत खर्चीली है। यह भारत जैसे निर्धन देश हेतु उपयुक्त नहीं है क्योंकि यहाँ तो सामान्य कक्ष भी उपलब्ध नहीं हो पाते हैं। अतः विशेष कक्षों की व्यवस्था का कार्य एक स्वप्न के समान है।
4. अगर प्रयोशाला में सही ध्यान नहीं दिया गया तो यह पद्धति यान्त्रिक बन सकती है।

ह्यूरिस्टिक विधि

ह्यूरिस्टिक शिक्षण विधि को खोज विधि भी कहा जाता है। क्योंकि इस विधि में बालक स्वयं पाठ्यवस्तु हेतु साधन खोज कर ज्ञान प्राप्त करता है। इस विधि में बालक शिक्षक की अपेक्षा अधिक सक्रिय रहकर ज्ञान प्राप्त करता है। इसके बारे में हरबर्ट स्पेन्सर महोदय का कथन है—"बालकों को जितना कम से

कम सम्भव हो उतना बताया जाए और उनकों जितना अधिक से अधिक सम्भव हो स्वयं खोजने को प्रोत्साहित किया जाए।'' स्पेन्सर महोदय के इस सूत्र का श्रेष्ठतम इस्तेमाल ह्यूरिस्टिक विधि के जन्मदाता प्रोफेसर आर्मस्ट्रांग थे। ह्यूरिस्टिक शब्द का अर्थ है ''मैं खोजता हूँ।'' अतएव ह्यूरिस्टिक विधि खोज करने की विधि है। इस विधि में मुख्य बात यह है कि बालक को एक खोज करने वाले की स्थिति में रख दिया जाता है और आशा की जाती है कि वह स्वयं खोज कर ज्ञान प्राप्त करेगा। बालक को एक निष्क्रिय श्रोता नहीं समझा जाता है। इस विधि में बालक एक अन्वेषक बन जाता है। वह हर स्थिति में स्वयं कार्य करके तथ्यों का संकलन करता है। वह तो इस ज्ञान की खोज स्वतः करता है। वह अन्वेषण करता है और उसके अन्वेषण उसे जिस सत्य एवं सिद्धान्त के ज्ञान की ओर ले जाते हैं। उसे वह धारण कर लेता है। बालक जब अन्वेषण करके ज्ञान स्वयं प्राप्त करता है तो उसमें गुणों का प्रादुर्भाव हो जाता है। वे गुण हैं—सत्यप्रियता, विचारों में निश्चितता, सूक्ष्म निरीक्षणता, चिन्तन करने की शक्ति, परिश्रम करने तथा आत्म शिक्षण प्राप्त करने की क्षमता। वास्तव में ह्यूरिस्टिक विधि के माध्यम से इन्हीं उद्देश्यों को प्राप्त किया जाता है।

ह्यूरिस्टिक पद्धति के उद्देश्य--ह्यूरिस्टिक पद्धति के मूल उद्देश्य निम्नलिखित हैं—

1. बालकों में वैज्ञानिक प्रवृत्तियों का विकास करना।
2. बालकों को अन्वेषक तथा अनुसंधानकर्त्ता मानना।
3. उन्हें स्वयं ज्ञान तथा तथ्यों की खोज करने हेतु उपयुक्त वातावरण प्रदान करना।
4. उनमें परिश्रम के प्रति प्रेम पैदा करना।
5. बालकों में उत्तरदायित्व, आत्मविश्वास तथा आत्मनिर्भरता की भावना का विकास करना।
6. बालक को तर्क और व्यक्तिगत अनुभव के आधार पर सत्य की खोज में संलग्न करना।
7. बालक को मौखिक अनुसन्धानकर्त्ता बनाकर उसी तरह ज्ञान प्राप्त करने हेतु प्रेरित करना, जिस तरह वैज्ञानिक प्राप्त करता है।

ह्यूरिस्टिक पद्धति के आधारभूत सिद्धान्त—इसके प्रमुख सिद्धान्त निम्नलिखित हैं—

1. प्रेरणा का सिद्धान्त—स्यूरिस्टिक पद्धति में बालकों को शिक्षालय में इस तरह का वातावरण प्रदान किया जाता है, जो उन्हें ज्ञानार्जन करने हेतु प्रेरणा प्रदान

करें दूसरे शब्दों में ह्यूरिस्टिक पद्धति बालकों को स्वयं ज्ञानार्जन करने की प्रेरणा प्रदान करने पर विशेष बल देता है।

2. रुचि का सिद्धान्त—इस पद्धति में शिक्षक बालकों के समक्ष उनकी प्रवृत्तियों, आवश्यकताओं, आयु, बुद्धि तथा अभिवृत्तियों के अनुकूल कुछ ऐसी समस्या प्रस्तुत कर देता है जिसका समाधान करने में वे रुचि, आनन्द तथा उत्साह का अनुभव करते हैं। वे जब अपने को एक अन्वेषणकर्त्ता के रूप में पाते हैं तो उनको नवीन सिद्धान्तों, नियमों तथा तथ्यों की खोज करने में स्वाभाविक रुचि बढ़ जाती है।

3. स्वतंत्रता का सिद्धान्त—ह्यूरिस्टिक पद्धति में बालकों के ऊपर कोई बाह्य दबाव नहीं होता, उन्हें स्वयं विचार, तर्क, निर्णय, वाद-विवाद, पढ़ने-लिखने, प्रश्न करने तथा गतिविधि करने की स्वतंत्रता रहती है। शिक्षक एक मित्र, सहयोगी तथा मार्गदर्शक के रूप में कार्य करता है। इस तरह ह्यूरिस्टिक पद्धति में बालक अपने आपको एक स्वतंत्र अन्वेषणकर्त्ता के रूप में पाता है।

4. स्वशिक्षा अथवा स्व-अनुभव का सिद्धान्त—ह्यूरिस्टिक पद्धति इस सिद्धान्त पर आधारित है कि जो शिक्षा बालक स्वयं निरीक्षण, परीक्षण, प्रयत्न तथा अनुभव के माध्यम से प्राप्त करते हैं, वह उनका वास्तविक तथा स्थायी ज्ञान होता है। इससे बालकों के उत्तरदायित्व, आत्मविश्वास, आत्मनिर्भरता तथा आत्मक्रिया की वृद्धि होती है।

5. क्रियाशीलता अथवा करके सीखने का सिद्धान्त—इस पद्धति में बालक की नवीन नियमों एवं सिद्धान्त को ढूँढ़ने में क्रियाशील रहने का अवसर प्राप्त होता है। इस तरह वे इस विधि में क्रिया के माध्यम से शिक्षा प्राप्त करने में बहुत ही रुचि लेते हैं। इससे उनका मानसिक तथा शारीरिक दोनों तरह का विकास होता है। बालकों में परिश्रम के प्रति श्रद्धा बढ़ती है। हाथ और मस्तिष्क से सीखा हुआ ज्ञान अधिक स्थायी होता है।

ह्यूरिस्टिक पद्धति की विशेषताएँ—इसकी प्रमुख विशेषताएं निम्नलिखित हैं—

1. यह एक मनोवैज्ञानिक पद्धति है।
2. ह्यूरिस्टिक पद्धति के माध्यम से अध्यापन करने से बालकों में वैज्ञानिक दृष्टिकोण का विकास होता है।
3. इस पद्धति के माध्यम से बालकों को स्वाध्याय का मौका मिलता है।
4. इस पद्धति के माध्यम से शिक्षक तथा विद्यार्थियों में परस्पर घनिष्ठ सम्बन्ध स्थापित होता है।

5. इस पद्धति के माध्यम से आत्मनिर्भरता, आत्मविश्वास तथा उत्तरदायित्व की भावना का विकास होता है।
6. इस पद्धति में बालक के सामने समस्याएँ ऐसे क्रमबद्ध रूप में प्रस्तुत की जाती है कि वह स्वतः एक समस्या से दूसरी पर पहुँच जाता है।
7. ह्यूरिस्टिक पद्धति में बालकों की स्मृति पर अपेक्षकृत कम बल दिया जाता है। फलस्वरूप उन्हें रह-रहकर याद करने हेतु बाध्य नहीं होना पड़ता है।
8. इस पद्धति में गृह-कार्य देने की कोई समस्या नहीं रहती है।
9. इस पद्धति में बालक को विचार के माध्यम से शिक्षा प्राप्त करने का मौका प्राप्त होता है।
10. ह्यूरिस्टिक पद्धति में अनेक शिक्षण-सिद्धान्तों का इस्तेमाल होता है।
11. इस पद्धति में बालकों को अपने मानसिक विकास का सही मौका प्राप्त होता है।
12. इस पद्धति से बालकों में अन्वेषण शक्ति का विकास होता है।
13. इस पद्धति के माध्यम से अध्यापन से बालकों में परिश्रम की आदत पड़ जाती है।

ह्यूरिस्टिक पद्धति के दोष—ह्यूरिस्टिक पद्धति के दोष निम्नलिखित हैं—

1. इस पद्धति में अधिक वक्त व्यय होता है।
2. इस विधि में शिक्षक पर अधिक उत्तरदायित्व होता है। अतः यह विधि उन्हें जल्दी ही थका देती है।
3. ह्यूरिस्टिक पद्धति का सामान्य कक्षाओं में इस्तेमाल नहीं किया जा सकता है।
4. इस पद्धति में बालक स्वयं अन्वेषण करते हैं। जिससे अन्वेषण का कार्य एक धीमी और लम्बी प्रक्रिया का रूप ले लेती है।
5. इस पद्धति को देश के सामान्य विद्यालयों में कार्यान्वित नहीं किया जा सकता है, क्योंकि वे पाठ्यक्रम और परीक्षाओं के बन्धनों में जकड़े रहते हैं।
6. इस पद्धति को अधिक छात्रों वाली कक्षाओं में इस्तेमाल नहीं किया जा सकता है क्योंकि इसमें छात्र और शिक्षक में व्यक्तिगत सम्पर्क होना जरूरी है।
7. ह्यूरिस्टिक पद्धति प्राथमिक कक्षाओं हेतु अनुपयुक्त है।
8. बालकों को मूल अन्वेषण के जगह पर रखना कठिन है। अतः अन्वेषण हेतु यह पद्धति अनुपयुक्त है।
9. इस पद्धति में बालकों को स्वयं निष्कर्ष निकालना होता है। चूँकि बालकों का मस्तिष्क अविकसित होता है, अतः गलत निष्कर्ष निकालने की सम्भावना अधिक रहती है।

10. ह्यूरिस्टिक के अनुरूप अध्यापन करने हेतु पर्याप्त सहायक सामग्री तथा यन्त्रों की आवश्यकता है, जिनको जुटाने हेतु पर्याप्त धन भी चाहिए। इस प्रकार यह पद्धति अधिक मँहगा है।

सेमीनार विधि

यह विधि सेवाकालीन शिक्षा का प्रभावशाली साधन है। शिक्षा की विभिन्न समस्याओं पर विचार करने का यह बहुत अच्छा माध्यम है। इससे शिक्षा के उद्देश्यों का नवीनीकरण, पाठ्यक्रम में सुधार की दृष्टि से परिवर्तन, नवीन शिक्षण विधियों का ज्ञान, शिक्षा व्यवस्था और प्रशासन, नवीन मूल्यांकन विधियाँ तथा शिक्षा सम्बन्धी राष्ट्रीय समस्याओं पर विचार करने का अवसर मिलता है। सेमीनार का सम्पूर्ण वातावरण सहयोगात्मक तथा मैत्रीपूर्ण होता है। सेमीनार के विषयों का चयन पहले से ही कर लिया जाता है जिससे उन पर पूरी तैयारी के साथ विचार-विमर्श करने का अवसर मिलता है। सेमीनार में भाग लेने वाले व्यक्ति परस्पर विचार के बाद प्रस्तुत समस्या के समाधान के सम्बन्ध में किसी निर्णय अथवा निष्कर्ष तक पहुँचने का प्रयत्न करते हैं। जिसका वे अध्यापन कार्य में उपयोग करते हैं। सेमीनार अथवा संगोष्ठी सहयोगात्मक विधि का सामाजिक रूप है। यह एक सामाजिक अध्ययन है। इस अध्ययन में आदान-प्रदान होता है। सेमीनार का आयोजन ज्ञान के पथ को जानने तथा पथ पर गतिशील रहने हेतु होता है।

सेमीनार विधि का सामान्य स्वरूप—इसके सामान्य स्वरूप को निम्न बिन्दुओं के तहत व्यक्त किया जा सकता है—

1. सेमीनार में कुछ सदस्य अपना आलेख पढ़ते हैं। आलेख पढ़ने वाले को उसकी तैयारी हेतु पहले से ही कह दिया जाता है। इस आलेख में विषय के सम्बन्ध में हमारे ज्ञान का समुच्चय होता है।
2. सेमीनार में उपस्थित सभी सदस्य विषय का ज्ञान रखते हैं।
3. आलेख के पठन के उपरान्त विषय पर विचार-विमर्श होता है। सेमीनार का आयोजन महाविद्यालय स्तर पर ही करना श्रेयस्कर होगा।
4. किसी अध्ययन में समान विषय में रुचि रखने वाले जिज्ञासु गण एकत्रित होते हैं। इनकी संख्या कितनी हो? इसका ठीक-ठीक उत्तर देना कठिन है। अगर इनकी संख्या 20 से 40 तक रहे तो अधिक उपयुक्त होगा।
5. एकत्रित सदस्यों में से सेमीनार का संचालन करने हेतु दो सदस्य मंच पर आसन धारण करते हैं। उनमें से एक अध्यक्षता करता है, दूसरा सेमीनार का संचालन।

सेमीनार विधि हेतु सुझाव—शोध कार्य एवं पाठ्यक्रम सृजन तथा अन्य तरह के कार्यों हेतु इसका आयोजन उपयुक्त माना जाता है। इसमें राष्ट्रीय स्तर के साथ ही अन्तर्राष्ट्रीय स्तर की समस्याओं के ऊपर चर्चा की जा सकती है। यह शिक्षण की एक आधुनिक विधि है। उच्च स्तर के शिक्षण हेतु यह एक प्रभावी विधि है।

निरीक्षण विधि

शिक्षा में निरीक्षण विधि एक आधुनिक विधि है। जिसका जन्म यूरोप में हुआ है। किन्तु एक आधुनिक विधि होने के कारण से भारतीय शिक्षाविदों ने भी इस के ऊपर शोध कार्य किया है। जिसके बाद इसको एक मनोवैज्ञानिक विधि माना गया है। इसी कारण से इसको भारतीय विद्यालयों हेतु उपयुक्त मानकर कक्षा शिक्षण के लिए प्रस्तावित किया गया है। इस विधि का वर्णन निम्न तरह से है।

निरीक्षण विधि का अर्थ—जब निरीक्षण तथा अवलोकन के माध्यम से छात्र ज्ञान प्राप्त करता है तब उसे निरीक्षण विधि अध्यापन कहते हैं। किसी वस्तु का निरीक्षण अथवा अवलोकन करने से आशय है कि उसके हर बिन्दु पर विषयानुसार सूक्ष्म से सूक्ष्म एवं विशद अध्ययन के साथ जाँच करना। किसी वस्तु, जगह एवं क्रिया को सावधानी से देखने एवं समझने की क्रिया को निरीक्षण कहते हैं। इसमें छात्र को शिक्षक स्वयं न बताकर निरीक्षण हेतु प्रेरित करता है।

निरीक्षण विधि की परिभाषा—योकम एवं सिम्पसन के शब्दों में "निरीक्षण ज्ञानेन्द्रिय सम्बन्धी सीखने की विधि है जिससे व्यक्ति को अपने चारों ओर से संसार का ज्ञान प्राप्त होता है।" गार्लिक के अनुरूप "किसी वस्तु का निरीक्षण करते वक्त उसके भागों, उनके रूपों और रचना एवं उनके पारस्परिक सम्बन्ध का अध्ययन किया जाना जरूरी है। निरीक्षण प्रत्येक तरह से पूर्ण होना चाहिए और उसमें किसी भी अनावश्यक बात को जगह नहीं देना चाहिए।"

निरीक्षण विधि का इस्तेमाल —शिक्षक इस विधि का उपयोग प्रायः शिक्षा के सभी स्तरों पर कर सकता है। लेकिन इसका उपयोग प्रारम्भिक और माध्यमिक कक्षाओं में अधिक लाभदायक सिद्ध होगा क्योंकि इस स्तर पर छात्रों को सामाजिक संस्थाओं तथा दशाओं का ज्ञान कम होता है। इसी विधि के इस्तेमाल से छात्र उनका निरीक्षण तथा पर्यावलोकन करके वस्तुनिष्ठ ज्ञान प्राप्त कर सकते हैं। दूसरे छात्रों को पुस्तक तथा व्याख्यान के आधार पर किए हुए सिद्धान्त कम समझने में आते हैं तथा अस्थाई रहते हैं। इन सिद्धान्तों को हम इस विधि की मदद से सुगम, सरल तथा बोधगम्य बना सकते हैं।

नागरिकशास्त्र का परम कर्त्तव्य है कि अपने छात्रों को सामाजिक संस्थाओं तथा समुदायों का अवलोकन कराए। शिक्षक जिस संस्था अथवा समुदाय व वस्तु का छात्रों को निरीक्षण कराना चाहता है उसे उनको दिखाने से पूर्व स्वयं उसे निरीक्षण कर लेना चाहिए। उदाहरणार्थ–यदि नागरिकशास्त्र का शिक्षक संसद की कार्यवाही का अवलोकन करना चाहता है तो उसे सर्वप्रथम स्वयं निरीक्षण कर लेना चाहिए। अगर वह ऐसा नहीं करेगा तो उसे अपने लक्ष्य में सफलता नहीं मिलेगी।

निरीक्षण विधि की विशेषताएँ–इसकी प्रमुख विशेषताएँ निम्नलिखित हैं–

1. निरीक्षण के माध्यम से बालक जिस ज्ञान को प्राप्त करता है उससे ज्ञान कोष में वृद्धि होती है।
2. निरीक्षण, रुचि और जिज्ञासा को जागृत करके बालक को ज्ञान प्राप्त करने हेतु उत्साह से भर देता है।
3. स्थूल वस्तुओं और वास्तविक जीवन की घटनाओं का ज्ञान प्राप्त करना जरूरी है।
4. निरीक्षण सबसे अधिक स्वाभाविक विधि है। निरीक्षण छात्रों को चिन्तन एवं विश्लेषणात्मक शक्ति को प्रशिक्षित करने का प्रमुख साधन है।
5. निरीक्षण विधि शिक्षक हेतु विभिन्न तरह की सूचनाओं का संकलन करके छात्रों को प्रशिक्षण देने का साधन है।
6. प्रत्यक्ष अनुभव के माध्यम से स्थाई अथवा व्यावहारिक ज्ञान।
7. घर तथा समाज के बीच उत्तम सम्बन्ध स्थापित किया जा सकता है। उदाहरण–संसद की कार्यवाही का अवलोकन अध्यापक का पूर्व ज्ञान होना जरूरी है ताकि तैयारी की जा सके।
8. शिक्षक को पथ-प्रदर्शन करना चाहिए।
9. प्रश्न पूछना व प्रश्न करना चाहिए।
10. उपरान्त में विचार-विमर्श के माध्यम से मूल्यांकन भी करे। उदाहरण–डाकघर, बैकों के कार्य, नगरपालिका और स्थाई मेले आदि।
11. सफल संचालन हेतु पूर्व में ही उद्देश्य निर्धारण आवश्यक है। विशद चर्चा भ्रमणात्मक विधि में करना उत्तम है।

निरीक्षण विधि की सावधानियाँ–इसकी प्रमुख सावधानियाँ निम्नलिखित हैं–

1. किसी वस्तु (उपकरण अथवा यन्त्र) का निरीक्षण करते वक्त उसके हर भाग को ध्यानपूर्वक देखना चाहिए तथा जानकारी प्राप्त करनी चाहिए।

2. निरीक्षण के माध्यम से उसके कार्यों को समझना चाहिए।
3. अन्त में निरीक्षण किए गए सन्दर्भ में प्रश्न पूछना चाहिए।
4. निरीक्षण की योजना पूर्व निश्चित होनी चाहिए। अध्यापक को पहले से ही यह निर्णय कर लेना चहिए कि उसे क्या, कैसे और कितना दिखाना है।
5. बच्चों को निरीक्षण करने के स्वतन्त्र अवसर देने चाहिए।
6. अध्यापक को ऐसी परिस्थितियों का सृजन करना चाहिए, कि बच्चे निरीक्षण के साथ-साथ उस वस्तु, जगह या क्रिया के बारे में जानने हेतु आतुर हो उठे।

निरीक्षण विधि हेतु सुझाव—नागरिकशास्त्र में सामाजिक व्यवहार रीति-रिवाजों एवं परम्पराओं, जवीन के ढंगो, विभिन्न स्थानों एवं वस्तुओं की खोज, विभिन्न संस्थाओं एवं संगठनों, डाकघर, ग्राम पंचायत, नगरपालिका की कार्यवाही, स्थानीय मेले, उत्सव आदि का निरीक्षण कराया जा सकता है। निरीक्षण विधि का इस्तेमाल तो कुछ सीमा तक सभी विषयों के शिक्षण हेतु किया जा सकता है। लेकिन विज्ञान सम्बन्धी विषयों हेतु इसका विशेष महत्त्व है लेकिन यह विधि उपयोगी तभी सिद्ध हो सकती है जब छात्रों को निरीक्षण करने का प्रशिक्षण भी दिया जाए।

व्याख्यान विधि

शिक्षण में इस विधि का इस्तेमाल प्राचीन काल से होता रहा है। आजकल भी भारतीय स्कूलों में इस विधि ने महत्त्वपूर्ण जगह धारण कर रखा है। व्याख्यान का आशय पाठ को भाषण के रूप में पढ़ाने से है। इसमें शिक्षक अपने मुख से बात कह कर पढ़ाता है। इसको कथन विधि भी कहते हैं। व्याख्यान विधि की सफलता दो बातों पर निर्भर है।

1. पाठ्य पुस्तक का चयन,
2. उस पाठ्यवस्तु का प्रस्तुतीकरण करने का ढंग।

प्रस्तुतीकरण का ढंग वक्ता के व्यक्तित्व पर निर्भर है। इसके लिए वक्ता के सुस्वर, तैयारी तथा योग्यता का होना जरूरी है। शिक्षा की प्रगतिशील विचारधारा के समर्थकों का विचार है कि यह विधि शिक्षक हेतु अनुपयुक्त है। उनका कहना है कि इससे बालक निष्क्रिय श्रोता बना रहता है। लेकिन यह तर्क ठीक प्रतीत नहीं होता क्योंकि यह विधि शिक्षा मनोविज्ञान के सिद्धान्तों के विपरीत नहीं है। इससे छात्रों की मानसिक क्रिया होती है। अगर शिक्षक पूर्ण तैयारी तथा रोचक ढंग से अपने व्याख्यान को अपने छात्रों के सम्मुख रखेगा और उसको सक्रिय रखने हेतु उनसे प्रश्न पूछता रहेगा तो यह आरोप दूर किया जा सकता है। इस आरोप का

दोषी शिक्षक है न कि विधि। व्याख्यान के माध्यम से कर्णेन्द्रिय जागरूक रहती हैं। व्याख्यान वक्ता के सम्पूर्ण व्यक्तित्व के साथ छात्रों के मस्तिष्क में जगह प्राप्त करता है। नागरिकशास्त्र शिक्षण हेतु यह विधि अत्यन्त लाभदायक है। क्योंकि इसमें विभिन्न समस्याओं, योजनाओं तथा संस्थाओं का समावेश होता है। शिक्षक अपने व्याख्यान के माध्यम से उनकी संक्षिप्त रूपरेखा तथा प्रस्तावना इस विधि के माध्यम से सरलता से बालकों के समक्ष प्रस्तुत कर सकता है।

नागरिकशास्त्र में व्याख्यान शिक्षण विधि का प्रयोग—नागरिकशास्त्र में शिक्षण विधि का इस्तेमाल निम्नलिखित अवसरों पर किया जा सकता है—

1. इसका उपयोग विषय के स्पष्टीकरण तथा व्याख्यान हेतु भी किया जा सकता है। अगर कोई बात छात्रों के समझ में नहीं आई तो शिक्षक व्याख्यान विधि के माध्यम से उस बात अथवा तथ्य को सरल बना सकता है।
2. व्याख्यान विधि का उपयोग किसी पाठ की प्रस्तावना तथा उसके सारांश को देने हेतु भी किया जा सकता है।
3. व्याख्यान पद्धति का उपयोग बालकों के वक्त की बचत करने हेतु भी किया जा सकता है।
4. हम इसका इस्तेमाल किसी बड़ी इकाई का पुनरावलोकन करने में कर सकते हैं अर्थात् व्याख्यान के माध्यम से इकाई की संक्षिप्त रूपरेखा प्रस्तुत की जा सकती है। जिससे छात्रों को उसके अध्ययन करने में कोई असुविधा न हो तथा उसको सुबोध रूप से सीख सकें।
5. इसका उपयोग छात्रों के अध्ययन को परिपूरित करने हेतु किया जा सकता है। इसके माध्यम से पाठ्य पुस्तक की सामग्री को भी परिपूरित किया जा सकता है। शिक्षक का परम कर्त्तव्य है कि वह अपने छात्रों को बताए कि किसी प्रकरण हेतु अलावा सामग्री किन स्रोता से प्राप्त होगी तथा वे स्रोत किस जगह पर उपलब्ध होंगे।

व्याख्यान विधि के गुण—

1. इसके माध्यम से छात्रों की तर्क शक्ति का विकास किया जाता है।
2. इसके माध्यम से पाठ्यवस्तु के कठिन एवं जटिल बिन्दुओं को सरलता से स्पष्ट किया जाता है।
3. व्याख्यान का छपे हुए शब्दों की अपेक्षा बालकों पर अधिक प्रभाव पड़ता है क्योंकि शिक्षक अपने हावभाव, ध्वनि आदि के माध्यम से वास्तविकता को प्रस्तुत करने में समर्थ होता है।

4. इसके अलावा इसमें शिक्षक तथा छात्रों में आमने-सामने बैठकर ज्ञान का आदान-प्रदान होता है। इस तरह का आदान-प्रदान पुस्तक के माध्यम से नहीं हो पाता है।
5. शिक्षक के माध्यम से दिया गया व्याख्यान उसके सम्पूर्ण व्यक्तित्व के साथ छात्रों पर प्रभाव डालता है।
6. व्याख्यान विधि के माध्यम से पाठ्यवस्तु को अधिकाधिक रूप से स्पष्ट किया जा सकता है।
7. इस विधि के माध्यम से छात्रों के वक्त एवं शक्ति की बचत की जाती है।
8. इसके माध्यम से छात्रों को सुनकर सीखने का अनुभव एवं प्रशिक्षण प्रदान किया जाता है।
9. उत्तम ढंग से तैयार करके दिया हुआ व्याख्यान छात्रों को प्रेरित करने का साधन बन जाता है। यह उनकी विषयवस्तु में रुचि पैदा करने में सफल होता है। साथ ही विषय के महत्त्व का भी ज्ञान प्रदान करता है।

व्याख्यान विधि के दोष—इसके प्रमुख दोष निम्नलिखित हैं—

1. यह विधि छात्रों को निष्क्रिय श्रोता बना देती है।
2. इस विधि में करके सीखने के सिद्धान्त हेतु कोई जगह नहीं है।
3. यह विषय के सैद्धांतिक पक्ष पर अधिक बल देती है।
4. इसमें बालक को मौलिक चिन्तन करने हेतु कोई अवसर नहीं मिल पाता।
5. विधि की सफलता भाषणकर्त्ता पर अधिक निर्भर है, अगर उसकी तैयारी एवं प्रस्तुत करने का ढंग सही नहीं है तो यह विधि लाभ की अपेक्षा हानि अधिक पहुँचाएगी।
6. यह विधि छात्रों में स्वाध्ययन की आदत का सृजन करने में सफल नहीं हो पाती है।
7. हाई स्कूलों के अधिकांश शिक्षक अच्छे भाषणकर्त्ता नहीं होते हैं।
8. इसमें बालक की अपेक्षा शिक्षक केन्द्र बिन्दु के रूप में कार्य करता है।
9. बालक की अपेक्षा शिक्षक अधिक सक्रिय रहता है तथा उसका ही कार्य अधिक होता है।

व्याख्यान विधि हेतु सुझाव—व्याख्यान विधि एक आधुनिक विधि है। इस के बारे में सामान्य लोगों के साथ ही शिक्षाविदों को भी भ्रम है। वास्तविक रूप में व्याख्यान विधि एक परम्परागत शिक्षण विधि है। इसका उपयोग भारत में वैदिक काल से ही होता आ रहा है। उस वक्त गुरु अपने शिष्यों को व्याख्यान विधि के

माध्यम से ही शिक्षित करते थे। वक्त के साथ ही इसमें भी बदलाव हुआ है। अगर अध्यापक अपने व्याख्यान में सहायक सामग्रियों का उपयोग कर सके तो वह अपने व्याख्यान विधि को प्रभावी एवं सकारात्मक बना सकता है।

शिक्षण युक्तियाँ

कक्षा शिक्षण करते वक्त शिक्षण की युक्तियों में अनेक क्रियाओं को कक्षा में सम्पन्न करने की योजनाएँ प्रस्तुत की जाती हैं। ये क्रियाएँ किस तरह कक्षा शिक्षण में सम्पन्न की जाएँ ताकि शिक्षण के लक्ष्य प्राप्त हो जाएँ इसकी योजना बनाना जरूरी है। कक्षा शिक्षण युक्तियों के रूप में प्रस्तुत की जाती है।

कक्षा शिक्षण में अध्यापक विभिन्न तरह की मुख्य शिक्षण युक्तियों का इस्तेमाल कक्षा शिक्षण को प्रभावी बनाने हेतु करता है। शिक्षा के क्षेत्र में कुछ महत्त्वपूर्ण शिक्षण युक्तियाँ इस तरह हैं–

प्रश्नोत्तर युक्तियाँ

अध्ययन की युक्तियों में "प्रश्नोत्तर" युक्ति अत्यन्त महत्त्वपूर्ण है। कोलविन महोदय के अनुरूप "प्रश्न सबसे अच्छा उत्तेजक है और जिस से अध्यापक को उत्तर जल्दी उपलब्ध हो जाता है।"

प्रश्न पूछने की आवश्यकता–पूर्व ज्ञान का पता लगाने, ध्यान को कन्द्रित करने, बालक के पाठ समझने को पता लगाने, पाठ दोहराने तथा जिज्ञासा जागृत करने हेतु होती है।

प्रश्न पूछने के उद्देश्य–प्रश्न पूछने में अनेक उद्देश्य होते हैं। उनमें से मुख्य हैं–

1. विद्यार्थियों का ध्यान पाठ की ओर केन्द्रित करना, रुचि को जागृत करना, कल्पना शक्ति का विकास करना इत्यादि।
2. प्रश्न पूछने से पहले अध्यापक में स्पष्ट तथा जल्दी चिन्तन की योग्यता, तुलनात्मक मूल्य को समझाने की तीव्र शक्ति, प्रश्नों को प्रभावशाली भाषा में रखने की योग्यता तथा आत्मविश्वास होना चाहिए।

अच्छे प्रश्न के लक्षण–अच्छे प्रश्नों के ये लक्षण होने चाहिए–

1. एक विचारधारा के सम्बन्ध में हो।
2. प्रश्न निश्चित उद्देश्य से पूछे जाएँ।
3. पाठ्य पुस्तक की शब्दावली का इस्तेमाल न करें।

4. भाषा में विभिन्नता हो।
5. प्रश्न एक-दूसरे से सम्बन्धित हो।
6. शब्दावली निश्चित हो।
7. चिन्तन को जागृत करने वाले हों।
8. एक ही उत्तर सम्भव हो।
9. बालक की आयु एवं योग्यतानुसार हो।
10. निर्देशात्मक न हो।
11. हाँ अथवा नहीं में उत्तर दो।

कक्षा में प्रश्न पूछने का ढंग—कक्षा में शिक्षण के प्रश्न पूछने का ढंग इस तरह होना चाहिए—

1. उत्तरों को दोहराया न जाए।
2. पाठ की ओर ध्यान केन्द्रित करने के लिए प्रश्न पूछे जाएँ।
3. प्रश्न विश्वास पूर्ण ढंग से पूछे जाएँ।
4. एक बालक को उत्तर न आने पर विभिन्न बालकों से प्रश्न न पूछे जाएँ।
5. उत्तर न आने पर भाषा में बदलाव कर दिया जाए।
6. प्रश्न स्वाभाविक ढंग से पूछे जाएँ।
7. प्रश्न केन्द्रीय विचार के चारों ओर संगठित हो।
8. पूछने की गति प्रयोजन के अनुसार हो।
9. प्रश्न सम्पूर्ण कक्षा से पूछे जाएँ।
10. प्रश्नों का विवरण ठीक हो।
11. बालकों को उत्तर सोचने का अवसर मिले।
12. प्रश्न निर्देशात्मक न हो।
13. बालक की असमर्थता पर विश्वास किया जाए।
14. प्रश्न दोहराए न जाए।

प्रश्नों के प्रकार—कक्षा में पूछने वाले प्रश्नों के कई तरह होते हैं। कुछ मुख्य प्रश्नों के तरह नीचे दिए गए हैं। जो निम्न तरह से हैं—

1. स्मृति प्रश्न
2. परीक्षण प्रश्न
3. शिक्षण प्रश्न
4. प्राम्भिक प्रश्न
5. अन्वेषण प्रश्न
1. पुर्नरावलोकन प्रश्न

छात्रों के प्रश्नों के प्रति अध्यापक को सही मनोवृत्ति अपनानी चाहिए। उनके प्रश्नों की अवहेलना नहीं करनी चाहिए। ठीक उत्तर निकलवाने हेतु छात्रों के साथ धैर्य तथा सहानुभूति पूर्ण व्यवहार अपनाना चाहिए। उत्तर न मिलने पर उन्हें डाँटना-फटकारना नहीं चाहिए। भाषा की दृष्टि से उत्तरों का शुद्ध होना जरूरी है। वे पूर्ण वाक्यों में, सही शब्दों का इस्तेमाल करें, पूर्ण भावाभिव्यक्ति करें, सार्थक हो तथा व्यर्थ शब्दों को आडम्बर रहित होना चाहिए।

विश्लेषण युक्तियाँ

विश्लेषण युक्ति का अर्थ समझने हेतु संश्लेषण युक्ति से उसका तुलनात्मक अध्ययन करें तो अति उत्तम होगा। अतः अर्थ स्पष्ट करने के लिए संश्लेषण युक्ति पर भी एक नजर डालनी होगी। विश्लेषण का अर्थ है उन वस्तुओं को पृथक करना जो एक साथ मिश्रित हैं और संश्लेषण का अर्थ है उन वस्तुओं को एक साथ करना जो पृथक हैं। संश्लेषणात्मक युक्ति ज्ञान से अज्ञान की ओर बढ़ती है। विश्लेषणात्मक युक्ति में अज्ञान से ज्ञान की ओर के पथ का अनुसरण किया जाता है। विश्लेषणात्मक युक्ति में हम समस्या को उसके संघटक भागों में विभक्त कर देते हैं और फिर उन भागों की वास्तविकता का निरीक्षण करते हैं और निष्कर्ष निकालते हैं, संश्लेषणात्मक युक्ति में हम सही तथ्यों को इकट्ठा करते हैं, उन्हें नए साफल्य में मिलाते हैं ताकि वस्तु की वास्तविक प्रकृति की खोज कर सकें।

संश्लेषणात्मक युक्ति में विद्यार्थी अपनी प्रदत्त सामग्री के आधार पर उस ओर आगे बढ़ता है जो उसे सिद्ध करना है। यह युक्ति ज्यामिति के एक प्रमेय या प्रमेय पर आधारित अभ्यास को लिखित रूप में रख देती है किन्तु यह कोई सबसे शक्तिशाली युक्ति नहीं है न ही इसका इस्तेमाल आमतौर पर प्रमेय अभ्यास के सिद्ध करने से होता है। विश्लेषणात्मक युक्ति में विद्यार्थी वह परिणाम लेकर चलता है जो कि उसे सिद्ध करना होता है। वह इस तरह चलता है कि यह सत्य होगा अगर कुछ और सत्य है। अतः हम यह कह सकते हैं कि विश्लेषणात्मक युक्ति में बालक जो सिद्ध करता है उससे पीछे की ओर जो कुछ दिया हुआ है उस ओर चलता है। संश्लेषण एवं विश्लेषण युक्ति अधिक उपयोगी है। किन्तु हम संश्लेषण को भी छोड़ नहीं सकते हैं। ये दोनों विधियाँ एक-दूसरे से विलग नहीं की जा सकती हैं। दोनों एक-दूसरे की पूरक हैं। गणित तथा तर्क में ये दोनों विधियाँ साथ-साथ चलनी चाहिएँ। विश्लेषण संश्लेषण की ओर ले जाता है और संश्लेषण विश्लेषण के उद्देश्य को स्पष्ट तथा पूर्ण करता है। वास्तव में विश्लेषण व्यर्थ है जब तक कि उसका

अनुसरण संश्लेषण से नहीं किया जा सके। सामान्य विधि पूर्णतः विशलेषणात्मक होती है न की संश्लेषणात्मक। इसमें दोनों सम्मिलित होंगी।

निरीक्षण युक्तियाँ

अमेरिका में इस युक्ति का प्रचलन 19वीं शताब्दी के अन्त में आरंभ हो गया था। इसका इस्तेमाल परम्परागत विधि के दोषों को दूर करने हेतु किया गया। इस विधि का महत्त्व इसलिए भी बढ़ा कि इसके विपक्षियों ने इसको एक अलग विधि के रूप में इस्तेमाल न करके अन्य विधियों के साथ एक युक्ति के रूप में किया था। यह अध्ययन कक्ष अथवा अध्ययन शाला में पूर्व निर्धारित कार्य से सम्बन्ध किया जाता है और उसका शिक्षकों के माध्यम से निरीक्षण एवं निर्देशन किया जाता है। इसको ही निरीक्षण युक्ति के नाम से पुकारा जाता है।

सामाजिक विषयों के शिक्षण में यह युक्ति बहुत उपयोगी सिद्ध हुई है। इसमें छात्रों को कार्य दे दिया जाता है। इसके बाद छात्र अपने-अपने कार्य में संलग्न हो जाते हैं और शिक्षक उनके कार्य का निरीक्षण करता है। इसके अलावा वह निर्देशन भी प्रदान करता है। निर्देशन के लिए अलग रूप से एक और शिक्षक भी नियुक्त किया जा सकता है। छात्र, शिक्षक से अपनी कठिनाइयों एवं समस्याओं का समाधान कराते रहते हैं। कुछ विद्वानों का मत है कि इस युक्ति के उपयोग से छात्रों की शिक्षालय की समस्त क्रियाओं का निरीक्षण एवं निर्देशन किया जाता है। लेकिन यह मत ठीक नहीं है, क्योंकि अध्ययन शाला में उन ही क्रियाओं का निरीक्षण एवं निर्देशन हो पाएगा जोकि निर्धारित कार्य से सम्बन्धित हैं। वस्तुतः यह एक युक्ति है जिसका इस्तेमाल अन्य शिक्षण पद्धतियों के इस्तेमाल में किया जा सकता है।

उदाहरण युक्तियाँ

शिक्षण में उदाहरण का उपयोग बालकों को ज्ञान का स्पष्टीकरण कराने और भावों को सामान्य कराने में होता है। जितने अच्छे तरह से उदाहरण का इस्तेमाल शिक्षण में किया जाता है, उतनी ही सरलतापूर्वक बालक को पाठ समझ में आ जाता है।

उदाहरण के भेद—सामान्य रूप से हम उदाहरण के निम्न भेद कर सकते हैं, वे हैं—(1) शाब्दिक उदाहरण और (2) दृश्य एवं श्रव्य उदाहरण।

(1) शाब्दिक उदाहरण—शाब्दिक उदाहरण में किसी विषय को समझने हेतु मौखिक उदाहरण, उपमा इत्यादि देना होता है। जब शिक्षक समझता है कि जैसी

घटना अथवा वस्तु का चित्र बालकों के मस्तिष्क में पाठ पढ़ाते वक्त अंकित होना चाहिए, वह नहीं हो रहा तो वह विवरण देने में ऐसे शाब्दिक उदाहरणों का उपयोग करता है जो वर्णन को प्रभावशाली बना देते हैं और बालक के मस्तिष्क में घटना इत्यादि का समुचित चित्र अंकित कर देते हैं।

शिक्षक को शाब्दिक उदाहरणों की आवश्यकता इस कारण भी होती है कि भाषा केवल विचारों को व्यक्त करने का चिह्न मात्र है, शब्द केवल बनावटी आकृतियाँ हैं। अतः शब्द कृत्रिम हैं प्राकृतिक नहीं अतएव इनके अर्थों में विभिन्न मतों का होना अथवा एक ही शब्द के विभिन्न मत मान्य हो जाना स्वाभाविक होता है। ऐसी परिस्थिति सदा सम्भव है। पाठ का शिक्षण देते वक्त भावानुवादों में बालकों के स्पष्ट विचारों में अस्पृष्टता आ जाती है। इस अस्पृष्टता को दूर करने हेतु जरूरी है कि विचारों की जो प्रतिभा शिक्षक के मस्तिष्क में बन जाए। ऐसा करने हेतु शिक्षक को शाब्दिक उदाहरण देना चाहिए।

शाब्दिक उदाहरण के उद्देश्य—शाब्दिक उदाहरणों के उद्देश्य इस तरह हैं—

1. बालकों का ध्यान आकर्षित करना,
2. बालकों को तर्क करने की शक्ति को प्रोत्साहित करना,
3. बालक के अनुभवों को विशद करना,
4. बालक की कल्पना शक्ति को उत्तेजना प्रदान करना, और
5. कार्य करने की प्रेरणा देना जैसे प्रातः जल्दी उठने वाले एक बालक का उदाहरण देकर शिक्षक कक्षा को प्रातः जल्दी उठने की प्रेरणा दे सकता है।

शाब्दिक उदाहरण का प्रभावशाली उपयोग—

1. ऐसे उदाहरणों का इस्तेमाल किया जाना चाहिए जो छात्रों के अनुभव की सीमा के अन्दर ही हो। उदाहरण अनुभव की सीमा से परे होंगे तो बालक कुछ भी समझने में असमर्थ रहेंगे।
2. इतने सरल उदाहरणों का इस्तेमाल किया जाए कि उनका अर्थ सब छात्रों को स्पष्ट हो।
3. ऐसे उदाहरणों का इस्तेमाल किया जाए जो मूल विचार से होकर किसी अन्य विचार की ओर न ले जाएँ।
4. यथासम्भव पहले से विचार किए हुए उदाहरणों का इस्तेमाल किया जाए।
5. उदाहरणों का इस्तेमाल करने में विविधता पर ध्यान रखा जाए अगर हमेशा एक ही तरह के उदाहरणों का उपयोग होने पर बालक शिक्षण में अपनी रुचि खो देता है।

6. शिक्षक को यथासम्भव अपने व्यक्तिगत अनुभव के उदाहरण नहीं देने चाहिएँ। अगर ऐसे उदाहरणों का इस्तेमाल करना भी पड़े तो अन्य पुरुष की भाषा में होने चाहिए।
7. ऐसे उदाहरणों का इस्तेमाल किया जाए जो वास्तव में उनके उस विचार पर प्रकाश डाल सकें जिससे बालकों को अवगत कराना है।
8. जो शाब्दिक उदाहरण प्रयुक्त किए जाएँ वे झूठे अथवा गलत न हों।
9. पर्याप्त मात्रा में उदाहरणों का इस्तेमाल किया जाना चाहिए, ताकि अमूर्त विचार बालकों की समझ में आ जाए।
10. समय-समय पर वास्तविक तथा विशद उदाहरणों का उपयोग किया जाए।

(2) दृश्य एवं श्रव्य उदाहरण—पाठ सामग्री में स्पष्टता लाने हेतु शिक्षक कुछ मूर्त वस्तुओं का उपयोग करता है। ये मूर्त वस्तुएँ श्रव्य-दृश्य उदाहरण अथवा श्रव्य-दृश्य उदाहरण के रूप में होती है। क्योंकि ये वस्तुएँ श्रवण की दृष्टि से ज्ञानेन्द्रियों को उत्तेजित करके बालक को पाठ में जो कठिन स्थल होते हैं, उनको समझाने में सहायक होते हैं। दृश्य उदाहरण की आवश्यकता का कारण यह है कि हमारे बहुत से महत्त्वपूर्ण अनुभव दृश्य प्रतिभा पर ही आधारित होते हैं। हम ज्ञान देखने की ज्ञानेन्द्रिय के माध्यम से धारण करते हैं। पाठ को सीखने और नए अनुभवों को मन में बैठाने हेतु ऐसे उपकरणों की आवश्यकता है जो श्रवण एवं दृश्य दृष्टि की ज्ञानेन्द्रियों को सक्रिय बनाकर ज्ञान धारण करने के द्वार को खोल दे। ओ.एस. फाउलर के अनुरूप "बहुधा एक चित्र इतने विचार प्रस्तुत करता है जो कई पुस्तकों से अधिक होते हैं।" इस कथन का तथ्य वही है कि मौखिक शिक्षण उस वक्त तक अधिक प्रभावशाली नहीं होगा जब तक उसे चित्र, माडल, नक्शें इत्यादि की मदद न मिले।

निष्कर्ष—आधुनिक शिक्षण विधियों एवं युक्तियों का इस्तेमाल भारत के विद्यालयों में भी किया जा रहा है। जिसके कारण से हमारे विद्यालयों का शिक्षण स्तर पहले से ऊपर उठा है। उक्त विधियों एवं युक्तियों का इस्तेमाल अंग्रेजी माध्यम के विद्यालयों में खुलकर किया जाता है। किन्तु हिन्दी माध्यम के विद्यालयों में इसके उपयोग को प्राथमिकता नहीं दी जाती है। इसका कारण है कि सरकारी अधिकारी इस दिशा में अधिक जोर नहीं देते हैं। फिर भी कुछ विद्यालयों में इनका उपयोग किया जाता है। जो एक सन्तोषजनक आँकड़े नहीं हैं। इसलिए अभी इस दिशा में काफी कार्य एवं दिशा निर्देशन के साथ ही ध्यान देने की आवश्यकता है।

5

नागरिकशास्त्र शिक्षण में प्रयुक्त सहायक सामग्री

वर्तमान वक्त में हर विषय के शिक्षण में नई-नई प्रणालियों व तकनीकों का इस्तेमाल होने लगा है जिसके कारण विषयों का शिक्षण रोचक एवं प्रभावी ढंग से होने लगा है। विषयों को रोचक, सरल, सुगम, सजीव बनाने में शिक्षण सामग्रियों का विशेष महत्त्व है। प्राचीन व मध्यकाल में शिक्षक विषय को अधिक महत्त्व देता था, वह इस बात पर ध्यान नहीं देता था कि विषय-सामग्री बालकों को समझ में आ रही है या नहीं। बालकों की रुचि, आवश्यकता, योग्यता आदि का कोई महत्त्व नहीं था, किन्तु वक्त बदलाव के साथ-साथ शिक्षा में नवीन इस्तेमाल होने लगे। रूसो ने शिक्षा में मनोवैज्ञानिक प्रवृत्ति को जन्म देकर बालक को अधिक महत्त्व दिया। धीरे-धीरे शिक्षाविद् यह समझने लगे कि विषय से अधिक बालक महत्त्वपूर्ण है। विषयों का शिक्षण बालकों के हित के लिए, उनकी सुख-समृद्धि हेतु होता है। बालकों को क्रियाशील बनाए रखने हेतु नागरिकशास्त्र शिक्षण में भी अनेक तरह की शिक्षण सामग्रियों का इस्तेमाल होने लगा है जिन्हें हम सहायक सामग्री अथवा श्रृव्य-दृश्य सामग्री कहते हैं।

नागरिकशास्त्र शिक्षण में विषय को रोचक, सजीव बनाने के विभिन्न साधनों में शिक्षण सामग्री भी एक साधन है। शिक्षण सामग्री के माध्यम से दिया गया ज्ञान स्थाई होता है। इसके माध्यम से शुष्क विषय को भी सरल बनाया जाता है। शिक्षा

का कार्य सुगम हो जाता है, शिक्षण प्रभावी हो जाता है, बालक का सर्वांगीण विकास होता है। निम्न स्तर की कक्षाओं में सहायक सामग्री की विशेष भूमिका रहती है।

शिक्षण कार्य में छात्र को सक्रिय बनाए रखने हेतु तथा पाठ को रोचक, सरल व सजीव बनाने हेतु शिक्षक जिन सामग्रियों का इस्तेमाल करता है, उन्हें "शिक्षण सामग्री" के नाम से जाना जाता है। इन शिक्षण सामग्रियों की मदद से शिक्षक पाठ को सरल व स्पष्ट ढंग से प्रस्तुत करता है क्योंकि शिक्षण कार्य में इन सामग्रियों की मदद ली जाती है इसलिए इन्हें सहायक सामग्री के रूप से भी जाना जाता है।

नागरिकशास्त्र शिक्षण में शिक्षक के पास शिक्षण सामग्रियों का भण्डार होता है जिनकी मदद से वह दुरूह पाठों को भी सरल व बोधगम्य बनाता है। नागरिकशास्त्र के कठिन पाठों को रोचक बनाकर प्रस्तुत करने में इन शिक्षण सामग्रियों की विशेष भूमिका रहती है।

शिक्षण सामग्री पाठ को स्पष्ट तथा सरल बनाने का प्रमुख साधन है। इनके उपयोग से शिक्षण प्रभावी होता है।

डॉ. डी.सी. मिश्र के अनुसार–"शिक्षण को सफल बनाने के लिए जो विभिन्न साधन इस्तेमाल किए जाते हैं उन्हें शिक्षण सामग्री अथवा सहायक सामग्री कहते हैं।"

डॉ. जी.डी. त्यागी के अनुसार–"शिक्षण सामग्री वह साधन है जिसके माध्यम से किसी विषय विशेष अथवा बिन्दु विशेष को सरलता से स्पष्ट किया जाता है।"

शिक्षण सहायक सामग्री का वर्गीकरण

नागरिकशास्त्र शिक्षण में सामग्रियों को हम दो वर्गों में रख सकते हैं–(1) मौखिक सामग्री और (2) दृश्य-श्रव्य सामग्री।

मौखिक सामग्री

मौखिक शिक्षण सामग्री में प्रमुख रूप से प्रश्नोत्तर आते हैं। शिक्षण में प्रश्न कला का अपना विशेष महत्त्व है। प्रश्न छात्रों हेतु उद्दीपन का कार्य करते हैं। प्रश्नों के माध्यम से पाठ को रोचक, सरल, स्पष्ट बनाने में शिक्षक को सबसे अधिक मदद मिलती है। अन्य शिक्षण सामग्रियों के अनुपलब्ध होने पर शिक्षक की सबसे अधिक मदद प्रश्न ही करते हैं। शिक्षण योजना में शिक्षक को प्रश्न करने की कला में पारंगत बनाना जरूरी है जिससे शिक्षक पाठ को बोधगम्य बना सके। मौखिक साधन एक ऐसा साधन है जिसके लिए शिक्षक को कुछ नया नहीं करना पड़ता है।

मौखिक शिक्षण सामग्री के अन्तर्गत ही कहानी तथा उदाहरण भी आते हैं। कहानी के माध्यम से भी शिक्षक पाठ को रोचक, सरल व सुगम बनाता है। पाठ को स्पष्ट करने में शिक्षक अनेक कहानियों का इस्तेमाल करता है। पाठ को स्पष्ट करने हेतु शिक्षक कभी-कभी उदाहरणों का भी इस्तेमाल करते हैं। उदाहरणों के माध्यम से पाठ को सजीव व वास्तविक बनाने में मदद मिलती है। उदाहरण भी ऐसी सामग्री है जो शिक्षक के पास हमेशा रहती है और इसके लिए शिक्षक को कुछ व्यय नहीं करना पड़ता।

दृश्य-श्रव्य सामग्री

दृश्य-श्रव्य सामग्री पाठ को सरल व सुबोध बनाने का प्रमुख साधन है। इसके माध्यम से सीखने का कार्य प्रभावी ढंग से होता है। सह सामग्री छात्रों की श्रवेणन्द्रिय व इन्द्रियों को सक्रिय रखती है। नागरिशास्त्र शिक्षण में अनेक श्रव्य-दृश्य सामग्रियों का इस्तेमाल होता है जिनमें से निम्नलिखित प्रमुख हैं—

(1) चार्ट—नागरिकशास्त्र शिक्षण में चार्ट एक प्रमुख शिक्षण सामग्री है। चार्ट के माध्यम से ही शिक्षक विभिन्न तरह के संस्कारों के गठन व उनमें पारस्परिक सम्बन्धों की जानकारी अधिक प्रभावी ढंग से दे पाता है। नागरिकशास्त्र में ग्राम पंचायत, विधान सभा, विधान परिषद्, लोक सभा, राज्य सभा, उच्च न्यायालय, जिला न्यायालय आदि के संगठन को चार्टों के माध्यम से शिक्षक अधिक प्रभावी ढंग से बता सकता है।

(2) श्यामपट—श्यामपट शिक्षक का मित्र होता है, अतः नागरिकशास्त्र के शिक्षक को इसका अधिक उपयोग करना चाहिए। यह एक ऐसी सामग्री है जो कक्षा में हमेशा उपलब्ध रहती है। श्यामपट पर लिखी गई सामग्री स्पष्ट, सुन्दर व शुद्ध होनी चाहिए। अवसर पड़ने पर शिक्षक श्यामपट पर नक्शा, चार्ट, चित्र आदि भी बना सकता है। श्यामपट के माध्यम से पाठ स्पष्ट हो जाता है, वक्त की बचत होती है, शिक्षक के प्रति छात्रों में अधिक श्रद्धा होती है, श्यामपट का इस्तेमाल शिक्षक की योग्यता को बताता है।

(3) चित्र—आधुनिक जीवन में हर क्षेत्र में चित्रों का महत्त्व बढ़ता जा रहा है। चित्रों के माध्यम से विषय को स्पष्ट करने में सरलता होती है। नागरिक जीवन के विभिन्न पहलुओं को चित्रों के माध्यम से भली-भाँति समझाया जा सकता है। वास्तव में जब किसी वस्तु का मॉडल नहीं उपलब्ध होता तो उसका चित्र प्रदर्शित कर पाठ को सजीव बनाया जाता है। शिक्षक को कक्षा में चित्रों का उपयोग करते

वक्त कुछ विशेष बातों को ध्यान में रखना चाहिए। कक्षा में प्रदर्शित किए जाने वाले चित्र सुन्दर हों, सुन्दरता के प्रदर्शन में चटकीले रंगों का इस्तेमाल नहीं होना चाहिए और चित्र में वर्णित वस्तु अथवा घटना की शुद्धता पर ध्यान रखना चाहिए। कक्षा के बड़े अथवा छोटे होने पर चित्रों का प्रदर्शन भी छोटे अथवा बड़े आकार में करना चाहिए। बड़ी कक्षा में छोटे चित्र पीछे बैठने वाले छात्रों हेतु अनुपयोगी होंगे। शिक्षक को चित्र तभी प्रदर्शित करना चाहिए जब उसकी आवश्यकता हो। आवश्यकता समाप्त होते ही चित्र उतार कर रख देना चाहिए।

(4) ग्राफ—ग्राफ का नागरिकशास्त्र शिक्षण के कुछ विशेष पाठों में अधिक महत्त्व है। ग्राफ के माध्यम से छात्रों को विभिन्न समयों में होने वाले बदलाव का ज्ञान कराया जाता है। शिक्षक को ग्राफ प्रदर्शित करते वक्त इस बात का ध्यान रखना चाहिए कि ग्राफ पैमाना लिखा हो और ग्राफ स्पष्ट हो। वास्तव में ग्राफ संख्यात्मक आँकड़ों को प्रस्तुत करने का प्रभावी साधन है। इसके माध्यम से तुलनात्मक अध्ययन करने में काफी सरलता रहती है। नागरिकशास्त्र शिक्षण में रेखा ग्राफ तथा चित्रात्मक ग्राफ का इस्तेमाल किया जाता है।

(5) मानचित्र—नागरिकशास्त्र शिक्षण में मानचित्र को शिक्षण सामग्री के रूप में इस्तेमाल किया जाता है। मानचित्र के माध्यम से छात्रों को विश्व के विभिन्न देशों की स्थितियों के बारे में ज्ञान प्रदान किया जाता है। यद्यपि नागरिकशास्त्र में प्रत्यक्ष रूप से मानचित्रों का इस्तेमाल बहुत कम होता है किन्तु नागरिक जीवन के अध्ययन में मानचित्र के माध्यम से नागरिक जीवन पर वहाँ की भौगोलिक परिस्थितियों के प्रभाव को भी भली-भाँति समझाया जा सकता है। मानचित्र प्रदर्शन में उसकी शुद्धता, आवश्यकता, स्पष्टता आदि को ध्यान में रखना चाहिए। मानचित्र पैमाना युक्त होना चाहिए। मानचित्र का प्रदर्शन आवश्यकता के अनुसार सही ढंग से करना चाहिए।

(6) मॉडल—प्रतिरूप का आशय किसी वस्तु के छोटे आकार में बनी अनुकृति से है। नागरिकशास्त्र शिक्षण में जिन वस्तुओं को कक्षा में उसी रूप में नहीं प्रस्तुत किया जा सकता है उन्हीं वस्तुओं के प्रतिरूप को प्रदर्शित कर पाठ को सरल बनाया जाता है। उदाहरण के रूप में चुनाव पद्धति का ज्ञान कराते वक्त मतपेटी के मॉडल अथवा प्रतिरूप को प्रदर्शित किया जा सकता है। प्रतिरूप को शिक्षण सामग्री के रूप में इस्तेमाल करते वक्त इस बात का ध्यान रखना चाहिए कि जिस वस्तु का प्रतिरूप दिखाया जा रहा हो वह उस वस्तु की वास्तविक अनुकृति हो। अगर सम्भव हो तो प्रतिरूप का सृजन छात्रों के माध्यम से ही कराया जाए।

(7) रेखाकृति—ग्राफ अथवा चार्ट की प्रकार रेखाकृति भी नागरिकशास्त्र शिक्षण की एक प्रमुख सामग्री है। ग्राफ की तुलना में रेखाकृति का क्षेत्र व्यापक है इसमें विषय-वस्तु को दृश्य चिह्नों के माध्यम से प्रदर्शित किया जाता है।

(8) टेलीविजन—नागरिकशास्त्र शिक्षण में टेलीविजन एक ऐसी शिक्षण सामग्री है जो दृश्य तथा श्रव्य दोनों है। इसमें वस्तु अथवा घटना के बारे में सुनने के साथ-साथ देख भी सकते हैं। यह एक तरह से रेडियो और चलचित्र का संयुक्त रूप है। इसके माध्यम से तथ्यों को आसानी से समझा जा सकता है। वर्तमान वक्त में टेलीविजन के माध्यम से सम्पूर्ण चुनाव प्रक्रिया, लोक सभा व राज्य सभा की कार्यवाही आदि को प्रत्यक्ष रूप से देखा जा सकता है। इसके माध्यम से छात्रों को सजीव व स्पष्ट ढंग से सम्पूर्ण कार्यवाही देखने को मिलती है।

(9) टेप रिकार्डर—टेप रिकार्डर भी एक प्रमुख शिक्षण सामग्री है। इसके माध्यम से व्याख्यानों, उद्धरणों, भाषणों, तथ्यों को टेप कर लिया जाता है और अवसर आने पर जब उसकी आवश्यकता होती है तो उसे उसी आवाज में पुनः छात्रों को सुना कर सजीव परिस्थिति का वातावरण पैदा किया जाता है। छात्रों को ऐसा आभास होता है कि वही व्यक्ति भाषण दे रहे हैं।

(10) पर्यटन—नागरिकशास्त्र शिक्षण में शिक्षण को रोचक व सजीव बनाने में पर्यटन की विशेष भूमिका होती है। पर्यटन के माध्यम से छात्र वस्तुओं अथवा घटनाओं का प्रत्यक्ष निरीक्षण करता है। स्वयं निरीक्षण करने के कारण उस घटना अथवा वस्तु के बारे में वह स्थाई ज्ञान प्राप्त कर लेता है। पर्यटन के माध्यम से विभिन्न तरह के नागरिक जीवन, प्रशासन प्रणालियों, न्याय व्यवस्था आदि का प्रत्यक्ष रूप से ज्ञान प्राप्त होता है। शिक्षक को पर्यटन की योजना बनाते वक्त नागरिकशास्त्र की विषयवस्तु को ध्यान में रखकर नागरिक महत्त्व वाले स्थानों को विशेष जगह में रखना चाहिए। पर्यटन आरंभ करने के पूर्व छात्रों को पर्यटन का मुख्य उद्देश्य बता देना चाहिए कि छात्र पर्यटन में किन-किन बातों को अपनी डायरी में नोट करेंगे। पर्यटन के मध्य छात्रों का पथ प्रदर्शन करना चाहिए।

(11) चलचित्र—वर्तमान वक्त में जीवन में चलचित्रों का अत्यधिक महत्त्व है। शिक्षा में शिक्षण सामग्री के रूप में चलचित्र सर्वाधिक प्रभावी साधन के रूप में सिद्ध हुए हैं। सभी शिक्षाशास्त्री इस बात पर एक मत हैं कि चलचित्र बालकों को शिक्षित करने का एक प्रभावी व लाभकारी साधन है। केन्द्रीय व प्रान्तीय सरकारों ने अनेक शैक्षिक चलचित्रों का सृजन कराया है। नागरिकशास्त्र शिक्षण में कई ऐसे कठिन पाठ हैं जिनकी जटिलता को चलचित्रों के माध्यम से छात्रों को बहुत सरल

ढंग से समझाया जा सकता है क्योंकि जिन जटिल बातों को छात्र अमूर्त विचारों के माध्यम से नहीं समझ पाते हैं उन्हें वास्तविक व सजीव ढंग से चलचित्र के माध्यम से प्रस्तुत करने पर छात्र स्वयं देखकर सब कुछ ठीक-ठाक समझ जाता है। चलचित्र के माध्यम से वास्तविक परिस्थितियों को दिखाया जाता है इससे कम बुद्धिमान बालक भी विषयवस्तु को समझ लेते हैं।

(12) रेडियो—नागरिकशास्त्र शिक्षण में सामग्री के रूप में रेडियो की भी उपयोगिता है। रेडियो के माध्यम से नागरिकों, किसानों, मजदूरों, छात्रों आदि हेतु अनेक शैक्षिक कार्यक्रम प्रस्तुत किए जाते हैं जिसके माध्यम से छात्रों के ज्ञान में वृद्धि होती है। यह मनोरंजन के साथ-साथ शिक्षण का कार्य करता है। रेडियो के माध्यम से एक वक्त में बहुत से लोगों को एक साथ शिक्षा दी जा सकती है। रेडियो राष्ट्रीय एकता स्थापित करने का प्रमुख साधन है।

(13) पोस्टर—नागरिकशास्त्र शिक्षण में नागरिक व प्रशासनिक कार्यक्रमों को प्रस्तुत करने में पोस्टरों का इस्तेमाल किया जाता है। जनजीवन में फैलने वाली विभिन्न बुराईयों को भी भली-भाँति समझा जा सकता है। स्वास्थ्य विभाग, जनसाधारण विभाग, शिक्षा विभाग अनेक शिक्षाप्रद पोस्टरों का सृजन करते हैं, जिनका उपयोग सामग्री शिक्षण के रूप में किया जा सकता है।

शिक्षण सहायक सामग्री का उपयोग

नागरिकशास्त्र शिक्षण में शिक्षण सामग्री के इस्तेमाल के माध्यम से बालकों का सर्वांगीण विकास किया जाता है। शिक्षण सामग्री के इस्तेमाल से बालक के शारीरिक, मानसिक, नैतिक व सामाजिक विकास में मदद मिलती है। क्योंकि बालक का शारीरिक, मानसिक, नैतिक व सामाजिक स्तर एक-सा नहीं होता है, अतः शिक्षण सामग्रियों का इस्तेमाल भी एक सा नहीं करना चाहिए। शिक्षण सामग्री का इस्तेमाल तभी प्रभावशाली होगा जब उनका इस्तेमाल करते वक्त कक्षा के स्तर, विषयवस्तु की आवश्यकता, विषय की जटिलता आदि को ध्यान में रखा जाएगा। छोटी कक्षाओं में ऐसी शिक्षण सामग्री का इस्तेमाल उपयोगी होगा जो दृश्य हो क्योंकि छोटे बालकों की रुचि सुनने की अपेक्षा देखने में अधिक होती है।

नागरिकशास्त्र के शिक्षण में शिक्षण सामग्री के इस्तेमाल में निम्न सावधानियाँ रखनी चाहिए—

1. शिक्षण सामग्री वास्तविकता के अनुसार होनी चाहिए।
2. शिक्षण सामग्री का आकार कक्षा के आकार को ध्यान में रखकर निश्चित

करना चाहिए। बड़ी कक्षा हेतु शिक्षण सामग्री का आकार भी बड़ा रखना चाहिए जिससे सभी छात्र उस सामग्री को देख सकें और उसका उपयोग शिक्षण में सही ढंग से हो सके।

3. शिक्षण सामग्री के इस्तेमाल में इस बात को भी ध्यान रखना में चाहिए कि उस सामग्री का इस्तेमाल किस स्तर की कक्षा हेतु हो रहा है अर्थात् कक्षा निम्न प्राथमिक स्तर की है अथवा उच्च स्तर की है।
4. शिक्षण सामग्री का इस्तेमाल जिस पाठ हेतु हो रहा है उसके माध्यम से उस पाठ को सरल व बोधगम्य बनाने में सहायक होना चाहिए।
5. शिक्षण सामग्री बालकों की आयु के अनुसार होनी चाहिए।
6. शिक्षण सामग्री का इस्तेमाल करते वक्त बालकों के बौद्धिक स्तर को ध्यान में रखना चाहिए।
7. शिक्षण सामग्री प्रस्तुत पाठ को सरल व सजीव बनाने वाली होनी चाहिए।
8. शिक्षण सामग्री आकर्षक हो, स्पष्ट हो तथा शुद्ध हो।
9. शिक्षण सामग्री का इस्तेमाल अनावश्यक रूप से नहीं करना चाहिए और जैसे ही उसकी आवश्यकता समाप्त हो उसे बन्द कर रख देना चाहिए।

शिक्षण सहायक सामग्री के लाभ

आधुनिक शिक्षा प्रणाली में शिक्षण सामग्रियों के इस्तेमाल से शिक्षा में बदलाव हुए हैं। बाल केन्द्रित शिक्षा का आरंभ होने के साथ-साथ जैसे-जैसे शिक्षा में बालकों को अधिक महत्त्व दिया गया उनकी रुचि, क्षमता, योग्यता, बौद्धिक स्तर आदि को ध्यान में रखकर उनके लिए शिक्षा की व्यवस्था की जाने लगी वैसे-वैसे शिक्षण सामग्रियों का उपयोग बढ़ता गया। विषयवस्तु को बालकों के अनुसार बोधगम्य बनाने हेतु विभिन्न तरह की शिक्षण सामग्रियों का इस्तेमाल किया जाने लगा। शिक्षण सामग्रियों के बढ़ते इस्तेमाल से ही कठिन से कठिन पाठ भी छात्रों हेतु सरल हो गए। शिक्षक भी शिक्षण सामग्रियों के इस्तेमाल के माध्यम से अल्प परिश्रम में ही पाठ को प्रभावी ढंग से प्रस्तुत करने में असमर्थ हो गए।

आधुनिक वक्त में शिक्षण सामग्री के इस्तेमाल से अनेक लाभ हैं। शिक्षण सामग्रियों के इस्तेमाल से बालकों को क्रियाशील बनाए रखने में मदद मिलती है।

शिक्षण सामग्री के इस्तेमाल से निम्न लाभ हैं–

1. शिक्षण सामग्री के माध्यम से मन्द बुद्धि के बालकों को भी अच्छे ढंग से शिक्षित किया जा सकता है।

2. शिक्षण सामग्री के माध्यम से पाठ की भूमिका प्रस्तुत करने में मदद मिलती है। शिक्षक छात्रों में अन्तर्नाद पैदा करके उन्हें अभिप्रेरित करता है। अभिप्रेरणा की दृष्टि से शिक्षण सामग्री का अधिक महत्त्व है।
3. शिक्षण सामग्री के इस्तेमाल से यह लाभ है कि इसके माध्यम से पढ़ाया गया पाठ व्यवहारिक एवं स्थाई ज्ञान प्रदान करने वाला होता है।
4. शिक्षण सामग्री के इस्तेमाल से शिक्षक का कार्य हल्का हो जाता है और उसका शिक्षण प्रभावी होता है।
5. प्राथमिक स्तर पर शिक्षण सामग्री का इस्तेमाल अत्यधिक लाभदायक है क्योंकि प्राथमिक स्तर पर स्वयं करके सीखने का अवसर शिक्षण सामग्रियों के माध्यम से प्राप्त होता है।
6. शिक्षण सामग्री के माध्यम से बालकों की मानसिक शक्तियों का विकास सही ढंग से होता है।
7. शिक्षण सामग्री के माध्यम से विषयवस्तु को सरल ढंग से प्रस्तुत किया जाता है।
8. शिक्षण सामग्री के इस्तेमाल से बालक निष्क्रिय होकर क्रियाशील बना रहता है।
9. शिक्षण सामग्री के इस्तेमाल से छात्रों में अध्ययन के प्रति रुचि जागृत होती है।
10. शिक्षण सामग्री के इस्तेमाल से नवीन ज्ञान को धारण करने में सरलता रहती है।
11. शिक्षण सामग्री से नीरस पाठ भी रोचक हो जाता है।

शिक्षण सहायक सामग्री का महत्त्व

शिक्षण सामग्री के इस्तेमाल के उपर्युक्त लाभों को देखते हुए शिक्षण में उनका महत्त्व स्वयं दिखाई देता है। प्राथमिक व उच्च दोनों स्तर की कक्षाओं में बालकों की मानसिक शक्तियों के विकास की दृष्टि से शिक्षण सामग्री का अत्यधिक महत्त्व है। इसी कारण आधुनिक शिक्षा प्रणाली में हर शिक्षण पद्धति में शिक्षण सामग्रियों के इस्तेमाल को महत्त्व दिया गया है। प्राथमिक स्तर पर मान्टेसरी, किंडरगार्टन, बेसिक आदि शिक्षा प्रणालियों में अनेक तरह की शिक्षण सामग्रियों का सहायक सामग्री के रूप में इस्तेमाल होता है। एक तरह से हम यह भी कह सकते हैं कि छोटे बालकों के इन्द्रिय ज्ञान को विकसित करने हेतु शिक्षण सामग्रियों का इस्तेमाल अत्यावश्यक है।

उच्च स्तर की कक्षाओं में भी दुरूह विषयवस्तु का सरल व स्पष्ट बनाने हेतु शिक्षण सामग्रियों का महत्त्व है। व्याख्यान विधि, प्रश्नोत्तर विधि में भी विषयवस्तु को स्पष्ट करने हेतु शिक्षण सामग्रियों का इस्तेमाल किया जाता है। प्रोजेक्ट विधि,

खोज विधि, अनुसंधान विधि आदि उच्च स्तर की शिक्षण विधियों में भी शिक्षण सामग्री का अपना विशेष महत्त्व है।

नागरिकशास्त्र के शिक्षण में भी सामग्रियों का इस्तेमाल अत्यावश्यक है। इसके शिक्षण की सफलता शिक्षण सामग्रियों के सहायक साधनों के रूप में इस्तेमाल करने पर निर्भर करती है। बालकों में नागरिक गुणों का विकास, सामाजिक गुणों का विकास, मानसिक शक्तियों का विकास आदि शिक्षण सामग्रियों की मदद से ही किया जा सकता है। अतः शिक्षक हेतु यह जरूरी है कि वह नागरिकशास्त्र पढ़ाते वक्त विषयवस्तु के अनुसार शिक्षण सामग्रियों का इस्तेमाल आवश्यकता के अनुरूप सावधानी से करें क्योंकि इनकी उपयोगिता तभी होगी जब इनका सही एवं सम्यक इस्तेमाल हो। शिक्षक को कक्षा में ऐसी शिक्षण सामग्री नहीं ले जानी चाहिए जिसका इस्तेमाल वह न जानता हो।

6

नागरिकशास्त्र शिक्षण में पाठ्य पुस्तक की उपादेयता

शिक्षा में पाठ्य पुस्तकों का सृजन व इस्तेमाल लेखन कला के उद्गम के साथ हुआ किन्तु वास्तव में इनका प्रचलन मुद्रण यन्त्र के आविष्कार के साथ हुआ। शिक्षण की दृष्टि से सर्वप्रथम कमेनियस ने भाषा शिक्षण हेतु पाठ्य पुस्तक लिखी। कमेनियस ने ही हर स्तर पर पाठ्य पुस्तकों के अध्ययन पर बल दिया। आधुनिक युग में शिक्षण कार्य को सरल, रोचक और बोधगम्य बनाने हेतु पाठ्य पुस्तकों को एक उपयोगी साधन के रूप में जाना जाता है। पाठ्य पुस्तकों की मदद से नागरिकशास्त्र के शिक्षण को और अधिक प्रभावी बनाया जा सकता है। वर्तमान वक्त में शिक्षण प्रक्रिया में पाठ्य पुस्तकें पथ प्रदर्शन का कार्य करती हैं। इसके माध्यम से वक्त की बचत होती है। कुछ विद्वानों का यह विचार है कि पाठ्य पुस्तकों के माध्यम से रटने की विधि को बल मिलता है जिससे बालक की मानसिक शक्तियों का विकास नहीं हो पाता है।

पाठ्य पुस्तकों की आवश्यकता इकाई और योजना पद्धतियों में दिखाई देती है। एच.आर. डगलस के अनुरूप "शिक्षकों के बहुमत में अन्तिम विश्लेषण के आधार पर पाठ्य पुस्तकों को वे क्या और किस तरह पढ़ाएँगे, की आधारशिला बतलाया है।"

पाठ्य पुस्तक का स्थान

नागरिकशास्त्र शिक्षण में पाठ्य पुस्तकों के जगह को लेकर विद्वानों में मतभेद है। कुछ विद्वान नागरिकशास्त्र को पाठ्य पुस्तकों के माध्यम से पढ़ाने पर बल देते हैं। जबकि कुछ विद्वान नागरिकशास्त्र हेतु पाठ्य पुस्तकों का होना जरूरी नहीं मानते हैं। पाठ्य पुस्तकों के माध्यम से नागरिकशास्त्र को पढ़ाने का समर्थन करने वाले विद्वानों के अनुरूप इनके माध्यम से स्वाध्याय व आत्मविश्वास की वृद्धि होती है, वक्त की बचत होती है, नवीन प्रणालियों—डाल्टन प्रणाली, प्रोजेक्ट प्रणाली आदि में इनकी उपयोगिता होती है। यह नवीन पाठ की तैयारी व पुराने पाठ की पुर्नरावृत्ति हेतु विशेष लाभकारी है। नागरिकशास्त्र शिक्षण में पाठ्य पुस्तकों को अनुपयोगी बताने वाले विद्वानों के अनुरूप इनके माध्यम से छात्रों में रटने की प्रवृत्ति बढ़ती है जिससे बालक में आत्मविश्वास की भावना कम हो जाती है।

इस तरह नागरिकशास्त्र में पाठ्य पुस्तक प्रत्यक्ष सामग्री को प्राप्त करने का एक साधन मात्र है। यह सत्य है कि कक्षा में नागरिकशास्त्र की पाठ्य पुस्तक को शब्दशः नहीं पढ़ाया जाता है किन्तु यह भी सत्य है कि कक्षा में शिक्षक जो भी तथ्य बताता है उनका पूर्णरूपेण ज्ञान अथवा आत्मसात् नहीं हो पाता है। इसके लिए कक्षा से पृथक छात्रों को विषय वस्तु को समझने में पाठ्य पुस्तकों से मदद मिलती है। इस तरह पाठ्य पुस्तक शिक्षक के माध्यम से पढ़ाई गई सामग्री को दोहराने की दृष्टि से उपयोगी है।

नागरिकशास्त्र शिक्षण में पाठ्य पुस्तकों की जगह शिक्षक की दृष्टि से भी महत्त्वपूर्ण है। शिक्षक के अव्यवस्थित ज्ञान को नागरिकशास्त्र की पाठ्य पुस्तकें ही व्यवस्थित करती हैं। पाठ्य पुस्तकों के माध्यम से शिक्षक को नवीन बातों का ज्ञान विशद ढंग से प्राप्त होता है। अतएव अगर हम छात्रों में नवीन ज्ञान, अच्छे नागरिक गुणों का विकास करना चाहते हैं तो विद्यालय में पाठ्य पुस्तकों के महत्त्व को नहीं नकार सकते हैं। रेमण्ड के विचार में, "पाठ्य पुस्तक शिक्षक का जगह कदापि नहीं ले सकती है, यह शिक्षकों के ज्ञान की पूरक है।"

आदर्श पाठ्य पुस्तक के गुण

नागरिकशास्त्र में प्रदेश की परीक्षा संस्थाओं के माध्यम से केवल पाठ्यक्रम निर्धारित करने के कारण पाठ्य पुस्तकें प्रचलित हैं क्योंकि परीक्षा संस्थाओं के माध्यम से कोई पाठ्य पुस्तक निर्धारित नहीं की जाती है। इसी कारण पृथक्-पृथक् विद्यालयों में शिक्षकगण विभिन्न पाठ्य पुस्तकों की संस्तुति करते हैं। अच्छी

पाठ्य पुस्तक की संस्तुति न होने पर पाठ्य पुस्तक छात्रों हेतु उपयोगी नहीं होती है। अनेक शिक्षाविदों ने अच्छी पाठ्य पुस्तक की अनेक विशेषताएँ बताई हैं। जिनमें से निम्न प्रमुख हैं—

1. पाठ्य पुस्तक का विभाजन अध्यायों, शीर्षक व उप-शीर्षकों में होना चाहिए।
2. पाठ्य पुस्तक छात्रों के पूर्व ज्ञान पर आधारित होनी चाहिए और उसे छात्रों की मानसिक शक्तियों का विकास तथा नवीन ज्ञान की खोज करने हेतु प्रेरित करने वाली होनी चाहिए। पाठ्य पुस्तक के माध्यम से छात्रों में मानवीय गुणों का विकास होना चाहिए। उनमें परस्पर प्रेम, दया, सहानुभूति, सहिष्णुता के गुणों का विकास होना चाहिए।
3. अच्छी पाठ्य पुस्तक की भाषा सरल होने के साथ-साथ उसकी विषयवस्तु में गतिशीलता होनी चाहिए। अर्थात् पाठ्य पुस्तक में कहीं उबाऊ पक्ष नहीं होना चाहिए।
4. अच्छी पाठ्य पुस्तक का मुद्रण व कागज आदि सुन्दर व आकर्षक होना चाहिए।
5. पाठ्य पुस्तक के हर अध्याय के बाद मूल्यांकन के लिए प्रश्न होने चाहिएँ।
6. पाठ्य पुस्तक का मूल्य छात्रों व उनके संरक्षकों की आर्थिक पहुँच के अन्दर होना चाहिए।
7. पाठ्य पुस्तक बालकों के मानसिक स्तर के अनुसार होनी चाहिए। जिस कक्षा स्तर के छात्र हों उनकी समझ के अनुसार ही पाठ्य पुस्तक में विचारों और शब्दों का इस्तेमाल होना चाहिए।
8. अच्छी पाठ्य पुस्तकों में तथ्यों तथा घटनाओं को ऐसे क्रम में रखना चाहिए जिससे बालक को क्रमबद्ध अध्ययन करने में कठिनाई न हो क्योंकि क्रम का उल्लंघन होने पर छात्रों को तथ्यों को समझने में कठिनाई होती है।
9. पाठ्य पुस्तक में लेखक की शैली स्पष्ट, सरल व सुगम होनी चाहिए। भाषा छात्रों के स्तर के अनुसार होनी चाहिए। क्लिष्ट भाषा का इस्तेमाल नहीं करना चाहिए।
10. पाठ्य पुस्तक रोचक होनी चाहिए। रोचकता लाने हेतु जहाँ जरूरी हो वहाँ चित्र, रेखाचित्र, ग्राफ, चार्ट आदि का इस्तेमाल करना चाहिए।
11. इसमें पूर्णता और क्रमबद्धता होनी चाहिए। इसके लिए उसमें विषय-सूची, शब्दावली, नामावली, सन्दर्भ—ग्रन्थ आदि होना चाहिए।
12. पाठ्य पुस्तक राष्ट्रीय व अन्तर्राष्ट्रीय भावना को विकसित करने वाली होनी चाहिए। पाठ्य पुस्तक में सम्पूर्ण मानव संस्कृति का ध्यान रखना चाहिए।

आदर्श पाठ्य पुस्तक का चुनाव

नागरिकशास्त्र शिक्षक हेतु अपने छात्रों के अनुसार एक अच्छी पाठ्य पुस्तक का चयन करना महत्त्वपूर्ण कार्य है। शिक्षक को बालकों की रुचि, अनुभव, बौद्धिक क्षमता व योग्यता, कक्षा व स्तर आदि को ध्यान में रखकर नागरिकशास्त्र शिक्षण के उद्देश्यों को ध्यान में रखते हुए पुस्तकों का चयन करना चाहिए। पाठ्य पुस्तक का चयन करते वक्त शिक्षक को निम्नलिखित बातों को ध्यान में रखना चाहिए–

1. पाठ्य पुस्तक के अन्त में उपयोगी संदर्भ-ग्रन्थों की सूची होनी चाहिए।
2. पाठ्य पुस्तक के चित्र, रेखाचित्र, चार्ट, ग्राफ आदि स्पष्ट व शुद्ध हों।
3. पाठ्य पुस्तक का आकार, बनावट, जिल्द, कागज, मुख्य पृष्ठ, मूल्य आदि का ध्यान रखना चाहिए।
4. पाठ्य पुस्तक का मुद्रण, आकर्षण, स्वच्छ व स्पष्ट होना चाहिए।
5. पाठ्य पुस्तक छात्रों के शैक्षिक स्तर के अनुसार हो।
6. पाठ्य पुस्तक में दिए गए उदाहरण स्पष्ट, उपयुक्त व रोचक हों।
7. पाठ्य पुस्तकों के अन्त में दिए गए प्रश्न स्पष्ट, क्रमबद्ध व बालकों की मानसिक क्षमताओं को विकसित करने वाले हों।

नागरिकशास्त्र के शिक्षक को पाठ्य पुस्तक का चयन करते वक्त इस बात का विशेष ध्यान देना चाहिए कि वह छोटी कक्षा हेतु पुस्तक का चुनाव कर रहा है या उच्च कक्षा के लिए। क्योंकि दोनों स्तर की कक्षाओं हेतु एक अच्छी पाठ्य पुस्तक में कुछ भिन्नताएँ होना स्वाभाविक है। प्राथमिक कक्षा हेतु पाठ्य पुस्तक में विषय सामग्री, कहानी आदि के रूप में होने पर अधिक रोचकता होती है। छोटी कक्षाओं की पुस्तकों में सरल भाषा, आकर्षक व रंगीन चित्र, सरल प्रश्न, संक्षिप्त विषय सामग्री आदि का होना जरूरी है। इसके विपरीत उच्च स्तर की कक्षाओं की पाठ्य पुस्तकों में निबन्धात्मक विषय-वस्तु, अमूर्त उदाहरण, ग्राफ, रेखाचित्र, चार्ट के माध्यम से विषय-वस्तु का स्पष्टीकरण, प्रवाह पूर्ण भाषा, विशद विषय-वस्तु आदि विशेषताओं का होना जरूरी है। इस तरह हम देखते हैं कि दोनों स्तरों पर पाठ्य पुस्तक के चयन में अन्तर को ध्यान में रखना शिक्षक हेतु बहुत जरूरी है। स्तर के अनुसार पाठ्य पुस्तक न होने पर वह छात्रों हेतु उपयोगी नहीं होगी। साथ ही ऐसी पाठ्य पुस्तक शिक्षक हेतु सहायक न होकर दुरूह कार्य सिद्ध होगी।

नागरिकशास्त्र की पाठ्य पुस्तक की समीक्षा

नागरिकशास्त्र के शिक्षण में पाठ्य पुस्तकों का महत्त्वपूर्ण जगह है। यद्यपि कई विद्वान पाठ्य पुस्तकों का विरोध करते हैं। लेकिन अनेक विरोधियों के बावजूद

भारतीय विद्यालयों में पाठ्य पुस्तकों का अत्यधिक इस्तेमाल होता है। एच.आर डगलस के अनुरूप "शिक्षकों के बहुमत ने अन्तिम विश्लेषण के आधार पर पाठ्य पुस्तकों को वे क्या और किस तरह पढ़ायेंगे की आधारशिला बतलाया है।" पाठ्य पुस्तकों की समीक्षा करने हेतु उनमें व्याप्त दोषों को जानना जरूरी है। वर्तमान वक्त में पाठ्य पुस्तकों में निम्नलिखित दोषों को माना जाता है–

1. पाठ्य पुस्तकों की भाषा एवं शैली छात्रों के स्तर के अनुसार नहीं है। उनकी भाषा एवं शैली छात्रों हेतु क्लिष्ट होती है।
2. पाठ्य पुस्तकों का एक प्रमुख दोष यह भी है कि उनमें कठिन विषय-वस्तुओं को उदाहरणों के माध्यम से स्पष्ट नहीं किया जाता है। वास्तव में उदाहरण विषय-वस्तु की दुर्बोधता को बोधगम्य बनाने वाला होना चाहिए। दिए गए उदाहरण सरल होने चाहिएँ तथा छात्रों हेतु रोचक होना चाहिए।
3. वर्तमान पाठ्य पुस्तकों में छात्रों हेतु अभ्यास प्रश्न, सन्दर्भ पुस्तकें, अनुक्रमिणका आदि का होना जरूरी है किन्तु पाठ्य पुस्तकों में उनका अभाव रहता है। पाठ्य पुस्तकों का बाह्य स्वरूप भी छात्रों हेतु आकर्षक नहीं बनाया जाता है।
4. वर्तमान पाठ्य पुस्तकों का प्रमुख दोष यह है कि उनका प्रारूप पाठ्यक्रम और शिक्षण विधि के अनुसार नहीं है। उदाहरण के लिए, विद्यालयों में पाठ्यक्रम इकाई विधि के अनुसार निर्धारित किया गया है किन्तु पाठ्य पुस्तकें इकाई के अनुसार नहीं लिखी जाती हैं।
5. पाठ्य पुस्तकों में दी गई पाठ्यवस्तु छात्रों की आयु, रुचि, बौद्धिक योग्यता आदि के अनुसार नहीं होती है।

पाठ्य पुस्तकों के दोषों को दूर करने के प्रयत्न

प्रचलित पाठ्य पुस्तकों को रोचक तथा छात्रों हेतु उपयोगी बनाने हेतु जरूरी है उनमें व्याप्त दोषों को दूर किया जाए। पाठ्य पुस्तकों के दोषों को दूर कर उन्हें उपयोगी बनाने के निम्न सुझाव दिए जा सकते हैं–

1. निम्नस्तर की पाठ्य पुस्तकों को प्रकाशित होने से रोकना चाहिए। इसके लिए शासन स्तर पर कार्यवाही होनी चाहिए।
2. पाठ्य पुस्तकों में उपयुक्त सहायक समाग्री का समावेश होना चाहिए। पाठ्यवस्तु को स्पष्ट करने हेतु उदाहरणों, चित्रों एवं रेखाचित्रों, चार्टों आदि का इस्तेमाल होना चाहिए।
3. पाठ्य पुस्तक शिक्षण उद्देश्यों की प्राप्ति में सहायक होनी चाहिए।

4. पाठ्य पुस्तक का चयन किसी जाति, वर्ग व व्यक्ति को सन्तुष्ट करने हेतु नहीं होना चाहिए।
5. पाठ्य पुस्तक का आकार बालकों के स्तर के अनुसार होना चाहिए। पुस्तक ऐसी हो जो बालकों को आकर्षित कर सके।
6. पाठ्य पुस्तकों में हर अध्याय अथवा इकाई के अन्त में छात्रों हेतु अभ्यास के प्रश्न, सन्दर्भ पुस्तकें आदि होना चाहिए।
7. पाठ्य पुस्तक का मूल्य ऐसा होना चाहिए जिससे छात्र उसे सरलता से क्रय कर सके।
8. पाठ्य पुस्तकों की भाषा सरल व छात्रों के स्तर के अनुसार होनी चाहिए। जिससे पाठ्य पुस्तकों में लिखी गई बात को छात्र बिना किसी मदद के समझ सकें।
9. पाठ्य पुस्तकों में साम्प्रादायिकता जैसे संकीर्ण विचारों को नहीं रखना चाहिए। वास्तव में पाठ्य पुस्तकें क्षेत्रीय आधार पर न होकर राष्ट्रीय स्तर की निर्मित करानी चाहिएँ।
10. राष्ट्रीय स्तर पर पाठ्य पुस्तकों का प्रकाशन करने हेतु राष्ट्रीय पाठ्य समिति का सृजन किया जाना चाहिए। जिसमें राष्ट्र के विद्वान, विभिन्न राज्यों के शिक्षा संचालक, विद्यालयों के प्रधानाचार्य व अनुभवी शिक्षकों के माध्यम से परामर्श लेना चाहिए। पाठ्य पुस्तकों में राष्ट्रीय एकता और सहिष्णुता का समावेश होना चाहिए।
11. पाठ्य पुस्तकों का लेखन विद्वान और अनुभवी लेखकों के माध्यम से होना चाहिए।

आदर्श पाठ्य पुस्तक के गुण

पाठ्य पुस्तकों के दोषों को दूर करने हेतु अनेक तरह के सुझाव समय-समय पर विद्वानों और अधिकारियों के माध्यम से दिए जाते रहे हैं। प्रचलित दोषों को ही दूर करके नागरिकशास्त्र की एक अच्छी पाठ्य पुस्तक का प्रकाशन किया जा सकता है। अतः यह जानना जरूरी है कि नागरिकशास्त्र की एक अच्छी पाठ्य पुस्तक में कौन-कौन से गुण होने चाहिएँ? एक अच्छी पाठ्य पुस्तक में विद्वानों के अनुरूप निम्नलिखित गुण होने चाहिए–

(1) **विषय सूची**–अच्छी पाठ्य पुस्तक में पाठ्यक्रम के अनुरूप पाठ्यवस्तु की विषय सूची होनी चाहिए।

(2) उदाहरण—अच्छी पाठ्य पुस्तक में शाब्दिक और अशाब्दिक उदाहरणों के माध्यम से विषयवस्तु को स्पष्ट होना चाहिए। पुस्तक में चित्र, चार्ट, ग्राफ आदि उपयुक्तता के आधार पर होना चाहिए।

(3) पाठ्यवस्तु की व्यवस्था—अच्छी पाठ्य पुस्तक में पाठ्य वस्तु छात्रों की रुचि, अवस्था और योग्यता के अनुकूल होनी चाहिए। उसमें वैज्ञानिक क्रम स्थापित होना चाहिए।

(4) लेखक—अच्छी पाठ्य पुस्तक का लेखक विषय का ज्ञाता और अनुभवी होना चाहिए। साथ ही उसे बाल मनोविज्ञान का ज्ञान होना चाहिए। उसकी भाषा शैली छात्रों के अनुकूल होनी चाहिए।

(5) पुस्तक का मूल्यांकन—नागरिकशास्त्र की पाठ्य पुस्तक सुलभ हो इसके लिए जरूरी है कि उसका मूल्य कम हो।

(6) पाठ्य पुस्तक की बाह्य आकृति—अच्छी पाठ्य पुस्तक की बाह्य आकृति अर्थात्, टाइप, जिल्द, कागज, आकार आदि आकर्षक होना चाहिए।

(7) प्रस्तुतीकरण—नागरिकशास्त्र की पाठ्य पुस्तक विषयवस्तु का प्रस्तुतीकरण उद्देश्यों एवं लक्ष्यों के अनुसार होना चाहिए। विषय का प्रस्तुतीकरण इस ढंग से हो कि बालकों में समस्याओं को हल करने की योग्यता, स्वाध्याय की सफलता स्वतः आ जाए।

(8) शैक्षिक साधन—अच्छी पाठ्य पुस्तक में प्रस्तावना, अभ्यास हेतु प्रश्न, निर्देश, सन्दर्भ पुस्तकों की सूची आदि होनी चाहिए।

उपरोक्त विवरणों के आलोक में कहा जा सकता है कि नागरिकशास्त्र शिक्षण में पाठ्य पुस्तकों का उपयोगी जगह है। यह पढ़ाए गए पाठ को दोहराने तथा गृह कार्य करने की दृष्टि से छात्रों हेतु उपयोगी है। शिक्षक हेतु भी नवीन ज्ञान प्राप्त करने तथा ज्ञान को विशद करने की दृष्टि से पाठ्य पुस्तकें उपयोगी हैं। नागरिकशास्त्र शिक्षण में पाठ्य पुस्तकों को साधन के रूप में जगह देना चाहिए। वास्तव में पाठ्य पुस्तक सीखने की प्रक्रिया में एक साधन के रूप में प्रयुक्त होता है। नागरिशास्त्र शिक्षण में पाठ्य पुस्तकों का विशेष महत्त्व है किन्तु भारत में पाठ्य पुस्तकों की दशा बहुत शोचनीय है। पाठ्य पुस्तकों की ओर बहुत पहले ही माध्यमिक शिक्षा आयोग ने ध्यान आकृष्ट कराते हुए कहा था—"हम आधुनिक स्कूलों की पाठ्य पुस्तकों के स्तर से बहुत ही असन्तुष्ट हैं और हमारा विचार है कि इनमें आमूल सुधार किए जाने चाहिए।"

7

आदर्श नागरिकशास्त्र अध्यापक

शिक्षा के महत्व को पृथक्-पृथक् शिक्षाविदों ने पृथक्-पृथक् ढ़ग से व्यक्त किया है। इस सन्दर्भ में नेल्सन एल. बॉसिंग ने कहा है–"शिक्षा की किसी भी योजना में मैं अध्यापक को केन्द्रीय जगह देता हूँ।" इस सन्दर्भ में बॉसिंग का कथन पूर्णतया सत्य है, क्योंकि शैक्षणिक प्रक्रिया के प्रमुख संचालक के रूप में शिक्षक का जगह निश्चित रूप से केन्द्रित है। वह न केवल अपने मौखिक शब्दों के माध्यम से वरन् अपनी रुचि-अरुचि, आचार-विचार, रहन-सहन और अन्य मानव-तत्त्वों के माध्यम से छात्रों पर गहरा प्रभाव डालता है। सच्चे अर्थों में प्रत्यक्ष और अप्रत्यक्ष रूप में छात्रों पर प्रभाव डालने वाला शिक्षक के समान कोई तत्त्व नहीं है। शिक्षा के महत्त्व के विषय में हार्न ने ठीक ही लिखा है–"अपने छात्रों के साथ शिक्षक के सम्पर्क न केवल उस स्थिति के माध्यम से अप्रत्यक्ष होते हैं, जिसे वह संचालित करता है, वरन् उस व्यक्ति के साथ प्रत्यक्ष भी होते हैं जिसमें उसे रुचि होती है।"

आदर्श शिक्षक के गुण

अच्छे शिक्षक के गुणों, विशेषताओं व योग्यताओं को हम निम्नलिखित बिन्दुओं के माध्यम से व्यक्त कर सकते हैं–

1. नैतिक गुण–अच्छे शिक्षक में निम्नलिखित नैतिक गुण होने चाहिए–

(क) न्याय और निष्पक्षता–अच्छे शिक्षक में न्याय और निष्पक्षता के गुण होने चाहिए। अच्छा शिक्षक विभिन्न वर्गों और जातियों के छात्रों में किसी तरह का

भेदभाव नहीं रखता है। ऐसा करने से छात्रों पर उसका प्रभाव समाप्त हो जाता है और वह उसके विश्वास तथा सम्मान का पात्र नहीं रह जाता है। इस सन्दर्भ में **रायबर्न** का मत है–"न्यायपूर्ण होने का प्रयत्न करने की आदत शिक्षक को अनुशासन और कार्य करने में मदद देती है।"

(ख) दया व सहानुभूति–अच्छा शिक्षक अपने छात्रों के प्रति दया और सहानुभूति का व्यवहार करता है। इस सन्दर्भ में **पेन्टन** (Penton) ने लिखा है–"इसका अर्थ कोमलता नहीं है वरन् छात्रों के दृष्टिकोण और उनकी भावनाओं को समझने की योग्यता है।" शिक्षक में यह योग्यता जितनी ही अधिक होगी, उसका शिक्षण उतना ही अधिक सफल होगा। दया और सहानुभूति के गुणों के अभाव में छात्रों को सीखने हेतु केवल बाध्य किया जा सकता है, उसमें सीखने के प्रति रुचि उत्पन्न नहीं की जा सकती है।

(ग) धैर्य व लगन–अच्छा शिक्षक अपने धैर्य व लगन से सभी कठिनाइयों पर विजय प्राप्त करता है। कक्षा में सभी छात्र बुद्धिमान और आज्ञाकारी नहीं होते हैं। कुछ मन्द बुद्धि और शरारती भी होते हैं। ऐसे छात्रों को शिक्षक केवल धैर्य और लगातार चेष्टा से ही ज्ञान और सद्व्यवहार के क्षेत्रों में प्रविष्ट कर सकता है।

(घ) आत्म-विश्वास व इच्छा-शक्ति–अच्छे शिक्षक में आत्म-विश्वास और इच्छा-शक्ति के गुण का होना परम जरूरी है। जब भी शिक्षक किसी वर्ग के छात्रों में सामने खड़ा होता है और उनकी आँखों को अपने ऊपर लगा हुआ देखता है, तभी वह अपने में इन गुणों की उपस्थिति की आकांक्षा करता है। इसके अभाव में वह अपना मानसिक सन्तुलन खो देता है और छात्रों के उपहास का पात्र बन जाता है।

(ङ) अच्छा स्वभाव व प्रसन्नता– अच्छे शिक्षक का स्वभाव मधुर और प्रसन्नमुख होना चाहिए। शिक्षक का मधुर व प्रसन्नमुख स्वभाव छात्रों के मस्तिष्क पर इस बात को अंकित कर देता है कि कार्य का नीरस और अरुचिकर होना जरूरी नहीं है। क्रुद्ध चेहरे, मलिन मुख और तनी हुई भौंहों वाले शिक्षक का न तो कक्षा में स्वागत होता है और न वह छात्रों के मस्तिष्क को ज्ञान से आलोकित करने में सफल होता है। इस सन्दर्भ में **गारलिक** ने लिखा है–"शिक्षक की अपेक्षा और किसी को भी इतनी उद्विग्नता से नहीं निहारा जाता है। अतः उसे अपने स्वभाव के बारे में सावधान रहना चाहिए, जिससे कि वह अपनी कक्षा के सामने हमेशा प्रसन्नमुख रहे।"

2. वैयक्तिक गुण–अच्छे शिक्षक में अधोलिखित वैयक्तिक गुणों का समावेश होना चाहिए–

(क) **नेतृत्व**–अच्छे शिक्षक में नेतृत्व का गुण होना चाहिए। कक्षा में प्रायः ऐसी परिस्थितियाँ पैदा हो जाती हैं, जब शिक्षक को स्वयं नेतृत्व करना पड़ता है। ऐसा करके ही छात्रों का ज्ञान के पथ पर अग्रसर कर सकता है और अपने शिक्षण को सफल बना सकता है। वास्तव में नेतृत्व और शिक्षण में पर्याप्त समानता है। इस तथ्य की पुष्टि करते हुए **पेन्टन** (Penton) ने लिखा है–"नेतृत्व और शिक्षण में पर्याप्त समानता है, जो स्वाभाविक और अर्जित गुण एक में योग देते हैं, वे दूसरे में भी पर्याप्त योग देते हैं।"

(ख) **विनोद प्रियता**–अच्छे शिक्षक में विनोद-प्रियता का गुण होना चाहिए। कक्षा की नीरसता को दूर करने हेतु वह किसी परिस्थिति से लाभ उठाकर स्वयं हँसता है और छात्रों को हँसने का मौका देता है। नीरसता दूर हो जाने पर शिक्षण का कार्य सरल व रोचक हो जाता है और छात्रों को स्वयं ही उनमें रुचि आने लगती है। इस सम्बन्ध में **रायबर्न व फोर्ज** का कथन है–"हँसी के बिना कक्षा कक्ष बहुत नीरस जगह होता है। सीमित हँसी शिक्षण में मदद देती है।"

(ग) **कक्षा-व्यवहार**–कक्षा में अच्छे शिक्षक का व्यवहार नम्र और शिष्ट होना चाहिए। अनम्र और अशिष्ट व्यवहार छात्रों को हतोत्साहित करके उनकी कार्य-क्षमता को कम कर देता है।

(घ) **उत्साह व आशावादिता**–अच्छे शिक्षक में उत्साह और आशावादिता के गुण का समावेश होना चाहिए। इन गुणों की उपयोगिता पर प्रकाश डालते हुए **रिस्क** ने लिखा है–"शिक्षक का उत्साह और आशावादिता छात्रों में संवेगात्मक प्रतिक्रियाएँ पैदा करने में महत्त्वपूर्ण कार्य करते हैं।"

(ङ) **पहलकदमी व साधन सम्पन्नता**–अच्छे शिक्षक में पहलकदमी और साधन-सम्पन्नता के गुण होने चाहिए। पृथक्-पृथक् छात्रों में आदेश, रुचियों, पूर्व-द्वेष, आदतें और समस्यायें भिन्न-भिन्न होती हैं। अगर शिक्षक में पहलकदमी और साधन सम्पन्नता नहीं है, तो वह अपने छात्रों की आवश्यकताओं को पूर्ण नहीं कर सकता है।

(च) **अच्छी आदतें**–अच्छे शिक्षक में अच्छी आदतें होनी चाहिए। अपनी अच्छी आदतों के कारण वह छात्रों के सम्मान, विश्वास और प्रशंसा का पात्र बनता है। इस सन्दर्भ में **रिस्क** (Risk) का विचार है–"जो शिक्षक अच्छे वैयक्तिक गुणों–परिश्रम, आत्म-नियन्त्रण, सन्तुलन आदि–का उदाहरण प्रस्तुत करता है, वह छात्रों को उत्तरदायित्व और आत्म-नियन्त्रण व मूल्यवान आदर्शों व सृजन करने में महत्त्वपूर्ण योग देता है।"

(ज) कक्षा-नियन्त्रण—सफल कक्षा-शिक्षण का मुख्य आधार कक्षा-नियन्त्रण है। अगर कक्षा के छात्र नियन्त्रण में नहीं हैं तो शिक्षक का सब प्रयास और परिश्रम व्यर्थ हो जाता है। इसलिए अच्छा शिक्षक इस बात को कभी नहीं भूलता है कि सफल शिक्षक का मूल मन्त्र कक्षा-नियन्त्रण है। इस सन्दर्भ में **बालकृष्ण जोशी** ने लिखा है—''शिक्षण हेतु निर्धारित यह एक नैतिक कर्त्तव्य है कि वे तरुण छात्रों को स्वस्थ नियन्त्रण में रखें।''

3. शारीरिक गुण—प्रायः सभी विद्वान् इस बात पर एक मत है कि अच्छे शिक्षक में निम्नलिखित शारीरिक गुण होने चाहिए—

(क) स्वर—अच्छे शिक्षक के स्वर के सन्दर्भ में रिस्क ने अपना विचार व्यक्त करते हुए लिखा है—**''स्वर एक शक्तिशाली साधन है।''** अतः अच्छे शिक्षक का स्वर कोमल और स्पष्ट होना चाहिए। इसके अतिरिक्त, पाठ्य-विषय और उसमें निहित भावों के अनुरूप उसमें उतार-चढ़ाव भी होना चाहिए। ऐसा स्वर आकर्षक और प्रभावोत्पादक होता है। इसके विपरीत, धीमा अथवा कर्कश स्वर हमेशा आकर्षणहीन और प्रभावहीन होता है। अतः एक अच्छे शिक्षक का स्वर शान्त व संतुलित होना चाहिए।

(ख) भाषा—भाषा, विचार अभिव्यक्ति का साधन है। अतः अच्छे शिक्षक की भाषा सरल, स्पष्ट और स्वाभाविक होनी चाहिए। छात्रों को ऐसी भाषा से पाठ के प्रति रुचि पैदा होती है और वे कठिन से कठिन पाठ को सरलता से समझ जाते हैं। अतः वे उसे समझने का प्रयास ही नहीं करते हैं।

(ग) व्यक्तित्व—एक अच्छे शिक्षक के व्यक्तित्व के सन्दर्भ में **पेन्टन** (Panton) ने अपने विचार व्यक्त करते हुए लिखा है—''व्यक्तित्व का सम्बन्ध उन प्रभावों से हैं; जो शिक्षक दूसरे व्यक्तियों पर पैदा करता है।''

अच्छे शिक्षक का व्यक्तित्व प्रभावोत्पादक होता है। अच्छा व्यक्तित्व वाला शिक्षक स्वस्थ, नीरोग, विद्वान्, चरित्रवान् और कार्य-कुशल तथा अच्छी आदतों, रुचियों और व्यवहार वाला होता है। इन गुणों के अभाव में शिक्षक का व्यक्तित्व प्रभावहीन हो जाता है। फलस्वरूप वह छात्रों को कुछ भी नहीं सिखा पाता है।

(घ) अच्छा स्वास्थ्य—अच्छे शिक्षक का सबसे पहला गुण उसका अच्छा स्वास्थ्य है। ऐसे स्वास्थ्य वाला शिक्षक ही अपने कार्य को सरलता, सत्यता और सफलता से सम्पन्न कर सकता है। अस्वस्थ शिक्षक के कार्य में तत्परता और तल्लीनता, नियमितता और निरन्तरता का अभाव होता है।

(ङ) स्फूर्ति व उत्साह—अच्छे शिक्षक में हमेशा स्फूर्ति और उत्साह होना चाहिए। जिससे छात्र उसके इन गुणों का अनुकरण करके प्रगति कर सकते हैं।

उत्साहहीन शिक्षक की कक्षा उत्साहहीनता का स्पष्ट चित्र प्रस्तुत करती है। **रायबर्न** का कथन है—"निर्जीव शिक्षक का अर्थ है—निर्जीव कक्षा। सजीव शिक्षक का अर्थ है—सजीव कक्षा। सजीव और उत्साहपूर्ण शिक्षक की कला में निष्कपटता का वातावरण होता है।"

(च) वेश-भूषा—अच्छे शिक्षक की वेश-भूषा नेत्र-प्रिय अवश्य होनी चाहिए। मैले जूते, गन्दे कपड़े, बढ़ी दाढ़ी और बिखरे हुए बालों वाला शिक्षक छात्रों को आकर्षित न कर सकने के कारण अपने शिक्षण को सफल नहीं बना सकता है।

4. मानसिक गुण—अच्छे शिक्षक में निम्नलिखित मानसिक गुणों का समावेश होना चाहिए—

(क) बाल-प्रकृति का ज्ञान—आधुनिक युग में शिक्षा प्रक्रिया बाल-केन्द्रित है। अतएव शिक्षक हेतु बाल-प्रकृति का ज्ञान परम जरूरी है। कहने का आशय यह है कि उसे बालकों की रुचियों, इच्छाओं, मूलप्रवृत्तियों, अभिवृत्तियों और आवश्यकताओं से अवगत होना चाहिए, तभी वह बालकों की शारीरिक और मानसिक विशेषताओं को समझ कर उनका सही पथ-प्रदर्शन कर सकेगा। इसीलिए हिगेट (Highet) शिक्षक को परामर्श देता है—"बालकों के विचारों और संवेगों के अनोखे प्रतिमानों का ज्ञान प्राप्त कीजिए।"

(ख) संस्कृति व सभ्यता का ज्ञान—बालक को उसकी संस्कृति एवं सभ्यता का ज्ञान प्रदान करना और उनमें जरूरी बदलाव करके एक पीढ़ी से दूसरी को हस्तान्तरित करना शिक्षा का महत्त्वपूर्ण उद्देश्य है। अतएव अच्छा शिक्षक अपने समाज की संस्कृति और सभ्यता का इतना काफी ज्ञान रखता है कि वह उनके प्रतिमानों से अपने छात्रों को पूर्णतया परिचित करा देता है।

(ग) वातावरण का ज्ञान—इस सन्दर्भ में **टामसन** (Thomson) का कथन है—"वातावरण शिक्षक है और शिक्षा का कार्य छात्र को उस वातावरण के अनुकूल बनाना है।" अतः अच्छा शिक्षक छात्रों को अपने वातावरण से अनूकूलन करने में मदद देने हेतु जानकारी रखता है।

(घ) व्यक्ति और समाज की आवश्यकताओं—व्यक्ति और समाज एक-दूसरे के पूरक हैं। व्यक्ति समाज की और समाज व्यक्ति की आवश्यकताओं की पूर्ति करता है। शिक्षक इन आवश्यकताओं से पूर्णतया परिचित होता है और अपने छात्रों को उनसे अवगत कराके उनकी और समाज की उन्नति में सहयोग देता है।

(ङ) विषय का ज्ञान—अच्छे शिक्षक को अपने विषय का पूर्ण ज्ञान होना चाहिए तभी वह कुशलता से बच्चों को पढ़ा सकता है। ज्ञानविहीन शिक्षक न तो

छात्रों का सम्मान प्राप्त करता है और न उनके मस्तिष्क का विकास करता है। इस सन्दर्भ में के.जी. सैयदेन ने ठीक ही लिखा है–"यदि शिक्षक ज्ञान की दृष्टि से हीन और खोखला है तो वह अपने बालकों के मस्तिष्क को प्रखर नहीं बना सकता है।"

(च) शिक्षण सिद्धान्तों व विधियों का ज्ञान–अच्छे शिक्षण को शिक्षण सिद्धान्तों और विधियों की पूर्ण जानकारी होनी चाहिए। इस सन्दर्भ में रायबर्न ने अपना विचार प्रकट करते हुए कहा है–"अच्छा शिक्षक शिक्षण-विधियों के सम्बन्ध में अपने ज्ञान की वृद्धि करने हेतु हमेशा सचेष्ट रहता है। वह अपने ज्ञान को नया और आधुनिक रखने की चेष्टा करता है।"

(छ) मनोविज्ञान का ज्ञान–अच्छे शिक्षक को मनोविज्ञान की सब शाखाओं का तो नहीं, पर उन शाखाओं का ज्ञान निश्चित रूप से होना चाहिए, जिनका शिक्षण से घनिष्ठ सम्बन्ध है। उदाहरण के लिए–शिक्षा-मनोविज्ञान, बाल-मनोविज्ञान, व्यावहारिक मनोविज्ञान, प्रयोगात्मक मनोविज्ञान आदि।

नागरिकशास्त्र अध्यापक की योग्यताएँ

माध्यमिक विद्यालयों में शिक्षण कार्य को करने हेतु सरकार के माध्यम से हर विषय के अध्यापक हेतु पृथक्-पृथक् स्तरों पर योग्यताएँ निर्धारित की गईं हैं। जिससे कि योग्य तथा विद्वान व्यक्ति ही इस व्यवसाय में आ सकें। इस दृष्टिकोण से नागरिकशास्त्र अध्यापक की योग्यताओं को दो वर्गों में रखा जा सकता है– 1. शैक्षणिक योग्यताएँ और 2. व्यावसायिक-शिक्षा।

According to Ravindra Nath Tagore—"A teacher can never truly teach unless he is still learning himself. A lamp can not light another lamp unless it continues to learn its own flame."

1. शैक्षणिक योग्यता–नागरिकशास्त्र अध्यापक को विषय का ठोस बुनियादी ज्ञान प्राप्त होना चाहिए। हायर सेकेण्डरी अथवा सीनियर-सेकेण्डरी स्कूल में शिक्षण करने हेतु सम्बन्धित विषय में एम.ए. (M.A.) होना चाहिए। हाईस्कूल स्तर तक अध्यापन करने हेतु हिन्दी, सामाजिक विज्ञान तथा नागरिकशास्त्र के साथ बी.ए. (B.A.) की शैक्षणिक योग्यता होनी चाहिए।

2. व्यावसायिक-शिक्षा–व्यावसायिक शिक्षा की योग्यता प्राप्त करने हेतु हर अध्यापक को बी.एड. (B.Ed.) का प्रशिक्षण कोर्स करना अनिवार्य है क्योंकि नित्य प्रति नवीन शिक्षण विधियों-विकास-प्रणालियों, हस्त निर्मित विज्ञान उपकरणों तथा क्रियाओं का प्रचलन हो रहा है, जिनसे अवगत होना आवश्यक है।

नागरिकशास्त्र अध्यापक के गुण

नागरिकशास्त्र अध्यापकों में शिक्षण हेतु अपेक्षित गुणों का होना अनिवार्य है। बहुत से शिक्षा शास्त्रियों ने नार्गारिकशास्त्र अध्यापकों के गुणों पर गूढ अध्ययन किया है। जिनमें फिंलें (Finley) एवं हर्ड (Hurd) के नाम प्रमुख हैं। उनके अध्ययनों के आधार पर नागरिकशास्त्र अध्यापक के गुणों को दो भागों में रखा गया है–(a) सामान्य गुण और (b) विषयाधारित विशिष्ट जरूरी गुण।

सामान्य गुण

नागरिकशास्त्र शिक्षक में विशेष तरह के गुण होते हैं। जो शिक्षा हेतु अति जरूरी होते हैं। ये गुण व्यावसायिक तथा शिक्षण विषय आधारित होते हैं। सामान्य गुणों की व्याख्या नीचे की गई है–

1. स्पष्टवादिता–नागरिकशास्त्र अध्यापक का प्रमुख उद्देश्य ही इस्तेमाल के माध्यम से शाश्वत सत्य की प्राप्ति है। इस दृष्टिकोण से अध्यापक में स्पष्टवादिता का होना अत्यन्त जरूरी गुण है। उसे छात्रों के सम्मुख भी दैनिक शिक्षण में अपने इस गुण को लगातार बनाए रखना चाहिए।

2. सहानुभूतिपूर्ण व्यवहार–नागरिकशास्त्र शिक्षण का आधार जिज्ञासा है। इसलिए अध्यापक को छात्रों हेतु एक सच्चे मित्र, हितैषी एवं पथ-प्रतीक का उत्तरदायित्व सही तरह से निभाना चाहिए। जिससे छात्र निःसंकोच अपनी शिक्षा की समस्याओं को अध्यापक के सम्मुख समाधान के लिए रख सकें।

3. नेतृत्व एवं अध्ययनशीलता–शिक्षा एक लगातार चलने वाली प्रक्रिया है। इसकी निरन्तरता की उपादेयता की उपेक्षा करने पर छात्र दिशाविहीन हो जाते हैं। इसलिए छात्रों को सही दिशा एवं मार्गदर्शन देने हेतु अध्यापक में नेतृत्व के गुण का होना अत्यन्त जरूरी है। इसके साथ ही अन्य विषयों की अपेक्षा नागरिकशास्त्र में ज्ञान तथा अभ्यास अत्यन्त जरूरी होते हैं। इसके साथ ही अन्य विषयों की अपेक्षा गणित तथा नागरिकशास्त्र में ज्ञान की मात्रा अत्यन्त तीव्रता से बढ़ रही है। अतः प्रगति एवं नए ज्ञान की जानकारी हेतु अध्ययनशीलता के गुण की भी अनिवार्यता होती है।

4. स्वस्थ व्यक्तित्व–व्यक्तित्व को एकांगी दृष्टिकोण से नहीं लेना चाहिए। स्वस्थ व्यक्तित्व से आशय एक ऐसे व्यक्तित्व से है जो शारीरिक, मानसिक एवं नैतिक दृष्टिकोण से समायोजित हो। स्वस्थ व्यक्तित्व का छात्रों के ऊपर प्रत्यक्ष प्रभाव पड़ता है। नागरिकशास्त्र अध्यापक के इस गुण को हर छात्र प्रत्यक्ष रूप से अनुकरण में लाता है, इसलिए अध्यापक को इस ओर से सचेत रहना चाहिए।

5. आत्म-विश्वास—धर्म एवं आत्मविश्वास ऐसे गुण हैं जिनका नागरिकशास्त्र अध्यापक में होना अति जरूरी है, क्योंकि कक्षा शिक्षण में कभी-कभी ऐसी स्थिति आ जाती है जिसके समाधान हेतु आत्म-विश्वास की आवश्यकता पड़ती है। जो परिस्थिति के साथ समायोजन में सहायक सिद्ध होती है।

6. निष्पक्ष दृष्टिकोण—नागरिकशास्त्र अध्यापक में परिस्थितियों के निष्पक्ष अवलोकन का गुण होना जरूरी है। दैनिक शिक्षण में भी उसका व्यवहार पूर्णतया निष्पक्ष रहना चाहिए। किसी भी तरह के भेद-भाव पूर्ण व्यवहार की उससे अपेक्षा नहीं की जाती है।

विषयाधारित विशिष्ट जरूरी गुण

नागरिकशास्त्र के शिक्षक में सामान्य शिक्षक के गुणों के साथ-साथ कुछ विशेष गुण होने चाहिए जिससे वह अपने छात्रों में नागरिक भावना के गुणों का विकास कर सके। नागरिकशास्त्र शिक्षक के विषय आधारित विशिष्ट् गुण निम्नलिखित बताए जाते हैं—

1. नागरिक समस्याओं एवं तत्कालीन घटनाओं का ज्ञान—अपने विषय के ज्ञाता होने के साथ-साथ नागरिकशास्त्र के शिक्षक को वर्तमान की नागरिक समस्याओं की तथा उनसे सम्बन्धित घटनाओं का ज्ञान होना जरूरी है। क्योंकि इसके अभाव में वह छात्रों को वर्तमान से परिचित नहीं करा सकेगा जिससे समस्या आने पर छात्र स्वयं को असफल पाएँगे। अतः छात्रों को वास्तविकताओं से परिचित कराने हेतु शिक्षक को वर्तमान की नागरिक समस्याओं और घटनाओं का ज्ञान होना जरूरी है।

2. वैज्ञानिक एवं उदार दृष्टिकोण—नागरिकशास्त्र के शिक्षक में उदारता के गुण का होना जरूरी है। समाज सेवा हेतु नागरिकशास्त्र के शिक्षक को उदार बनना पड़ता है। बिना उदार दृष्टिकोण अपनाए नागरिकशास्त्र का शिक्षक कभी भी सफल नहीं हो सकता है। उदार दृष्टिकोण होने पर ही उसमें मानव समाज के कल्याण की भावना होगी। उदार दृष्टिकोण के साथ-साथ नागरिकशास्त्र के शिक्षक में अन्य शिक्षकों की प्रकार वैज्ञानिक दृष्टिकोण का होना जरूरी है। क्योंकि वर्तमान वक्त में जीवन के हर क्षेत्र में वैज्ञानिकता का अधिक से अधिक प्रभाव है। जीवन के हर कार्य वैज्ञानिक ढंग से होने लगे हैं। अतः शिक्षक को सफल बनने हेतु वैज्ञानिक दृष्टिकोण को अपनाना जरूरी है।

3. प्रभावी व्यक्तित्व—नागरिकशास्त्र शिक्षक का व्यक्तित्व बहुत प्रभावी होना चाहिए। प्रभावी व्यक्तित्व हेतु उसमें सत्य आचरण, आर्दशवादिता, धैर्य, प्रेम, सहयोग, उत्तम स्वाध्याय, शुभ चिन्तन, आत्मनियन्त्रण, उदारता, निष्पक्षता, मौलिकता, सर्जनात्मकता, नेतृत्व शक्ति, कार्य निष्ठा, उत्साह आदि गुणों का होना जरूरी है। इन गुणों के होने पर ही शिक्षक का व्यक्तित्व प्रभावी होगा।

4. शिक्षण कौशलों में पारंगत—एक अच्छे शिक्षक हेतु यह जरूरी है कि विभिन्न कौशलों में कुशल व्यक्ति हो। उसमें कक्षा संचालन, विषय के स्पष्टीकरण, व्याख्यान, अभिनय, वाद विवाद, समस्या समाधान, पथ प्रदर्शक, सहायक सामग्रियों के सही इस्तेमाल आदि कौशलों का होना जरूरी है। इन कौशलों में कुशलता प्राप्त करके ही कोई शिक्षक एक अच्छा शिक्षक बन सकता है।

5. नेतृत्व—नागरिकशास्त्र के अच्छे शिक्षक में नेतृत्व का गुण होना जरूरी है। नेतृत्व का गुण होने पर ही शिक्षक सभी छात्रों को पथ प्रदर्शित कर सकेगा और सभी छात्रों में प्रिय होगा। नेतृत्व हेतु शिक्षक में सामाजिक गुणों का होना जरूरी है।

6. आदर्श नागरिकता—नागरिकशास्त्र के शिक्षक का प्रमुख कार्य छात्रों में आदर्श नागरिकता की भावना को विकसित करना है। छात्रों को आदर्श नागरिक बनाने से पूर्व यह जरूरी है कि शिक्षक स्वयं आदर्श नागरिक हो। इसके लिए शिक्षक को विषय का विद्वान होना उतना जरूरी नहीं है जितना कि उसमें सामाजिक गुणों का होना जरूरी है। शिक्षक में प्रेम, दया, सहानुभूति, सहिष्णुता, परस्पर सहयोग आदि गुणों का होना जरूरी है। इन गुणों के माध्यम से ही वह अपने छात्रों को प्रभावित कर उनमें आदर्श नागरिकता को विकसित कर सकेगा।

7. समाजसेवक—नागरिकशास्त्र के शिक्षक को आदर्श नागरिक बनने हेतु उसमें समाज सेवा के गुण का होना जरूरी है। जब वह सामाजिक उत्थान हेतु मन, वचन, कर्म से समाज सेवा का कार्य करेगा तभी वह आदर्श नागरिक कहलाएगा। अतः नागरिकशास्त्र शिक्षक में समाज सेवा का गुण होना जरूरी है।

8. व्यावसायिक निष्ठा—छात्र प्रायः अपने शिक्षक का अनुकरण करते हैं। शिक्षक के जीवन दर्शन का छात्रों पर अत्यधिक प्रभाव पड़ता है। जब शिक्षक अपने व्यवसाय अर्थात् अध्यापन के प्रति निष्ठावान होगा। तन, मन, धन से वह शिक्षण में लगा रहेगा तो छात्रों में भी सीखने के प्रति निष्ठा होगी। समाज में उसी शिक्षक का अधिक सम्मान होता है जो निष्ठापूर्वक अध्यापन कार्य को करता है। जो शिक्षक इसको अन्य नौकरियों की प्रकार मानते हैं और अल्प वेतन होने के कारण शिक्षण कार्य में रुचि नहीं लेते हैं, उन शिक्षकों का समाज में सम्मान नहीं होता है।

9. प्रजातान्त्रिक सिद्धान्तों में विश्वास—भारत जैसे प्रजातान्त्रिक देश में नागरिकशास्त्र के शिक्षक में यह गुण होना जरूरी है कि वह प्रजातान्त्रिक सिद्धान्तों में पूर्ण विश्वास रखता हो। प्रजातान्त्रिक सिद्धान्तों में पूर्ण विश्वास होने पर ही शिक्षक पूरे मनोयोग से छात्रों में प्रजातान्त्रिक गुणों का विकास करने का प्रयत्न करेगा। शिक्षक छात्रों को सभी क्रियाएँ प्रजातान्त्रिक ढंग से सिखाएगा।

10. विषय का ज्ञाता—अन्य शिक्षकों की प्रकार नागरिकशास्त्र के शिक्षक को भी विषय का ज्ञाता होना चाहिए। क्योंकि अपने विषय का पूर्ण ज्ञान होने पर वह छात्रों को सत्य एवं उपयुक्त ज्ञान प्रदान कर सकेगा। पूर्ण ज्ञान होने पर ही शिक्षक छात्रों को नागरिकशास्त्र के माध्यम से सफल सामाजिक जीवन व्यतीत करने की कला सिखा सकेगा।

आदर्श नागरिकशास्त्र अध्यापक

भारत की नई शिक्षा नीति (1986) को दृष्टिगत रखते हुए एन.सी.ई.आर.टी. (NCERT, New Delhi) नई दिल्ली ने अपने वृहद सेवारत शिक्षक अभिनवीकरण कार्यक्रम 1988 में नागरिकशास्त्र अध्यापक में निम्न गुणों की अपेक्षा की है—

1. बालक का पूर्ण ज्ञान।
2. कक्षा-व्यवहार।
3. प्रेम और सहानुभति।
4. प्रयोगात्मक एवं अनुसंधात्मक प्रवृत्ति।
5. निष्कपटता।
6. धैर्य एवं सहनशीलता।
7. कण्ठस्वर—मीठा, कोमल, नम्र तथा प्रभावी।
8. सरल एवं रोचक भाषा।
9. प्रखर बुद्धि।
10. सामाजिकता का समावेश।
11. नवीन ज्ञान के प्रति जिज्ञासा।
12. अभिव्यक्ति की सुस्पष्टता।
13. उत्साह एवं उपलब्धिजनक व्यवहार।
14. विषय पर पूर्ण आधिपत्य।
15. विषय हेतु उत्साह।
16. उपयुक्त तैयारी।

17. पढ़ाने हेतु हर पाठ की तैयारी।
18. उत्तम नियन्त्रण-शक्ति।
19. व्यावहारिक कुशलता एवं साधन सम्पन्नता।

National Association of Agriculture Teacher की पत्रिका ने Shri Lowell E. Hedges (U.S. Consultant in Agriculture) के "My Creed as a Teacher" के आधार पर भारतीय अध्यापकों हेतु उनका भारतीयकरण निम्नांकित रूप में प्रस्तुत किया है। एक अच्छे एवं प्रभावी **नागरिकशास्त्र** अध्यापक में इस तरह की योग्यताएँ अवश्य होनी चाहिए–

The Creed—

* am a teacher by choice and not by chance.
* believe in rural India.
* dedicate any life to its development and advancement of its people.
* Will endeavour to develop professionally through study, travel and exploration.
* Will not knowingly wrong my fellow teacher.
* Will defend him as far as honesty will permit.
* Will work for the advancement of any subject.
* Will defend it in my community state and nation.

Realize that—

* am a part of the school system.
* will work in harmony within school authorities and other teachers of the school.

नागरिकशास्त्र अध्यापक हेतु सुझाव

आदर्श नागरिकशास्त्र अध्यापक को निम्न बातों पर विशेष ध्यान देना चाहिए–

1. विषय-वस्तु के अनुरूप दृश्य-श्रव्य साधन एवं उपकरणों का पूर्व में चयन कर उनका पूरा-पूरा प्रभावी उपयोग कक्षा शिक्षण हेतु करना चाहिए।
2. छात्रों के अधिगम को क्रियाशील तथा शिक्षण को सजीव बनाने हेतु आधुनिक व प्रभावी शिक्षक विधियों का चयन करना चाहिए।
3. छात्रों को नागरिकशास्त्र विषय में सही तथा नवीनतम ज्ञान देने का प्रयत्न करना चाहिए।
4. विद्यालय-प्रशासन, अभिभावक, छात्र तथा कक्षा-शिक्षण के प्रति हमेशा धनात्मक एवं सहयोगात्मक रुचि का दृष्टिकोण रखना चाहिए।

5. विद्यालय की समय-सारिणी के आवश्यकतानुसार पाठ्यक्रम को छात्रों के स्तर, समस्या तथा निर्धारित कालांशों की संख्या व परीक्षा के अनुरूप रूपान्तरित कर लेना चाहिए। इस तरह के बदलाव अथवा रूपान्तर में छात्रों का भी पूर्ण सहयोग लेना चाहिए।
6. शैक्षणिक कार्यक्रम के अनुरूप सभी छुट्टियों, परीक्षाओं आदि के विषय में जानकार पाठ्यक्रम की महत्ता तथा वक्त के आधार पर उसको तैयार कर लेना चाहिए।

My love for the youth will spur me on to impart something from my life that will help make for each of students a full and happy future.

नागरिकशास्त्र का एक अच्छा शिक्षक ही प्रभावी शिक्षक हो सकता है। अतः प्रभावी शिक्षक में वे सभी गुण होने चाहिएँ जो नागरिकशास्त्र के एक अच्छे शिक्षक में होते हैं। नागरिकशास्त्र के शिक्षक का व्यक्तित्व प्रभावी हो इसके लिए जरूरी है कि वह स्वयं में उन गुणों को विकसित करे जो एक शिक्षक हेतु जरूरी है। उत्तम स्वास्थ्य और हृष्ट-पुष्ट शरीर होने मात्र से ही शिक्षक का व्यक्तित्व प्रभावी नहीं हो सकता है। क्योंकि शारीरिक रूप से प्रभावी व्यक्तित्व वाला होने पर भी वह छात्रों पर अपना प्रभाव नहीं डाल सकता है, अगर उसमें सामाजिक गुणों का अभाव है, वह विषय का ज्ञाता नहीं है, वह छात्रों की रुचियों को ध्यान में नहीं रखता है, वह विषय-वस्तु को अच्छे ढंग से समझा नहीं पाता है। अतः प्रभावी व्यक्तित्व हेतु नागरिकशास्त्र के शिक्षक में उत्तम शिक्षक में उत्तम शरीर का होना उतना जरूरी नहीं है जितना कि अन्य गुणों का होना जरूरी है।

छात्रों पर ऐसे शिक्षकों का प्रभाव अधिक पड़ता है जो अपने कर्त्तव्य के प्रति जागरूक रहते हैं। छात्रों की समस्याओं को ध्यान से सुनकर उनका सही ढंग से पथ प्रदर्शन करते हैं। स्वयं अनुभवों के माध्यम से छात्रों को सही मार्ग बताते हैं। छात्रों को स्वयं विवेकी बनाते हैं। अतः नागरिकशास्त्र के शिक्षक के प्रभावी व्यक्तित्व हेतु यह जरूरी है कि उसमें व्यावसायिक निष्ठा हो, विषय से संदर्भित वर्तमान समस्याओं और उनके समाधान का ज्ञान हो, उसमें सर्जनात्मकता के गुण हों, छात्रों के प्रति उदार दृष्टिकोण हो, आदर्श नागरिक के गुणों से युक्त हो, समाज सेवा की भावना हो, मानवीय सम्बन्धों का ज्ञाता हो तथा शिक्षण सम्बन्धी सभी तरह के कौशलों में पारंगत हो।

नागरिकशास्त्र अध्यापक का स्व-मूल्यांकन

आदर्श नागरिकशास्त्र अध्यापक को समय-समय पर अपना मूल्यांकन करते रहना चाहिए। निम्नलिखित प्रपत्र के माध्यम से अध्यापक अपना स्व-मूल्यांकन सरलता से कर सकता है—

1. क्या विषय में अध्यापक के कर्त्तव्यों को पूर्ण किया है? हाँ/नहीं
2. क्या कक्षा-शिक्षण में आज छात्रों को नवीन ज्ञान प्रदान किया है? हाँ/नहीं
3. क्या छात्रों ने विषय सम्बन्धित गृह कार्य को पूर्ण किया है? हाँ/नहीं
4. क्या मैं छात्रों को सैद्धान्तिक ज्ञान के साथ-साथ नागरिकशास्त्र का व्यहारात्मक ज्ञान सही रूप से प्रदान करता हूँ? हाँ/नहीं
5. क्या निर्धारित कालांशों में पाठ्यक्रम पूर्ण हो जाता है? हाँ/नहीं
6. क्या मैं अपनी व्यावसायिक योग्यता को बढ़ाने में प्रयत्नशील रहा हूँ? हाँ/नहीं
7. क्या छात्रों के प्रश्नों के पूर्ण उत्तर देता हूँ? हाँ/नहीं
8. क्या मेरी शिक्षण विधि छात्रों हेतु उपयुक्त है? हाँ/नहीं
9. क्या कक्षा के छात्र मेरे शिक्षण एवं व्यवहार से सन्तुष्ट हैं? हाँ/नहीं
10. छात्र के साथ अन्य अध्यापकों तथा प्रधानाचार्य का मेरे विषय के बारे में सकारात्मक मत है? हाँ/नहीं

(प्रत्येक प्रश्न हेतु 5 अंक निर्धारित हैं। 25 अंक = सामान्य, 40 अंक = अच्छा तथा 50 अंक = सन्तोषजनक, शिक्षण है।)

इस तरह हम देखते हैं कि एक अच्छे अध्यापक का प्रभाव नागरिकशास्त्र शिक्षण के हर क्षेत्र पर पड़ता है। नागरिकशास्त्र के क्षेत्र में यह मत है कि "शिक्षक जन्म से ही नहीं होता बल्कि निर्मित किया जाता है।" यह कथन अधिक सत्य प्रतीत होता है। संयम, अभ्यास, कठिन परिश्रम एवं कार्य के प्रति निष्ठा तथा लग्न से कोई भी व्यक्ति एक समक्ष एवं प्रभावी नागरिकशास्त्र एवं कुशल अध्यापक बन सकता है।

8

नागरिकशास्त्र शिक्षण में अध्यापक व्यवहार

अध्यापक अपने अध्यापन की क्रिया में बच्चों से प्रश्न पूछता है, व्याख्या करता है, प्रदर्शन करता है, समझाता है तथा प्रदर्शित करता है। वह छात्रों को भाग लेने और उत्तर देने हेतु प्रेरित करता है। छात्रों के माध्यम से प्रकट की गई भावनाओं और दृष्टिकोणों को पहचानता है। छात्रों की क्रियाओं तथा उपलब्धियों का मूल्यांकन करता है आदि। इस तरह कक्षा की सभी तरह की क्रियाओं में शिक्षक का शाब्दिक (Verbal) और अशाब्दिक व्यवहार सम्मिलित है। इसलिए 'शिक्षक व्यवहार' में वे सभी क्रियाएं आ जाती हैं जो शिक्षक कक्षा में शाब्दिक अथवा अशाब्दिक रूप में करता है। अतः अध्यापक व्यवहार (Teacher Behaviour) की व्याख्या व्यक्ति की क्रिया के रूप में की जा सकती है। कुछ प्रमुख विद्वानों का इस सन्दर्भ में विचार–

मैक नरजेन्सी और कॉर्नर (Mc Nergency and Carner)—"Teacher behaviour may be regarded as a function of the characteristics of the teacher, his environment and the tasks in which the teacher engages."

शिक्षक व्यवहार शिक्षक की विशेषताओं, उसके परिवेश और उसके सम्पादित किए जाने वाले कार्यों पर निर्भर करता है।

रियान (Ryans)—"The term teacher behaviour in this way may be defined as the behaviour or activities of persons as they go about doing whatever is required of teachers, particularly those activities which are concerned with the guidance or direction of the learning of actions."

"इस तरह अध्यापक व्यवहार शब्द की परिभाषा व्यक्तियों के व्यवहार अथवा क्रियाओं के रूप में दी जा सकती है जो वे करते हैं, जिसकी भी आशा अध्यापकों से की जाती है, विशेषकर ऐसी क्रियाओं से जिनका सम्बन्ध निर्देशन अथवा दूसरों के सीखने के निर्देशन से है।"

किसी शिक्षण अधिगम परिस्थिति में एक शिक्षक का व्यवहार उसके अपने व्यक्तित्व और परिस्थितियों या परिवेश जिसमें यह शिक्षण कार्य चल रहा है, पर निर्भर करता है। इसी सन्दर्भ के परिप्रेक्ष्य में इसे देखा जा सकता है।

अन्तःक्रिया विश्लेषण का आशय

एक शिक्षक की कार्यकुशलता और क्षमता का अनुमान उसके शिक्षण के प्रभावपूर्णता के सन्दर्भ में लगाया जा सकता है। उसका शिक्षण कितना प्रभावपूर्ण है, इसका वस्तुनिष्ठ (Objective) मूल्यांकन उसके कक्षा व्यवहार या छात्रों के साथ होने वाली अन्तःक्रिया के माध्यम से किया जा सकता है। इस तरह अन्तःक्रिया विश्लेषण (Interaction Analysis) का अर्थ हुआ कि कक्षा में घटने वाली हर घटना का वस्तुनिष्ठ (Objective) और व्यवस्थित निरीक्षण करने की व्यवस्था करना और हर घटना का विश्लेषण करना है। इस विधि के माध्यम से शिक्षक को अपने शिक्षण को अधिक प्रभावशाली और उद्देश्यपूर्ण बनाने के लिए अपने व्यवहार में वांछित बदलाव लाने और अपने विद्यार्थियों के साथ होने वाली अन्तःक्रिया में जरूरी सुधार करने के कार्य में पूरी पूरी मदद मिलती है।

वर्ग निरीक्षण की प्रणाली

कक्षा निरीक्षण की दो प्रमुख प्रणाली प्रचलित हैं—

1. वर्ग प्रणाली—इस प्रणाली में विभिन्न व्यवहारों को विभिन्न इकाइयों (Units) में बांट लिया जाता है और इन इकाइयों को वर्गों में बांटा जाता है। कक्षा में होने वाली घटनाओं की सूची बना ली जाती है। निरीक्षक यह देखता है कि 3 सैंकिड के उपरान्त कक्षा में शिक्षक का घटित होने वाला व्यवहार किस वर्ग में आता है। इसका रिकॉर्ड भी तैयार किया जाता है। वर्गों को भी नोट कर लिया

जाता है। अध्यापक व्यवहार के अध्ययन की अन्तःक्रिया विश्लेषण प्रणाली प्रसिद्ध विधि मानी जाती है।

2. चिन्ह संकेत प्रणाली—इसमें पहले से ही पृथक्-पृथक् घटनाओं की सूची बना ली जाती है और निरीक्षक कक्षा में जो कुछ देता है उन घटनाओं पर चिन्ह लगा देता है।

ब्लूम तथा सेन्डर्स ने चिन्ह प्रणाली हेतु सात स्तर दिए जिनका उपयोग कक्षा निरीक्षण में किया जाता है। ये सात स्तर निम्नलिखित हैं–1. अर्थापन, 2. प्रयोग, 3. विश्लेषण, 4. विशिष्ट तथ्यों, विधियों तथा साधनों का ज्ञान, 5. अनुवाद, 6. संश्लेषण तथा 7. मूल्यांकन।

फलेण्डर्स अन्तःक्रिया विश्लेषण प्रणाली

इस प्रणाली का विकास नेड ए. फलेण्डर (Ned A. Flander) ने सन् 1959 में मिनिसोटा विश्वविद्यालय में किया था। यह मूल रूप से एक वर्ग प्रणाली है। इसमें शिक्षक की कक्षा में सभी तरह के व्यवहारों को वर्गीकृत करने का प्रयास किया जाता है। इस विधि की मदद से 3 सेकेंड तथा इससे भी कम वक्त में होने वाली घटना का भी निरीक्षण क्रमबद्ध रूप से किया जाता है।

इस विधि में कक्षा में होने वाले सभी शाब्दिक व्यवहारों का वर्गीकरण करने का प्रयत्न किया जाता है। सभी क्रियाओं को तीन भागों में विभक्त किया गया है–(1) शिक्षक कथन, (2) छात्र कथन और (3) मौन।

फलेण्डर्स ने अध्यापक और छात्र के व्यवहारों को दस वर्गों में बांटा है। इन वर्गों में से सात अध्यापक की वार्ता, दो वर्गों में छात्रों की वार्ता और दसवें वर्ग में मौन के छोटे पिरियड, शोर व अव्यवस्था की स्थिति को शामिल किया गया है। इसी प्रकार, सात वर्गों, जिसमें अध्यापक वार्ता सम्मिलित है, को दो भागों में बांटा गया है (1) प्रत्यक्ष और (2) अप्रत्यक्ष।

फलेण्डर की दस श्रेणियां

अध्यापक वार्ता		
	1.	भावनाओं को स्वीकार करना
	2.	प्रशंसा अथवा प्रोत्साहन देना
अप्रत्यक्ष प्रभाव	3.	विचारों को स्वीकार करना और इस्तेमाल करना

	4. प्रश्न पूछना
प्रत्यक्ष प्रभाव	5. व्याख्यान देना
	6. निर्देश देना
	7. आलोचना करना और अधिकार दिखाना
छात्र वार्ता	
	8. छात्र अनुक्रिया
	9. छात्र स्वोपक्रम अथवा पहल करना
विभ्रान्ति	10. मौन अथवा विभ्रान्ति

उपरोक्त सारिणी में नं. 1 से 4 वर्ग अप्रत्यक्ष प्रभाव को दर्शाते हैं। नं. 5 से 7 वर्ग प्रत्यक्ष प्रभाव को दर्शाते हैं। नं. 8 तथा 9 वर्ग छात्रों को दी गई स्वतन्त्रता की प्रकृति के विषय में बताते हैं। नं. 10 वर्ग का लक्ष्य है—मौन कालों का रिकार्ड करना अथवा विभ्रान्ति को नोट करना है। दो मिनट से अधिक श्रेणी वाले मौन रिकॉर्ड में नहीं आते।

अध्यापक वार्ता

(a) अप्रत्यक्ष प्रभाव—शिक्षक की वे सभी अनुक्रियाएं शामिल की जाती हैं जो अप्रत्यक्ष रूप में छात्रों के व्यवहार को अनुक्रिया हेतु प्रोत्साहित करती हैं। ये निम्नलिखित हैं—

1. भावनाओं को स्वीकार करना—शिक्षक छात्रों की भावनाओं को स्वीकार करता है। शिक्षक ये मानता है कि छात्रों को इस तरह की भावनाएं रखने तथा कक्षा में अभिव्यक्त करने का अधिकार है।

2. प्रशंसा अथवा प्रोत्साहन देना—ये वे शिक्षक व्यवहार हैं जिनके माध्यम से छात्रों के कार्य की प्रशंसा की जाती है। साधारणतः प्रशंसा हेतु 'अच्छा', 'ठीक', 'सुन्दर', 'शाबास' आदि शब्द इस्तेमाल में लाए जाते हैं। कई बार शिक्षक अशाब्दिक अनुक्रिया से प्रोत्साहित करता है, जैसे : 'गर्दन को हिलाना', 'हूं' की आवाज करना आदि।

3. छात्रों के विचारों को स्वीकार करना और इस्तेमाल करना—शिक्षक इसमें छात्रों के विचारों को स्वीकार करता है और उनके विचारों का अपने नवीन विचारों से सम्बन्ध स्थापित करता है। शिक्षक यह कहता है—'अच्छा' मैं बतलाता हूं तुम्हारे कहने का क्या आशय है? तुम क्या कहना चाहते हो? आदि।

4. प्रश्न पूछना—अध्यापक छात्रों से विषय-वस्तु से सम्बन्धित प्रश्न पूछता है। प्रश्न छोटे भी हो सकते हैं जो छात्रों के उत्तर को नियन्त्रित करते हैं अथवा वे बहुत बड़े भी हो सकते हैं जिसमें छात्रों को अधिक बोलना पड़ता है। इस इस्तेमाल से छात्रों को शिक्षण क्रिया में भाग लेने हेतु प्रोत्साहित किया जाता है।

(b) प्रत्यक्ष प्रभाव—शिक्षक की वे सभी अनुक्रियाएं तथा तापक्रम को सम्मिलित किया जाता है जो प्रत्यक्ष रूप से छात्रों के व्यवहार को नियन्त्रित करती है। जैसे व्याख्यान देना, निर्देश देना, आलोचना करना अथवा अधिकार दिखाना।

5. व्याख्यान देना—यह व्याख्यान शाब्दिक अन्तःक्रिया का वह रूप है जिसको अध्यापक अपने विचारों, तथ्यों, दृष्टिकोणों एवं सूचनाओं को देने हेतु इस्तेमाल करता है। किसी महत्त्वपूर्ण भूमिका देने, उसकी आलोचना करने तथा छात्रों का ध्यान केन्द्रित करने हेतु इसका इस्तेमाल किया जाता है।

6. निर्देश देना—छात्रों को कक्षा में कुछ करने हेतु कहना, निर्देश कहलाता है। जैसे शिक्षक कहता है 'तुम बताओ', 'खड़े हो जाओ, 'अपना नाम बताओ' आदि अनुक्रियाएं वर्ग-6 में ही शामिल होती हैं।

7. आलोचना करना अथवा अधिकार दिखाना—जब अध्यापक छात्रों को गलत व्यवहार हेतु किसी आलोचना का इस्तेमाल करता है, तो वह इस वर्ग में शामिल होता है। जैसे–शिक्षक का यह कहना 'ये मुझे पसन्द नहीं' 'मैं तुम्हें कक्षा से बाहर निकाल दूंगा' 'कक्षा से बाहर निकल जाओ', 'शान्त हो जाओ', 'आपस में बातें मत करो' आदि।

छात्र वार्ता

8. छात्र अनुक्रिया—जब अध्यापक छात्रों से प्रश्न पूछता है और वे प्रश्नों का उत्तर देते हैं, इन क्रियाओं को इस वर्ग में शामिल करते हैं। छात्र की कोई क्रिया जो अध्यापक के माध्यम से दिए गए निर्देश हेतु करता है, वह इस वर्ग में आती है।

9. छात्र स्वोपक्रम अथवा पहल करना—जिस वक्त छात्र स्वयं ही प्रश्न पूछने या कुछ कहने हेतु उत्सुक होते हैं तब इन व्यवहारों को इस वर्ग–9 में अंकित करते हैं।

10. मौन अथवा विभ्रान्ति—ऐसा वक्त जब कक्षा में मौन वातावरण (खामोशी) या अस्तव्यस्तता का वातावरण हो, जब सभी एक साथ बोलने लगते हैं और अध्यापक यह निर्णय नहीं कर पाता कि कक्षा में कौन बोल रहा है।

कभी-कभी ऐसी परिस्थिति भी पैदा हो जाती है कि कोई भी नहीं बोलता है। इस तरह की दोनों ही परिस्थितियों को इस वर्ग–10 में अंकित करते हैं। इस वर्ग में उन सभी परिस्थितियों को शामिल किया जाता है जो शिक्षक वार्ता तथा छात्र वार्ता में नहीं आती हैं।

फलैण्डर्स अन्तःक्रिया विश्लेषण की प्रक्रिया

इसकी दो प्रमुख प्रक्रियाएं होती हैं–

1. अंकन प्रक्रिया—इस प्रक्रिया हेतु प्रेक्षक (Observer) को कक्षा में उस जगह पर बैठना चाहिए जिस जगह से वह कक्षा में होने वाली हर घटना या अनुक्रिया (Response) अच्छी प्रकार देख सके। वह यह देखता है कि एक विशेष घटना किस वर्ग में अंकित की जाए। प्रति तीन सेकिंड में होने वाली क्रिया एक चिन्ह से अंकित की जाती है। इस तरह प्रेक्षक प्रति मिनट 20 से 25 वर्गों की संख्याओं को अंकित करता है। एक पाठ का कम-से-कम 20 मिनट तक निरीक्षण किया जाता है। आलेख पत्र पर शिक्षक का नाम, कक्षा विषय सन्दर्भ तथा दिनांक भी लिखे जाते हैं।

प्रेक्षक को विशेष तरह का प्रशिक्षण प्राप्त करना चाहिए। उसे निम्न पांच सोपानों में से गुजरना पड़ता है–

(क) श्रेणियों और उनकी संख्या को याद रखना–हर श्रेणी हेतु इसमें दिए हुए विवरण और उदाहरण को याद करना आवश्यक होता है।

(ख) अन्तःक्रियात्मक परिस्थिति में श्रेणियों की संख्या लिख कर कोडिंग का अभ्यास करना–इसके लिए प्रत्येक 3 सेकिंड के बाद एक श्रेणी संख्या लिखना आवश्यक माना जाता है। यह अभ्यास प्रेक्षक तब तक करता रहना है जब तक कूट संकेतन की प्रक्रिया स्वचालित (Automatic) नहीं बन जाती।

(ग) प्रेक्षक के बाद श्रेणियों की कूट संकेतिक संख्याओं की जोड़ों में बदलना–श्रेणी संख्याओं के क्रम में पहले अथवा उपरान्त में अगर श्रेणी संख्या 10 न हो तो जोड़ा बनाने से पहले उन्हें सम्मिलित कर लिया जाता है। जोड़ा बनाने हेतु ये आवश्यक माना जाता है कि पहले जोड़े के उपरान्त वाली संख्या को दूसरे जोड़े की पहली संख्या माना जाना चाहिए तथा इसी क्रम में और जोड़े बनाए जाने चाहिएं। उदाहरणार्थ–यदि प्रेक्षक नीचे लिखी संख्याएं लिखी हों तो उनके जोड़े बताए गए क्रम में प्रस्तुत किए जाएंगे।

श्रेणी संख्याएं 5. 5. 4, 3, 2, 1, 4, 3, 6, 5

इस श्रेणी संख्याओं के न तो पहले और न ही अन्त में श्रेणी संख्या 10 है। इसलिए श्रेणी संख्या 10 को आरंभ तथा अन्त में जोड़ना पड़ेगा। जैसे–

10, 5, 4, 3, 2, 1, 4, 3, 6, 5, 10

इससे 11 जोड़े इस तरह क्रम में बनेंगे–10, 5; 5, 5; 5, 5; 4, 3; 3, 2; 2, 1; 1, 4; 4, 3; 3, 6; 6, 5; 5, 10।

(ग) श्रेणी संख्याओं के जोड़ों को 10 × 10 की प्रेक्षण आधात्री (Observation Matrix) में लिखना–जोड़े की पहली संख्या के अनुरूप मैट्रिक्स की पंक्ति और दूसरी संख्या के अनुरूप इसका स्तम्भ देखते हुए सही खाने में उसे लिख दिया जाता है। प्रत्येक जोड़े को इस द्विप में मैट्रिक्स के खानों में लिख दिया जाता है।

(घ) पंक्तियों तथा स्तम्भों का योग मालूम करना–इसमें पंक्तियों तथा स्तम्भों के कुल योग में पाई जाने वाली आकृतियां एक ही जैसी होती हैं।

2. अंकन अर्थापान प्रक्रिया—जिस तरह सभी प्रक्रिया में वर्गों के क्रम नम्बर लिखने को एनकोडिंग (Encoding) कहते हैं उसी तरह इन वर्गों के क्रम नम्बरों के आधार पर व्यवहारों के विवरण लिखने को डीकोडिंग (Decoding) कहते हैं।

कक्षा अन्तःक्रिया की व्याख्या करने हेतु निरीक्षण आव्यूह तालिका (Observation Matrix Table) रचना की जाती है। इस तालिका से दो तरह का अर्थापन किया जाता है–

(A) परिमाणात्मक अर्थापन

1. वर्ग अनुपात
2. व्यवहार अनुपात
3. अन्तःक्रिया चर

(B)-गुणात्मक अर्थापन

1. घड़ी के अनुरूप प्रवाह चार्ट
2. प्रवाह रेखा चित्र
3. अन्तःक्रिया प्रतिमान

फलैण्डर्स अन्तःक्रिया विश्लेषण प्रणाली में संशोधन

इस प्रणाली में संशोधन करने का श्रेय चार्ल्स एम. ग्लोबे को जाता है। इस प्रणाली में शाब्दिक अन्तःक्रिया पर ही अधिक ध्यान दिया गया है और अशाब्दिक

अन्तःक्रिया पर ध्यान नहीं दिया गया, लेकिन शाब्दिक और अशाब्दिक अन्तःक्रिया (Verbal and Non-Verbal Interaction) शिक्षण में दोनों ही महत्त्व रखती हैं। इस दोष को दूर करने हेतु चार्ल्स एम. ग्लोवे (Charles M. Gloway, 1960) ने एक आई. डी. ई. आर. प्रणाली (I.D.E.R. System) का विकास किया। इस प्रणाली में दोनों ही तरह की अन्तःक्रियाओं का मापन किया जा सकता है।

इस प्रणाली में कक्षा अन्तःक्रिया को निम्नलिखित चार वर्गों में बांटा जा सकता है—

1. अप्रत्यक्ष (Indirect) (I)
2. प्रत्यक्ष (Direct) (D)
3. प्रोत्साहन (Encouragement) (E)
4. हतोत्साहन (Restricting) (R)

ओबर (Ober) ने भी फलैण्डर की प्रणाली में संशोधन क्रिया और पारस्परिक वर्ग प्रणाली (Reciprocal Catagory System) जिसे (R C S) भी कहा जाता है, का विकास किया।

लेकिन शोध कार्यों में फलैण्डर की इन दस वर्गीय विश्लेषण प्रणाली का ही इस्तेमाल किया जाता है। D E R और R C S प्रणाली की अर्थापन प्रक्रिया का उतना विकास नहीं हुआ। फलैण्डर ने ही अपनी प्रणाली का पूरा विकास किया जिसका इस्तेमाल किया जाता है।

फलैण्डर की अन्तःक्रिया विश्लेषण प्रणाली के लाभ

इस प्रणाली के लाभ तथा विशेषताएं निम्नलिखित हैं—

1. शिक्षण के स्वतन्त्र तथा आश्रित चरों की व्याख्या इसके माध्यम से की जा सकती है और शिक्षण सिद्धान्त प्रतिपादन किया जा सकता है।
2. प्रशिक्षण संस्थाओं (Training Institutions) में शिक्षण अभ्यास के वक्त इसके इस्तेमाल से अपेक्षित शिक्षण व्यवहार की जानकारी छात्राध्यापकों को दी जा सकती है।
3. कक्षा अन्तःक्रिया का निरीक्षण और विश्लेषण करने की यह एक विश्वसनीय तथा वस्तुनिष्ठ (Objective) तकनीक है।
4. शिक्षण व्यवहार की तीन सैकिंड के अन्दर होने वाली घटनाओं को अंकित किया जाता है।

5. शिक्षण सम्बन्धी शोध कार्यों में इसे एक प्रविधि के रूप में इस्तेमाल किया जाता है।
6. कक्षा शिक्षण के मूल्यांकन की एक विश्वसनीय प्रविधि है।
7. शिक्षण व्यवहार बदलाव हेतु इसे एक पृष्ठपोषण (Feedback Device) के रूप में इस्तेमाल किया जाता है।
8. सूक्ष्म शिक्षण (Micro-Teaching) तथा अनुकरण में इसे एक सहायक विधि के रूप में इस्तेमाल लाया जाता है।
9. यह अनुरूपित शिक्षण (Simulated Teaching) तथा टोली शिक्षण (Team Teaching) आदि नई प्रशिक्षण तकनीकों में यह प्रणाली एक सहायक के रूप में इस्तेमाल की जाती है।
10. इसके माध्यम से शिक्षण व्यवहार के प्रारूप (Pattern) और प्रवाह (Flow) के निर्धारण में मदद मिलती है।
11. यह विधि सेवाकालीन अध्यापकों हेतु भी लाभकारी है।
12. यह शिक्षक व्यवहार के सिद्धान्त का प्रतिपादन करती है।

सीमाएं

1. ये विधि बहुत महंगी तथा कठिन है।
2. इस प्रणाली में शिक्षक के केवल शाब्दिक व्यवहारों (Verbal behaviours) का ही निरीक्षण और विश्लेषण किया जाता है। इसलिए शिक्षक व्यवहार के सम्पूर्ण रूप में वर्णन और विश्लेषण करने में ये प्रणाली असमर्थ सिद्ध होती है।
3. इसमें कक्षा-शिक्षण की सारी क्रियाओं को दस वर्गों में बांट दिया जाता है। इसलिए यह शिक्षण-व्यवहार के स्वरूप को संकुचित कर देती है।
4. इस विधि में शिक्षक तथा छात्र की अन्तःक्रिया में सन्तुलन नहीं रखा गया है क्योंकि दस में से सात वर्गों की शिक्षक की क्रियाएं और केवल दो वर्गों की छात्र क्रियाएं हैं।
5. इसमें समय, शक्ति और धन बहुत अधिक लगता है।
6. अच्छे और बुरे शिक्षक व्यवहारों के रूप में कोई स्पष्ट निर्णय इस प्रणाली के निरीक्षण और विश्लेषण के माध्यम से नहीं मिलता।
7. कई शिक्षण क्रियाओं जैसे विज्ञान में किसी इस्तेमाल का प्रदर्शन करना, भाषा शिक्षण में आदर्श वाचन, सामाजिक विज्ञान में चार्ट और मानचित्रों का

अध्ययन आदि के वर्गीकरण पर इस प्रणाली में कोई ध्यान नहीं दिया गया है।

8. इस प्रणाली में मौन को प्रयोजन हानि और प्रयोजन पूर्ण के रूप में वर्गीकृत नहीं किया गया है जो कि एक बड़ी भूल है।
9. इस विधि में क्रिया और प्रतिक्रिया का साथ-साथ आलेखन नहीं होता है।
10. इसमें पाठ्य-वस्तु की वैधता तथा शुद्धता के सम्बन्ध में कोई जानकारी नहीं दी जा सकती है जबकि शिक्षक की प्रक्रिया का प्रस्तुतीकरण महत्त्वपूर्ण होता है। इस तरह यह पाठ्य-वस्तु स्वतन्त्र विधि है।
11. शिक्षक तथा छात्रों की क्रियाओं का पृथक्-पृथक् रिकॉर्ड किया जाता है। एक वक्त में एक ही क्रिया को लिख सकते हैं जबकि अन्तःप्रक्रिया में दोनों ही क्रियाएं साथ-साथ कुछ-न-कुछ करती हैं। इसमें क्रिया और प्रक्रिया का साथ-साथ आलेखन नहीं होता।

इन सीमाओं को ध्यान में रखते हुए फलैण्डर की दस वर्ग प्रणाली में कई लोगों ने सुधार तथा बदलाव किए हैं। इनमें ओबर (Ober) की पारस्परिक वर्ग प्रणाली (R C S) अधिक महत्त्वपूर्ण है।

9

पाठ प्रस्तुतीकरण एवं पाठ योजना

आज के वैज्ञानिक एवं तकनीकी युग में योजनाबद्ध कार्य का एक विशेष महत्त्व है। हर कार्य को उसकी पूर्व योजना बनाकर सम्पन्न करना अब जरूरी समझा जाने लगा है। अतः हर प्रशिक्षित अध्यापक से यह अपेक्षा की जाती है कि वह सत्रारम्भ के पूर्व वार्षिक योजना बनाकर उसे इकाई योजनाओं में विभाजित कर ले, जिसके आधार पर वह क्रमशः प्रति सप्ताह अपनी सुविधानुसार पाठ योजना बनाकर पढ़ाता रहे। स्पष्ट है कि शिक्षण में पाठ योजना एक आधारभूत अनिवार्यता है। पाठ-योजना के अभाव में शिक्षण कार्य अव्यवस्थित, अमनोवैज्ञानिक एवं प्रभावहीन सिद्ध होता है।

नागरिकशास्त्र शिक्षण में पाठ योजना सृजन का शिक्षक व छात्र हेतु विशेष महत्त्व है। पाठ योजना वास्तव में शिक्षक के माध्यम से पढ़ाए जाने वाले पाठ की पाठ्यवस्तु का पूर्व निर्धारित प्रारूप है जिसके माध्यम से शिक्षक पाठ पढ़ाने से पूर्व चिन्तन करके पाठ पढ़ाने के मध्य आने वाली समस्याओं के हल का पूर्वाभ्यास कर लेता है। वास्तव में पाठ योजना बनाते वक्त शिक्षक इन बातों पर पहले ही विचार कर लेता है कि वह अमुक पाठ को किन उद्देश्यों की प्राप्ति हेतु उसे किन-किन शिक्षण सामग्रियों की आवश्यकता पड़ेगी। उन सामग्रियों का उपयोग आवश्यकतानुसार वह कैसे करेगा। पाठ्यवस्तु में उसे किन-किन तथ्यों व सूचनाओं को छात्रों को प्रदान करना है। इस तरह पाठ योजना पाठ को पढ़ाने का एक निर्धारित प्रारूप है।

पाठ योजना का आशय

बिनिंग और बिनिंग (Bining & Bining) के विचार में—'दैनिक पाठ-योजना में उद्देश्यों को परिभाषित करना, पाठ्य-वस्तु का चयन, उसे क्रम में व्यवस्थित करना और विधियों तथा प्रक्रिया को निर्धारित करना शामिल है।'

एन. एल. बॉसिंग के विचार में—'पाठ योजना उन उद्देश्यों के कथनों और विशिष्ट तरीकों को प्रदान किया गया शीर्षक है जिनके माध्यम से क्रियाओं के फलस्वरूप उन्हें प्राप्त किया जाता है।'

रायबर्न (Ryburn) के विचार में—'शिक्षण हेतु हमें पूर्व प्राप्त अनुभव का इस्तेमाल अपने कार्य को करने हेतु करना चाहिए।'

आई. के. डेवीज (I. K. Davis) ने अपने प्रथम सोपान में पाठ योजना की रचना को बहुत अधिक महत्त्व दिया है। शिक्षण व्यवस्था के सभी पक्षों के व्यावहारिक रूप का आलेख ही पाठ योजना है। कक्षा शिक्षण की पूर्व अवस्था (pre-active stage) में पाठ योजना तैयार की जाती है।

डेविस के विचार में—'कक्षा में जाने से पहले शिक्षक को पूरी तैयारी कर लेनी चाहिए क्योंकि शिक्षक की प्रगति हेतु कोई बात इतनी बाधक नहीं है जितनी कि शिक्षक की अपूर्ण तैयारी।'

संक्षेप में हम कह सकते हैं कि ध्यानपूर्वक योजना का सृजन करना अच्छे शिक्षण हेतु जरूरी है।

पाठ योजना का महत्त्व

अध्यापक की सफलता का रहस्य उसके पाठों की पूर्व योजनाएँ होती हैं। इसलिए अध्यापक हेतु पाठों की पूर्व योजना बहुत जरूरी है। पूर्व योजना की मदद से शिक्षण उद्देश्यों की प्राप्ति में आसानी होती है। पाठ योजना की आवश्यकता तथा महत्त्व निम्नलिखित हैं–

1. विषय-वस्तु का संगठन—पाठ योजना के महत्त्व के कारण निर्धारित उद्देश्यों की प्राप्ति हेतु विषय-वस्तु का संगठन करना जरूरी है। इस योजना में प्रस्तुतीकरण के क्रम तथा पाठ्य-वस्तु के रूप को निश्चित कर लिया जाता है।

2. उद्देश्यों को परिभाषित करना—निर्धारित उद्देश्यों को परिभाषित करने हेतु पाठ योजना को बनाना जरूरी हो जाता है। शिक्षण उद्देश्यों तथा परीक्षण परिस्थितियों का निर्धारण होता है।

3. शिक्षण उद्देश्यों की स्पष्टता—कक्षा में पढ़ाई जाने वाली विषय-वस्तु के शिक्षण उद्देश्यों की स्पष्टता हेतु पाठ योजना का तैयार करना अति जरूरी है। पाठ योजना के कारण अध्यापक अपने पाठ के उद्देश्यों पर ही केन्द्रित रहता है और इधर-उधर की बातों में वक्त नष्ट नहीं करता।

4. कक्षा क्रियाओं की व्यवस्था—छात्रों की व्यक्तिगत भिन्नता के आधार पर कक्षा की क्रियाओं की व्यवस्था करने में पाठ योजना सहायक होती है। छात्राध्यापकों को प्रशिक्षण हेतु पाठ योजना कक्षा क्रियाओं हेतु रूप-रेखा प्रदान करती है।

5. समस्याओं का समाधान—पाठ के सम्बन्ध में उत्पन्न होने वाली समस्याओं तथा कठिनाईयों को पाठ योजना के माध्यम से हल किया जा सकता है।

6. व्यवस्थित ज्ञान—विद्यार्थियों को क्रमबद्ध तथा व्यवस्थित रूप से ज्ञान प्रदान करना अति जरूरी होता है। इस उद्देश्य हेतु पाठ योजना का बहुत महत्त्व होता है।

7. पुनर्वलन—छात्रों की क्रियाओं के नियन्त्रण तथा पुनर्वलन की प्रविधियों के इस्तेमाल की परिस्थिति भी निर्धारित की जाती है। यह पाठ योजना के माध्यम से ठीक हो सकती है।

8. शिक्षण अधिगम में सम्बन्ध स्थापित करना—शिक्षा के क्षेत्र में शिक्षण और अधिगम का सम्बन्ध बहुत जरूरी होता है। इनमें व्यावहारिक रूप से सम्बन्ध स्थापित करने हेतु पाठ योजना बहुत आवश्यक है।

9. पाठों की निरन्तरता—किसी भी विषय में उपविषयों (Topics) में एक निरन्तरता बनाए रखना जरूरी होता है। पाठ योजना के आधार पर अध्यापक ये जान सकता है कि विषय के कौन-कौन से उप-विषय पढ़ाए जा चुके हैं और कौन-कौन से उपविषय शेष रह गए हैं। छात्रों के पूर्व ज्ञान का पता लगाना भी इससे आसान होता है।

10. रूप-रेखा प्रदान करना—शिक्षकों के प्रशिक्षण हेतु पाठ योजना कक्षा की क्रियाओं हेतु रूप-रेखा प्रदान करती है।

11. पूर्व ज्ञान के आधार पर नया ज्ञान—पाठ योजना से शिक्षण में सरलता तथा नवीनता आ जाती है। पहले से ही सभी क्रियाएँ कक्षा-स्तर तथा पाठ्य-वस्तु के अनुरूप चुन ली जाती हैं। इससे पूर्व ज्ञान के आधार पर नया ज्ञान मिलता है। पाठ में छात्रों की रुचि भी बढ़ती है।

12. अनुशासनहीनता पर नियंत्रण—यदि अध्यापक तैयार होकर कक्षा में नहीं आता और उसका शिक्षण अरुचिकर रहता है तो अनुशासनहीनता फैल जाती है। इस तरह की समस्या के समाधान हेतु पाठ योजना का होना बहुत ही जरूरी होता है। इससे छात्र योजनानुसार क्रिया करने में व्यस्त रहते हैं।

13. व्यक्तिगत विभिन्नताओं का उपयोग—कक्षा के छात्रों की विभिन्नताओं को ध्यान में रखकर उनके अनुसार भिन्न-भिन्न तरह की पाठ योजनाएँ तैयार की जा सकती हैं। इस तरह व्यक्तिगत विभिन्नताओं का उपयोग पाठ योजना के माध्यम से ठीक तरह से किया जा सकता है।

14. शिक्षण क्रियाओं तथा सहायक सामग्री की जानकारी—पाठ योजना की मदद से अध्यापक पहले ही तय कर लेता है कि कक्षा में उसे कौन-कौन सी शिक्षण क्रियाएँ करनी हैं और कैसे करनी हैं। इस बात का भी निर्णय आरंभ में ही कर लिया जाता है कि सहायक सामग्री कौन-कौन सी और कैसे इस्तेमाल में लाई जाती है।

ऊपरलिखित तत्त्वों को देखते हुए ये कहा जा सकता है कि पाठ योजना का कितना महत्त्व तथा आवश्यकता है। कक्षा में अध्यापक को नैतिक बल प्रदान करने हेतु पाठ योजना जरूरी है। इसलिए अध्यापक को कक्षा में शिक्षण हेतु जाने से पहले, चाहे वह छोटी कक्षा क्यों न हो, अपने पाठ की योजना तैयार कर लेनी चाहिए इससे अध्यापक का विश्वास बढ़ता है।

पाठ योजना के हरबर्ट उपागम

हरबर्ट उपागम (Herbartia Approach) एक प्राचीन प्रणाली है। इसका इस्तेमाल अतीत काल से किया जाता है और आज भी इस्तेमाल करते हैं। अधिकांश प्रशिक्षण संस्थाओं में हरबर्ट की पाठ योजना ही इस्तेमाल में लाई जाती है और यह पाठ्य-वस्तु केन्द्रित (Subject Matter Centred) है।

इस उपागम में प्रस्तुतीकरण पर अधिक बल दिया जाता है। इसमें छात्रों की रुचियों, अभिवृत्तियों, मूल्यों तथा सम्बन्धों पर ध्यान नहीं दिया जाता। यह उपागम स्मृति स्तर (Memory Level) तक का है। अर्थात् इसमें छात्रों के रटने पर अधिक बल दिया जाता है। अधिकांश विषयों के पाठ्य-वस्तु (Subject Matter) के शिक्षण हेतु इस पाठ योजना को इस्तेमाल में लाया जा सकता है।

हरबर्ट उपागम के सोपान

1. तैयारी अथवा प्रस्तावना—इसमें विद्यार्थियों के पूर्व ज्ञान के आधार पर पाठ की प्रस्तावना की जाती है। प्रस्तावना का उद्देश्य पूर्व ज्ञान को पाठ से सम्बद्ध कराना तथा छात्रों को नवीन ज्ञान धारण करने हेतु तैयार करना है। इसके उपरान्त उस दिन पढ़ाए जाने वाले पाठ की घोषणा की जाती है और छात्रों को नया पाठ पढ़ने हेतु मानसिक रूप से तैयार किया जाता है।

2. प्रस्तुतीकरण—शिक्षक नवीन ज्ञान व तथ्यों को छात्र के पूर्व ज्ञान से सम्बन्ध स्थापित करने के लिए प्रस्तुत करता है कि विकासात्मक तथा बोध प्रश्नों की मदद से अध्यापक पाठ का प्रस्तुतीकरण करता है। इसमें अध्यापक को निम्नलिखित बातों का ध्यान रखना चाहिए—

(i) छात्रों के सामने कितनी तथा किस तरह की अधिगम सामग्री प्रस्तुत की जानी चाहिए।

(ii) अधिगम सामग्री को कितनी इकाईयों (Units) में बाँटा जाना चाहिए।

(iii) छात्रों का सहयोग कैसे प्राप्त किया जाए तथा पाठ को प्रस्तुत करने हेतु कौन-कौन सी प्रविधियों तकनीकों तथा व्यूह रचनाओं को इस्तेमाल में लाया जाए।

3. तुलना एवं सम्बन्ध—छात्रों के नवीन तथ्यों का पूर्ण ज्ञान से सम्बन्ध स्थापित कराया जाता है। नए ज्ञान को स्थायी कराना होता है। शिक्षक अर्जित ज्ञान का पूर्व ज्ञान के साथ तुलना करता है और नए ज्ञान तथा पूर्व ज्ञान से सम्बन्ध स्थापित करने का प्रयत्न करता है।

4. सामान्यीकरण—इस सोपान में पाठ में सीखे हुए ज्ञान का सामान्यीकरण किया जाता है। नए सीखे हुए ज्ञान से परिणाम, सिद्धान्त और नियमों को प्रतिपादित किया जाता है। यह सामान्यीकरण अध्यापक को छात्रों से कराया जाना चाहिए, यह अधिक प्रभावशाली होता है। अध्यापक का कार्य मार्गदर्शन तक ही सीमित रहना चाहिए।

5. इस्तेमाल—इस सोपान में अध्यापक ऐसी परिस्थितियाँ प्रस्तुत करता है जिनमें छात्र अपने सीखे हुए ज्ञान का प्रयोग कर सकता है। जैसे किसी सूत्र की मदद से किस तरह समस्याएँ हल की जाती हैं। इसमें अध्यापक छात्रों के सामने पुनरावृत्ति प्रश्न प्रस्तुत करके छात्रों को नए ज्ञान का इस्तेमाल करा सकता है।

हरबर्ट उपागम पर आधारित पाठ योजना की रूप-रेखा

इन पाँच सोपानों के आधार पर पाठ योजना की रूप-रेखा विकसित की गई। इसके प्रमुख पद निम्नलिखित हैं–

1. विषय, प्रकरण अथवा उप-विषय, कक्षा, विभाग, कालांश तथा दिनांक—पाठ-योजना की तैयारी इन तथ्यों के निर्धारण से होती है। विषय के अनुरूप उपविषय अथवा प्रकरण तथा कक्षा का चयन किया जाता है। शिक्षण हेतु वक्त आदि भी निर्धारित किया जाता है।

2. सामान्य उद्देश्य—प्रत्येक विषय के शिक्षण के पीछे कुछ सामान्य उद्देश्य का निर्धारण जरूरी होता है। इन उद्देश्यों की प्राप्ति ही शिक्षण की सफलता होती है। शिक्षक के शिक्षण का व्यापक मूल्याँकन भी इन सामान्य उद्देश्यों के सन्दर्भ में किया जाता है। सामान्य उद्देश्य कक्षा-स्तर तथा आयु-वर्ग के अनुरूप होने जरूरी हैं। ये पाठ-योजना के आरंभ में ही लिखे जाने चाहिए।

3. विशिष्ट उद्देश्य—इन विशिष्ट उद्देश्यों का सम्बन्ध प्रत्यक्ष रूप से पढ़ाए जाने वाले पाठ से होता है। इनका निर्धारण विषय-वस्तु के आधार पर किया जाता है। विशिष्ट उद्देश्य हर प्रकरण के साथ बदलते रहते हैं। इनके निर्धारण हेतु शिक्षक को विषय-वस्तु का व्यापक ज्ञान होना चाहिए।

4. सहायक सामग्री—शिक्षक को पाठ-योजना में ही सहायक सामग्री को तय करना पड़ता है। जैसे श्यामपट, माडल चार्ट, रेडियो, टेप-रिकार्डर, प्रोजेक्टर, टेलीविजन आदि। किस चरण में इनका इस्तेमाल किया जाना है–यह भी पाठ-योजना में तय कर लिया जाता है।

5. पूर्व ज्ञान—शिक्षण में नए ज्ञान को आरंभ करने हेतु पूर्व ज्ञान के बारे में सोचना अति जरूरी है। नवीन ज्ञान प्राप्त करने में पूर्व-ज्ञान आधार का कार्य करता है। इन दोनों में सम्बन्ध स्थापित करना जरूरी होता है। इससे पाठ रोचक और स्पष्ट बन जाता है।

6. प्रस्तावना—पाठ की प्रस्तावना छात्रों के पूर्व ज्ञान पर आधारित होती है। प्रस्तावना के माध्यम से नए पाठ तक पहुँचा जाता है। प्रस्तावना का पद पाठ-योजना में बहुत महत्त्वपूर्ण माना जाता है। प्रस्तावना हेतु प्रकरण (Topics) से सम्बन्धित पूर्व-ज्ञान के बारे में प्रश्न पूछकर उसे पढ़ाए जाने वाले प्रकरण के साथ जोड़ा जाता है। इसके लिए शिक्षक 3 अथवा 4 प्रश्न पूछता है ताकि पूर्व ज्ञान के साथ प्रस्तावित पाठ का सम्बन्ध जोड़ा जा सके।

7. उद्देश्य कथन—प्रस्तावना को आधार मानकर शिक्षक अपने शिक्षण के उद्देश्य कथन का निर्माण कतरा है। शिक्षण पाठ से सम्बन्धित घोषणा करता है कि आज हम फलाना प्रकरण के विषय में अध्ययन करेंगे।

8. प्रस्तुतीकरण—पाठ-योजना का क्रियात्मक पक्ष प्रस्तुतीकरण से आरम्भ होता है। प्रस्तुतीकरण में शिक्षक को छात्रों की मानसिक क्रिया को लगातार प्रेरित तथा उत्तेजित करते रहना चाहिए। प्रस्तुतीकरण में विकासात्मक प्रश्न पूछकर पाठ को आगे बढ़ाया जाता है। पाठ को प्रस्तुतीकरण हेतु जरूरी इकाइयों में बाँट लिया जाता है लेकिन इन इकाइयों में क्रमबद्धता अवश्य होनी चाहिए।

9. स्पष्टीकरण—विकासात्मक प्रश्नों के उत्तर न मिलने पर शिक्षक स्वयं उन प्रश्नों का स्पष्टीकरण दे ताकि छात्रों के मन में किसी किस्म का द्वन्द्व न आरंभ हो पाए।

10. श्यामपट कार्य—शिक्षक अपने शिक्षण बिन्दुओं को श्यामपट पर लिखता है। श्यामपट शिक्षक का अभिन्न मित्र होता है। इसके बिना शिक्षक सफल नहीं हो सकता। श्यामपट सार अथवा तो शिक्षण के साथ-साथ लिखा जाना चाहिए, अथवा अध्यापक के कथनों की समाप्ति पर। श्यामपट सार का विकास छात्रों से प्रश्न पूछ-पूछ कर उनके सहयोग से किया जाना चाहिए। श्यामपट पर लिखाई आकर्षक हो।

11. पुनरावृत्ति—पढ़ाए गए पाठ को दोहराना ही पुनरावृत्ति कहलाता है। इससे शिक्षण की सफलता का साथ-साथ ही ज्ञान होता रहता है। पुनरावृत्ति के वक्त शिक्षक छात्रों की कापियाँ बन्द करवा दे। श्यामपट सार को भी मिटा देना चाहिए। पुनरावृत्ति में पूछे गए प्रश्नों के सही उत्तर प्राप्त करने से ही शिक्षक की सफलता का अनुमान लगाया जा सकता है। अगर पाठ को छोटी-छोटी इकाईयों में बाँट रखा है तो हर खंड अथवा भाग अथवा इकाई पढ़ाने के उपरान्त पुनरावृत्ति की जानी चाहिए। इसे खंड-पुनरावृत्ति कहते हैं। पाठ पूरा होने पर पूरे पाठ की पुनरावृत्ति की जानी चाहिए।

12. गृह-कार्य—शिक्षण में गृह-कार्य का महत्त्व किसी भी सोपान से कम महत्त्वपूर्ण नहीं है। अतएव गृह-कार्य अवश्य दिया जाना चाहिए। गृह-कार्य में विभिन्न तरह के प्रश्न दिए जा सकते हैं जैसे, रिक्त स्थानों की पूर्ति, संक्षिप्त उत्तर वाले प्रश्न, लम्बे उत्तरों वाले प्रश्न तथा वस्तुनिष्ठ प्रश्न आदि।

हरबर्ट उपागम की विशेषताएँ

1. इससे पाठ योजना का कार्य विधिवत और सरल हो जाता है।
2. इसमें छात्रों को सोचने का मौका मिलता है और वे सक्रिय रहते हैं।

3. इसमें पूर्व ज्ञान के आधार पर नए ज्ञान को प्रस्तुत किया जाता है।
4. नया अर्जित ज्ञान नई परिस्थितियों में कैसे इस्तेमाल किया जाए इस उपागम के माध्यम से छात्रों को सिखाया जाता है।
5. इससे सारा ज्ञान दूसरे विषयों से भी समन्वित करके दिया जाता है।
6. ये उपागम शिक्षण के मनोवैज्ञानिक सिद्धान्तों पर आधारित हैं।
7. यह शिक्षा को एक सुनियोजित, सुव्यवस्थित तथा सुनियन्त्रित क्रिया के रूप में सामने लाता है।
8. इस उपागम के माध्यम से सभी विषयों तथा उप-विषयों की शिक्षा दी जा सकती है।

हरबर्ट उपागम के दोष

1. शिक्षण क्रियाओं तथा सार्थकता और व्यावहारिकता को ध्यान में नहीं रखा जाता।
2. पाठ योजना कम लचीली होती है।
3. छात्रों की रुचियों तथा अभिवृत्तियों पर ध्यान नहीं दिया जाता।
4. शिक्षण स्मृति स्तर तक सीमित रहता है।
5. इसमें प्रस्तुतीकरण पर अधिक बल दिया जाता है।
6. शिक्षण उद्देश्यों और अधिगम परिस्थितियों को ध्यान में नहीं रखा जाता।
7. पाठ योजना में शिक्षण अधिगम परिस्थितियों को ध्यान में नहीं रखा जाता।
8. शिक्षण की क्रियाओं की सार्थकता और व्यावहारिकता को ध्यान में नहीं रखा जाता।

इकाई उपागम के सोपान

1. अन्वेषण—यह सोपान हरबर्ट उपागम के प्रस्तावना और तैयारी सम्बन्धी पद से मिलता-जुलता है। अन्वेषण का अर्थ होता है पता लगाना। छात्रों में पूर्व ज्ञान का पता लगाना ही अन्वेषण (Exploration) कहलाता है। अध्यापक को निम्न बातों का अन्वेषण करना चाहिए।

(i) छात्रों की रुचियों तथा अभिरुचियों का अन्वेषण।

(ii) पाठ की इकाई से सम्बन्धित पूर्व ज्ञान का अन्वेषण।

(iii) उपलब्ध वातावरण और शिक्षण स्रोतों का अन्वेषण।

(iv) इकाई को प्रस्तुत करने हेतु जरूरी विधियों और प्रविधियों का अन्वेषण।

2. प्रस्तुतीकरण—इसमें पाठ्य-वस्तु की व्याख्या की जाती है। अध्यापक समस्त इकाई के स्वरूप को छात्रों के सामने प्रस्तुत करता है। उद्देश्यों से भी छात्रों को परिचित कराया जाता है। यह पद हरबर्ट उपागम के प्रस्तुतीकरण से मिलता-जुलता है। अध्यापक अगली इकाई तब तक प्रस्तुत नहीं करता जब तक पहली इकाई की सामग्री विद्यार्थी पूरी प्रकार से सीख न लें। इस सोपान के अन्तर्गत शिक्षक छात्रों से अधिक सक्रिय रहता है और लगभग सभी क्रियाएँ अथवा तो वह करता है अथवा उन पर उसका नियन्त्रण रहता है।

3. आत्मीकरण—यह सोपान अर्जित किए गए ज्ञान को स्थाई करने से सम्बन्धित होता है। छात्र ज्ञान अर्जित करने हेतु पुस्तकालय तथा प्रयोगशालाओं का इस्तेमाल करते हैं। छात्र इस सोपान में निरीक्षण (Observation), शंकाओं का समाधान, तर्क-वितर्क आदि प्रविधियों का इस्तेमाल करके आत्मीकरण करते हैं। कठिनाइयों को नोट करने हेतु छात्रों को निर्देशन पत्र (Guide sheets) भी दे दिए जाते हैं। विद्यार्थी कठिनाइयों का समाधान अथवा तो स्वयं करने का प्रयास करते हैं अथवा शिक्षक से मदद लेते हैं।

4. व्यवस्थापन—इस सोपान में छात्र पढ़ी हुई विषय-वस्तु का संगठन करते हैं। अध्यापक यह देखता है कि छात्र पुस्तक अथवा नोट्स की मदद से विषय-वस्तु को लिखकर अभिव्यक्त करने में कितने समर्थ हो गए हैं। संगठन में छात्र सीखे हुए पाठ को लिखित रूप में प्रस्तुत करते हैं। मोरीसन ने इसे व्यवस्थापन अथवा संगठन का नाम दिया है। इस पद की उपयोगिता विशद विषय हेतु ही अधिक हो सकती है।

5. आवृत्ति—इस उपागम के अन्तिम पद में छात्र इकाई से सम्बन्धित अर्जित की गई सामग्री को शिक्षक अथवा सहपाठियों के सामने मौखिक रूप से प्रस्तुत करते हैं। लेकिन इसमें छात्रों की रुचि का भी ध्यान रखना चाहिए। इससे छात्रों में विश्वास बढ़ जाता है। इस सोपान में लिखित अभिव्यक्ति, श्यामपट पर कार्य, प्रयोगशाला में कार्य कराना आदि सम्मिलित हैं। कुछ परिस्थितियों में ऐसा भी हो सकता है कि प्रस्तुतीकरण सोपान से अन्तिम सोपान पर सीधे ही पहुँचा जाए। इस अवस्था में आत्मीकरण व व्यवस्थापन सोपान की आवश्यकता नहीं पड़ती है।

इकाई उपागम के गुण

1. इस उपागम से विद्यार्थियों में स्वयं सीखने की आदत विकसित होती है।
2. यह उपागम मौखिक व लिखित दोनों तरह की अभिव्यक्ति को प्रोत्साहन देता है।

3. यह उपागम छात्र-प्रधान है।
4. पाठ्य-वस्तु को छोटी-छोटी इकाइयों व उप-इकाइयों में बाँट दिया जाता है। इससे शिक्षण व अधिगम सरल हो जाता है।
5. इसमें विद्यार्थी जो कुछ सीखतें हैं, पूरी प्रकार समझ कर सीखते हैं।
6. इस उपागम से छात्र एक इकाई से दूसरी इकाई को सीख़ता हुआ सारी शिक्षण सामग्री को आसानी से सीख लेता है।
7. किसी इकाई से सम्बन्धित पाठ्य-वस्तु को विद्यार्थी आसानी से आत्मसात् कर सकते हैं।
8. छात्रों में अपने विचारों को अभिव्यक्त करने की योग्यता आ जाती है।
9. इस उपागम से शिक्षण अधिगम प्रक्रिया को पारस्परिक सहयोग से चलाना होता है। अतः अन्तःक्रिया स्वस्थ रूप में विकसित होती है।

इकाई उपागम के दोष

1. शिक्षण की इस मन्दगति के कारण पाठ्यक्रम ठीक वक्त पर पूरा करने में कठिनाई होती है।
2. जो विद्यार्थी पहली इकाई में अनुत्तीण हो जाते हैं उन्हें पुनः वही इकाई पढ़नी पड़ती है। यह विचार व कार्य व्यावहारिक दृष्टि से ठीक नहीं है।
3. इसमें वक्त अधिक खर्च होता है। मन्द गति से सीखने वाले बच्चों के कारण सामान्य व प्रतिभाशाली बच्चों का काफी वक्त व्यर्थ चला जाता है।
4. कई बार जरा-सी असावधानी बरतने से यह नीरस तथा निर्जीव हो जाती है।
5. इस उपागम के कई सोपान क्रिया और व्यवहार में एक-दूसरे से काफी मिलते-जुलते हैं। इसलिए इनमें आपस में अन्तर न होने के क़ारण काफी अस्पष्टता रहती है।
6. हर इकाई को सार्थक बनाना व्यावहारिक रूप से असुविधाजनक होता है।
7. इस प्रणाली में शिक्षण धीमी गति से होता है जिसके फलस्वरूप पाठ वक्त पर समाप्त नहीं हो पाता।

शिक्षण उद्देश्यों का निर्धारण—किसी क्रिया के माध्यम से व्यवस्थित रूप से जो बदलाव होते हैं वह उद्देश्य का ही रूप होता है। शैक्षिक उद्देश्य से आशय (i) ज्ञानात्मक (ii) भावात्मक तथा (iii) क्रियात्मक पक्षों में बदलाव लाना है। इन उद्देश्यों के निर्धारण में निम्न बातों को ध्यान में रखना जरूरी है।

(i) हर विषय की प्रकृति (Nature) भिन्न होती है जिससे विभिन्न उद्देश्यों की प्राप्ति होती है।

(ii) समाज की आर्थिक, राजनीतिक तथा सांस्कृतिक आवश्यकताओं का निर्धारण करते हैं जो उद्देश्य हेतु महत्त्वपूर्ण होते हैं।

(iii) एक ही पाठ्य-वस्तु को विभिन्न स्तरों पर पढ़ाया जा सकता है लेकिन शिक्षण के उद्देश्य भिन्न होते हैं। उद्देश्यों के निर्धारण में स्तर को महत्त्व दिया जाता है।

(iv) छात्र के विकास क्रम को ध्यान में रखने से भिन्न-भिन्न स्तर के छात्रों हेतु सही उद्देश्यों का निर्धारण किया जाता है।

अधिगम के अनुभव—ये वे साधन हैं जिनकी मदद से शिक्षण उद्देश्यों की प्राप्ति की जाती है। विद्यार्थी को अनेकों अनुभव होते हैं लेकिन सबको 'अधिगम के अनुभव' नहीं कह सकते। केवल स्कूल तथा उसके बाहर प्राप्त अनुभवों को ही 'अधिगम के अनुभव' कहा जा सकता है। ये अनुभव शिक्षण उद्देश्यों को प्राप्त करने में सहायक होते हैं।

कक्षा में अध्यापक भिन्न-भिन्न तरह की क्रियाएँ करके छात्रों को अधिगम अनुभव प्रदान करता है। अतः शिक्षक उन सभी युक्तियों को शामिल करता है जो उद्देश्यों की प्राप्ति में सहायक होती हैं। इनमें शिक्षण की विधि, प्रविधि, सहायक सामग्री तथ अनुदेशन (Instruction) को शामिल कर सकते हैं।

अधिगम के अनुभवों के साधनों के उदाहरण निम्नलिखित हैं—

शिक्षण उद्देश्य	अधिगम के अनुभवों के साधन
1. ज्ञान उद्देश्य	व्याख्यान, चार्ट, प्रदर्शन, पाठ्य पुस्तकें, फिल्म तथा गृह-कार्य।
2. बोध उद्देश्य	वाद-विवाद, प्रश्नोत्तर विधि, प्रदर्शन, रेखाचित्र, मानचित्र, माडल, पाठ्य-पुस्तकें तथा गृह-कार्य।
3. प्रयोग उद्देश्य	समस्या समाधान, प्रयोगात्मक विधि, अन्तः प्रक्रिया विधि, अनुवर्ग शिक्षण
4. सर्जनात्मक उद्देश्य	समस्या समाधान, व्यक्तिगत प्रयोग।

व्यवहार बदलाव का मूल्याँकन—अधिगम के अनुभवों की मदद से विद्यार्थियों के व्यवहार में वांछित बदलाव लाए जा सकते हैं। व्यवहार बदलाव तीन तरह के होते हैं—

(i) ज्ञानात्मक
(ii) भावात्मक
(iii) क्रियात्मक

इन तीनों तरह के व्यवहार बदलाव के मापने की व्यवस्था की जाती है। इनमें आपस में समन्वय एवं सामंजस्य होता है। उद्देश्यों की प्राप्ति किस सीमा तक हुई है इसकी जानकारी छात्रों में व्यवहार बदलाव से की जाती है।

मूल्याँकन उपागम के गुण

1. इसमें निर्धारित उद्देश्यों की प्राप्ति हेतु अपनाई जाने वाली विधियों, प्रविधियों, व्यूह रचनाओं और सहायक साधनों का स्पष्ट उल्लेख किया जाता है।
2. इस उपागम में वाँछित व्यवहार परिवर्तनों के मूल्याँकन पर बल दिया जाता है।
3. इस उपागम में शैक्षिक उद्देश्यों, अधिगम अनुभवों और व्यवहार बदलाव में निकट का सम्बन्ध स्थापित किया जाता है।
4. यह उपागम मनोविज्ञान के सिद्धान्तों पर आधारित है।
5. इसमें शिक्षक और छात्रों की क्रियाओं को पृथक्-पृथक् स्पष्ट किया जाता है।
6. इस उपागम में शैक्षिक उद्देश्यों को व्यावहारिक शब्दावली में प्रस्तुत किया जाता है।
7. शिक्षण बिन्दुओं के माध्यम से विषय-वस्तु और अधिगम अनुभवों को संक्षिप्त रूप में प्रस्तुत किया जा सकता है।

मूल्याँकन उपागम के दोष

1. इसमें छात्रों की अपेक्षा अध्यापक का अधिक नियन्त्रण रहता है जिससे छात्रों को स्वयं आगे बढ़ने के उतने अवसर नहीं मिलते।
2. इस उपागम के उद्देश्यों, अधिगम अनुभवों और मूल्याँकन तकनीकों में समन्वय व्यावहारिक रूप से कठिन लगता है।
3. इसमें शैक्षिक उद्देश्यों को लिखने हेतु मानसिक योग्यताओं का ध्यान नहीं रखा जाता।
4. छात्र व अध्यापक की स्वतन्त्रता छिन सकती है क्योंकि इसमें उनकी क्रियाओं को पहले से ही सीमाबद्ध कर दिया जाता है।

पाठ-योजना के हरबर्ट उपागम और मूल्याँकन उपागम में अन्तर

1. हरबर्ट उपागम में शैक्षिक उद्देश्यों को व्यावहारिक शब्दावली में बदलने की व्यवस्था नहीं है लेकिन मूल्याँकन उपागम में शैक्षिक उद्देश्यों को व्यावहारिक शब्दावली में बदलकर इस्तेमाल में लाया जा सकता है।
2. हरबर्ट उपागम पाठ्य-वस्तु केन्द्रित है जबकि मूल्यांकन उपागम शिक्षण-बिन्दु केन्द्रित है।
3. हरबर्ट उपागम में पाठ्य-वस्तु के प्रस्तुतीकरण पर अधिक बल दिया जाता है जबकि मूल्यांकन उपागम में अपेक्षित व्यवहार परिवर्तनों के मूल्याँकन पर बल दिया जाता है।
4. हरबर्ट उपागम में इन पदों का इस्तेमाल किया जाता है–(i) तैयारी, (ii) प्रस्तुतीकरण, (iii) तुलना और सम्बन्ध, (iv) सामान्यीकरण, (v) प्रयोग; लेकिन मूल्यांकन उपागम में इन पदों का इस्तेमाल होता है–(i) शैक्षिक उद्देश्यों को निर्धारित करना, (ii) अधिगम के अनुभव प्रदान करने, (iii) व्यवहार-परिवर्तन का मूल्याँकन करना।
5. हरबर्ट उपागम में शिक्षण उद्देश्यों और अधिगम परिस्थितियों को ध्यान में नहीं रखा जाता, जबकि मूल्यांकन उपागम में शिक्षण-उद्देश्यों और अधिगम-परिस्थितियों पर विशेष बल दिया जाता है।
6. हरबर्ट उपागम में शिक्षण–अधिगम उद्देश्यों का विशिष्टीकरण नहीं किया जाता, जबकि मूल्यांकन उपागम में शिक्षण-अधिगम उद्देश्यों का विशिष्टीकरण करना सम्भव है।
7. हरबर्ट उपागम में शिक्षण के विभिन्न पक्षों को पृष्ठ-पोषण (Feedback) नहीं मिलता, जबकि मूल्यांकन उपागम में इसकी व्यवस्था सम्भव है।
8. हरबर्ट शिक्षण ज्ञानात्मक पद तक ही सीमित है, लेकिन मूल्यांकन शिक्षण में ज्ञान, बोध, इस्तेमाल तथा सृजनात्मक पक्ष शामिल हैं।

अध्यापक हेतु पाठ योजना का महत्त्व

पाठ योजना सम्बन्धी यह उपागम क्षेत्रीय शिक्षा महाविद्यालय मैसूर ने विकसित किया है। इसलिए इस उपागम को क्षेत्रीय शिक्षा महाविद्यालय मैसूर उपागम अथवा आर.सी.ई.एम. उपागम के नाम से जाना जाता है। ये पाठ योजना अन्य पद्धतियों से श्रेष्ठ मानी गई है। इसमें मानसिक प्रक्रियाओं को महत्त्व दिया

जाता है। उद्देश्यों के निर्धारण में ब्लूम के वर्गीकरण (Bloom's Taxonomy) का इस्तेमाल किया गया है। इस उपागम में 17 मानसिक योग्यताओं का उपयोग किया गया है। शिक्षक की अपनी पाठ योजनाओं के सृजन में इन्हीं मानसिक योग्यताओं के विकास की व्यवस्था करनी पड़ती है।

पाठ्य योजना की मुख्य विशेषताएँ

1. यह उपागम प्रणाली उपागम (System Approach) के उपयोग पर आधारित है।

2. इस उपागम में प्रणाली उपागम के तीनों पदों—अदा (Input), प्रक्रिया (Process) और प्रदा (Output) के इस्तेमाल में लाया जाता है। ये पद अग्रलिखित हैं—

(i) **अदा**—आर. सी. ई. एम. उपागम में अदा (Input) को अपेक्षित व्यवहार परिणाम (Expected Behaviour Outcomes or E B O S) का नाम दिया गया है। इस पद में पाठ के शैक्षिक उद्देश्यों का ठीक तरह से निर्धारण व स्पष्टीकरण किया जाता है।

अदा के अन्तर्गत शिक्षण के अपेक्षित व्यवहारों का निर्धारण करना तथा उन्हें व्यावहारिक रूप में लिखना है। ब्लूम के 6 वर्गों को 4 वर्गों में बाँट लिया गया है। इन चार वर्गों—ज्ञान, बोध, इस्तेमाल तथा सर्जनात्मक, को 17 मानसिक योग्यताओं में बाँटा गया है। इनकी मदद से शिक्षण उद्देश्यों को व्यावहारिक रूप में लिखा जाता है।

(ii) **प्रक्रिया**—इस उपागम में प्रक्रिया को संप्रेषण व्यूह रचना (Communication Strategies) का नाम भी दिया गया है। इस पद को हरबर्ट उपागम के 'प्रस्तुतीकरण' और ब्लूम के 'मूल्याँकन उपागम' के 'अधिगम अनुभव' (Learning Experience) पदों जैसा ही माना जाता है। उद्देश्यों की प्राप्ति हेतु शिक्षण की विभिन्न विधियों, व्यूह रचनाओं तथा सहायक सामग्री की व्यवस्था की जाती है। इस पद में छात्र और शिक्षक दोनों की क्रियाएँ शामिल हैं और कक्षा में अन्तःक्रिया होती है।

(iii) **प्रदा**—इस उपागम से इस पद को 'वास्तविक अधिगम परिणाम' (Real Learning Outcomes-RLO) का नाम भी दिया गया है। छात्रों के पद का सीधा सम्बन्ध पाठ के मूल्याँकन (Evaluation) से होता है। छात्रों के व्यवहार में बदलाव होना ही 'वास्तविक अधिगम परिणाम (RLO) कहलाता

है। इसके लिए शिक्षक विभिन्न तरह की मापन विधियों का इस्तेमाल करता है। ये मापन विधियाँ 'अपेक्षित व्यवहार परिवर्तन' (EBOS) पर आधारित होती हैं। इसमें अध्यापक मौखिक तथा लिखित परीक्षाओं को इस्तेमाल में लाता है और शिक्षण के साथ-साथ वह अपने उद्देश्यों की प्राप्ति की जानकारी भी लेता रहता है।

भारतीय परिस्थितियों में यह उपागम अधिक उपयोगी सिद्ध हो सकता है। इस उपागम में ब्लूम के वर्गीकरण का उपयोग किया जाता है और ब्लूम के 6 वर्गों को घटाकर केवल 4 वर्गों का इस्तेमाल किया है। दूसरे उपागमों में मानसिक क्रियाओं का कोई उल्लेख नहीं है जबकि इसमें 17 मानसिक योग्यताओं का उल्लेख है। हरबर्ट उपागम में शैक्षिक उद्देश्यों के वर्गीकरण का इस्तेमाल नहीं किया जाता और न ही इन उद्देश्यों का इस्तेमाल मूल्याँकन उपागम में किया जाता है। हरबर्ट उपागम में केवल ज्ञान पक्ष से सम्बन्धित उद्देश्यों की पूर्ति हो सकती है। आर. सी. ई. एम. उपागम स्मृति स्तर तक सीमित है तथा बोध और चिन्तन भी इसमें सम्मिलित है। मानसिक योग्यताओं का उल्लेख मूल्याँकन उपागम में नहीं पाया जाता। जबकि आर. सी. ई. एम. उपागम में छात्रों की योग्यताओं, रुचियों, अभिरुचियों और प्रविष्टि व्यवहारों (Entering Behaviours) का पूरा ध्यान रखा जाता है। दूसरे उपागमों में ऐसी व्यवस्था नहीं मिलती। अतः आर. सी. सी. ई. एम. उपागम दूसरे उपागमों से कई दृष्टिकोणों में उत्तम माना जाता है।

पाठ योजना के प्रकार

वर्तमान वक्त में शिक्षण में अनेक तरह की पाठ योजनाएँ आरंभ हो गई हैं जिनमें से निम्नलिखित तीन तरह की प्रमुख हैं—

1. सामान्य पाठ योजना
2. सूक्ष्म पाठ योजना
3. इकाई पाठ योजना

1. सामान्य पाठ योजना

सामान्य पाठ योजना एक पाठ योजना है। यह कक्षा के पाठों को सभी बालकों को पढ़ाने में प्रयुक्त होती है। इस पाठ योजना का सृजन हरबर्ट ने पंचपदी प्रणाली के आधार पर किया है। पाठ योजना का सामान्य प्रारूप निम्नवत होता है—

पाठ योजना संख्या–

दिनांक–	विषय–	चक्र–
कक्षा व वर्ग–	प्रकरण–	अवधि–

सामान्य उद्देश्य– 1.
2.
3.

विशिष्ठ उद्देश्य– 1.
2.

सहायक सामग्री–
पूर्व ज्ञान–
प्रस्तावना–
उद्देश्य कथन–
प्रस्तुतीकरण–
विकासात्मक प्रश्न–
अध्यापकीय कथन–
विकासात्मक प्रश्न– (सहायक सामग्री दिखाकर प्रश्न किए जाएँगे)
बोध प्रश्न–
श्यामपट साराश–
लेखन एवं निरीक्षण कार्य–
पुनरावृत्ति–
गृहकार्य–

पाठ योजना के उक्त पदों के अन्तर्गत व्यवहारिक रूप से निम्नलिखित बातें लिखी जाती हैं, जो निम्न तरह से हैं–

1. पाठ योजना संख्या–इस शीर्षक के सम्मुख पाठ योजना की क्रमसंख्या लिखी जाती है जिससे यह पता लग जाता है कि अभी कितने पाठ पढ़ाए जा चुके हैं और प्रस्तुत पाठ की क्रम संख्या क्या है। जैसे–पाठ 21।

2. दिनांक–इसके सम्मुख वह तिथि लिखी जाती है जिस तिथि को प्रस्तुत पाठ पढ़ाया जाता है। जैसे–दिनांक : 17.9.2006।

3. कक्षा व वर्ग–इस शीर्षक के अन्तर्गत प्रस्तुत पाठ जिस कक्षा व वर्ग को पढ़ाना है उसे लिखा जाता है। जैसे : कक्षा –8 'अ'।

4. विषय—इसके सम्मुख नागरिकशास्त्र लिखा जाता है।

5. प्रकरण—इसके सम्मुख पाठ का नाम लिखा जाता है। जैसे—भारतीय न्यायालय।

6. चक्र—इसके सम्मुख वक्त सारिणी के जिस घण्टे में प्रस्तुत पाठ को पढ़ाना है उसे लिखा जाता है। जैसे—चक्र-पंचम।

7. अवधि—इसके अन्तर्गत कितने वक्त तक प्रस्तुत पाठ को पढ़ाना है लिखा जाता है। जैसे—अवधि—50 मिनट।

8. सामान्य उद्देश्य—इसके अन्तर्गत नागरिकशास्त्र के शिक्षण के सामान्य उद्देश्य लिखे जाते हैं।

9. विशिष्ठ उद्देश्य—प्रस्तुत पाठ के माध्यम से किन ज्ञानात्मक, कौशलात्मक, अभितृत्यात्मक उद्देश्यों की प्राप्ति होगी इसका उल्लेख किया जाता है।

10. सहायक सामग्री—इसके अन्तर्गत पाठ को सजीव, रोचक व स्पष्ट बनाने हेतु जिन शिक्षण सामग्रियों का इस्तेमाल किया जाता है, लिखा जाता है।

11. पूर्व ज्ञान—इस शीर्षक में प्रस्तुत पाठ को पढ़ाने हेतु कौन सा पूर्व ज्ञान सहायक होगा, इसका उल्लेख किया जाता है।

12. प्रस्तावना—प्रस्तातना के अन्तर्गत पाठ की भूमिका अथवा पाठ के प्रति उत्सुकता अथवा जिज्ञासा जाग्रत करने हेतु छात्रों से कुछ प्रश्न पूछे जाते हैं या चित्र आदि दिखाकर प्रश्न किए जाते हैं। इसके माध्यम से छात्र के पूर्व ज्ञान को नए ज्ञान की ओर आकर्षित करने का कार्य किया जाता है।

13. उद्देश्य कथन—इसके अन्तर्गत प्रस्तुत पाठ का उल्लेख करते हुए उसे क्यों पढाया जा रहा है। इसे स्पष्ट किया जाता है।

14. प्रस्तुतीकरण—इस शीर्षक के अन्तर्गत पूरे पाठ को पढ़ाया जाता है। पाठ को पढ़ाने हेतु अधिकतर प्रश्नोत्तर विधि का इस्तेमाल किया जाता है। प्रस्तुतीकरण के अन्तर्गत ही पाठ को पढ़ाने हेतु विकासात्मक प्रश्नों, अध्यापकीय कथनों, शिक्षण सामग्रियों को दिखाने तथा उन सामग्रियों से संदर्भित प्रश्न पूछने का कार्य किया जाता है। विकासात्मक प्रश्न प्रायः बालक के पूर्व ज्ञान या सामान्य ज्ञान पर आधारित प्रश्न होते हैं। इन प्रश्नों के माध्यम से छात्रों के पूर्व ज्ञान को चेतनावस्था में लाकर उनका सम्बन्ध अध्यापकीय कथनों के माध्यम से नीवन ज्ञान से कराया जाता है।

15. बोध प्रश्न—इसके अन्तर्गत पढ़ाए गए पाठ के प्रमुख तथ्यों को बताने वाले कुछ वाक्य लिखे जाते हैं।

16. श्यामपट सारांश—इस शीर्षक में श्यामपट पर संक्षिप्त रूप से प्रमुख तथ्यों को बताने वाले कुछ वाक्य लिखे जाते हैं।

17. लेखन एवं निरीक्षण कार्य—इसके अन्तर्गत लिखा जाता है कि "छात्राध्यापक छात्रों को श्यामपट पर लिखे वाक्य अपनी अभ्यासपुस्तिका में उतारने का निर्देश देकर उनके लेखन कार्य का निरीक्षण कक्षा में घूम-घूमकर करेगा।"

18. पुनरावृत्ति—इसमें पाठ को दोहराने हेतु कुछ प्रश्न किए जाते हैं।

19. गृहकार्य—इसमें कक्षा में दिए गए नवीन ज्ञान के इस्तेमाल से संदर्भित कुछ प्रश्न छात्रों को गृह से करके लाने हेतु दिए जाते हैं।

2. सूक्ष्म पाठ योजना

यह पाठ योजना नवीन तरह की पाठ योजना है। इसका इस्तेमाल सूक्ष्म शिक्षण के सिद्धान्त हेतु किया जाता है। शिक्षक प्रशिक्षक कार्यक्रम में शिक्षक के गुणों को विकसित करने हेतु शिक्षक के विभिन्न कौशलों से सम्बन्धित सूक्ष्म प्रशिक्षण दिया जाता है। इसमें छात्राध्यापक को हर कौशल दिखाने हेतु पृथक्-पृथक् पाठ योजनाएँ लघु अवधि अर्थात् 5-10 मिनट की तैयारी की जाती है। यह सूक्ष्म पाठ योजनाएँ चक्रीय आधार पर चलती हैं। इसमें एक वक्त में एक ही कौशल सिखाया जाता है। उदाहरणार्थ शिक्षक को प्रश्न करने की कला सिखाने हेतु केवल प्रश्न सृजन से सम्बन्धित सूक्ष्म पाठ योजनाएँ तैयार कराई जाती हैं। इसमें किसी खण्ड पर कुछ छात्रअध्यापक प्रश्न बनाते हैं, फिर उन प्रश्नों को कक्षा में छात्रों के सम्मुख रखा जाता है। इस तरह यह चक्र शिक्षक प्रशिक्षक की मदद से तब तक चलता रहता है जब तक छात्राध्यापक प्रश्न करने की कला में निपुण नहीं हो जाता है। इन पाठ योजनाओं का सृजन भी बहुत कुछ सामान्य पाठ योजना की प्रकार ही होता है। किन्तु प्रस्तुतीकरण में केवल उस अंश पर विशेष ध्यान दिया जाता है जिसका कौशल सीखना होता है।

3. इकाई पाठ योजना

इकाई पाठ योजना भी नवीन तरह की पाठ योजना है। वर्तमान वक्त में ज्ञान को एक इकाई मानकर समग्र रूप से अध्यन करने के लिए विषयों के शिक्षण में इकाई पद्धति का प्रचलन काफी हो गया है। इकाई योजना के निम्नलिखित सोपान हैं—

1. सामान्य उद्देश्य का चयन—इसके अन्तर्गत इकाई के उद्देश्य एवं क्षेत्र को स्पष्ट किया जाता है।

2. इकाई खण्डों का चयन—इसके अन्तर्गत सम्पूर्ण इकाई के महत्त्वपूर्ण तथ्यों को क्रमबद्ध ढंग से खण्डों में विभक्त किया जाता है किन्तु इस बात का ध्यान रखा जाता है कि इकाई की समग्रता बनी रहे।

3. इकाई खण्डों का विकास—इकाई खण्डों के चयन के बाद हर खण्ड का विकास किया जाता है। हर खण्ड के विकास में निम्न बातों का ध्यान रखा जाता है—

अ—खण्ड के विशिष्ठ उद्देश्यों का चयन करना,

ब—खण्ड के अन्तर्गत विषयवस्तु का निर्धारण,

स—खण्ड के उद्देश्यों की प्राप्ति हेतु छात्र क्रियाओं का निर्धारण।

4. इकाई की भूमिका का प्रस्तुतीकरण—इसमें छात्रों को प्रेरित करने हेतु इकाई की प्रस्तावना प्रस्तुत की जाती है।

5. छात्र की वैयक्तिकता के अनुसार कार्य विभाजन—इसमें छात्रों की व्यक्तिगत रुचियों, अभिलाषाओं, आदि को ध्यान में रखकर हर छात्र हेतु कार्य विभाजन किया जाता है।

6. मूल्यांकन—इसमें प्रगति का मूल्यांकन किया जाता है। छात्रों ने इस इकाई योजना से क्या सीखा है, इसका मापन किया जाता है।

7. शिक्षण सामग्री व सन्दर्भ पुस्तकों का चयन—इसमें छात्रों को इकाई पूर्ण करने में मदद प्रदान करने वाली शिक्षण सामग्री व सन्दर्भ पुस्तकों की सूची दी जाती है।

पाठ योजनाएँ और उनके प्रारूप

पाठ योजना के सृजन में विभिन्न उपागमों का इस्तेमाल किया गया है। प्रथमतः हम हारबर्ट उपागम (Herbartian Approch) के बारे में विचार कर लेते हैं जिसके आधार पर समस्त ज्ञान बाहर से शिक्षार्थी को प्रदान किया जाता है और वह संचित होता रहता है। अगर नवीन ज्ञान को पूर्व ज्ञान से जोड़ दिया जाए तो सीखने में सुगमता होती है। इकाई क़ी क्रियाओं को एक व्यवस्थित क्रम में प्रस्तुत करना चाहिए। हारबर्ट ने पाँच सोपानों में बाँटा है। इसमें प्रस्तावना, प्रस्तुतीकरण, व्यवस्था, तुलना तथा मूल्यांकन हैं। इस योजना में पाठ्य विषय को प्रधानता दी जाती है। दूसरे Bloom's Approch का इस्तेमाल होता है और यह भी थोड़े बदलाव के साथ प्रस्तुत की जाती है। प्रोफेसर ब्लूम ने पाठ्य वस्तु के जगह पर शैक्षिक उद्देश्यों को शिक्षण का आधार माना है। इन्होंने शैक्षिक उद्देश्यों को तीन वर्गों में बाँटा है—ज्ञानात्मक, क्रियात्मक और भावात्क। उनके साथियों ने सब मिलकर 17 भागों में पुनः वितरण किया।

तीसरे राष्ट्रीय शैक्षिक अनुसंधान एवं प्रशिक्षण परिषद ने भी शिक्षण अधिगम क्रिया में उद्दीपन तथा अनुक्रिया की अपेक्षा मानसिक प्रक्रिया को महत्त्व दिया है।

चौथे Bloom's के मूल्यांकन उपागम के आधार पर हमारे देश में क्षेत्रीय शिक्षा महाविद्यालय, मैसूर ने शैक्षिक उद्देश्यों को केवल चार पदों में प्रस्तुत किया और हर हेतु केवल 17 मानसिक योग्यताओं की सूची तैयार की। उसे R.C.E.M System कहा गया। भारत के तमाम प्रशिक्षण महाविद्यालयों में थोड़े बहुत बदलाव के साथ इसे ही व्यवहार में लाया जा रहा है।

कुछ पाठ योजनाओं के प्रारूप (यहाँ संलग्न हैं)—

हरबर्ट पंचपद प्रणाली के अनुरूप पाठ योजना

दिनांक—17.9.06 विद्यालय—सर्वोदय कन्या विद्यालय, जमुना विहार

कक्षा—8 औसत आयु—14 वर्ष

विषय—नागरिकशास्त्र समय चक्र—पंचम

प्रकरण—उच्चतम न्यायालय अवधि—50 मिनट

सामान्य उद्देश्य—

(1) अतीत का चित्रण करके वर्तमान को आलोकित करना।

(2) देश की शासन व्यवस्था की जानकारी प्रदान करना।

(3) छात्रों में राष्ट्रीयता, देश-प्रेम तथा जागरण की भावना भरकर चारित्रिक विकास करना।

(4) छात्रों की विवेचनात्मक बुद्धि का विकास करना।

मुख्य उद्देश्य—

(1) छात्रों को भारतीय न्यायापालिका से अवतग करना।

सहायक सामग्री—

(1) उच्चतम न्यायालय का चित्र।

(2) भारतीय शासन व्यवस्था को दर्शाने वाला मॉडल।

पूर्व ज्ञान—

प्राचीन न्यायव्यवस्था का उदाहरण देकर वर्तमान न्याय व्यवस्था की विवेचना करना।

प्रस्तावना—

पाठ्ोपयुक्त वातावरण पैदा करने के लिए छात्राध्यापक निम्नलिखित प्रश्न करेगा—

1. दंड देना क्यों जरूरी है।
2. दंड किस तरह से देना चाहिए।
3. कैसा दंड विधान उपयुक्त होता है।

उद्देश्य कथन—

आज हम पढ़ेंगे कि किस तरह से भारत में सर्वोच्च न्यायालय का गठन किया गया है तथा वह किस तरह से कार्य करती है?'

पाठ विकास—

प्रश्न—1. भारत में सर्वोच्च न्यायालय कहाँ स्थित है?

अध्यापक कथन—भारत का सर्वोच्च न्यायालय नई दिल्ली में स्थित है।

प्रश्न 1—इस कथन के अनुरूप भारत में न्याय व्यवस्था के लिए किस तरह के न्यायालय का गठन किया गया है?

स्पष्टीकरण—भारत में स्वतंत्र न्यायालय का गठन किया गया है।

प्रश्न 1—स्वतंत्र न्यायालय किसे कहते हैं?

अध्यापक कथन—स्वतंत्र न्यायालय वैसा न्यायालय होता है जो सरकार के अन्य दो अंग विधायिका और कार्यपालिका से स्वतंत्र हो। हमारे देश का न्यान्यालय भी सरकार के अन्य दो अंग विधायिका और कार्यपालिका से स्वतंत्र है।

इस तरह पाठ का विकास किया जायेगा।

अन्त में हम यह सुझाव देना चाहेंगे कि भारतीय विद्यालयों में परम्परागत् पाठ-योजना से ही पढ़ाया जा रहा है। विशेष रूप से ग्रामीण विद्यालय इससे प्रभावित हैं। क्योंकि वहाँ पर सरकार एवं अन्य अधिकारी निरीक्षण हेतु वक्त वक्त पर नहीं पहुँच पाते हैं। इसके साथ ही मेरी व्यक्तिगत रूप से राय है कि शहर एवं ग्रामीण विद्यालयों के सभी स्तर के अध्यापकों को प्रोत्साहित किया जाए कि वे अच्छी आधुनिक विधि पर आधारित पाठ-योजना बनाकर ही कक्षा शिक्षण करें जिससे उनका शिक्षण प्रभावी हो क्योंकि बालक राष्ट्र की धरोहर हैं। उन्हें अच्छी शिक्षा प्रदान करना राष्ट्र के अध्यापकों का कर्त्तव्य है। इस बात को ध्यान में रखकर ही शिक्षक को शिक्षण कार्य करना चाहिए।

10

नागरिकशास्त्र शिक्षण में मूल्यांकन

प्रत्येक विषय की प्रकार नागरिकशास्त्र के शिक्षण में भी मूल्यांकन का अत्यधिक महत्त्व है। मूल्यांकन के माध्यम से ही शिक्षक को यह जानकारी प्राप्त होती है कि उसके माध्यम से सिखाई जाने वाली क्रियाओं को छात्रों ने किस सीमा तक सीखा है। कौन-कौन से बिन्दु छात्र नहीं सीख पाए हैं। मूल्यांकन के न होने पर सभी क्रियाएँ निरर्थक हो जाती हैं, इसके जाने बिना सीखना भी निरर्थक होता है। मूल्यांकन के माध्यम से ही हम भविष्य के मार्ग का निर्धारण करते हैं। मूल्यांकन के माध्यम से केवल उपलब्धियों का मापन ही नहीं वरन् सम्पूर्ण शैक्षिक प्रक्रिया में सुधार भी होता है।

मूल्यांकन का आशय

मूल्यांकन शब्द का इस्तेमाल नवीन है। इसके जगह पर मापन शब्द का इस्तेमाल किया जाता था। किन्तु मापन और मूल्यांकन में बहुत अन्तर है। मूल्यांकन का आशय चतुर्दिक मापन से है। मूल्यांकन के माध्यम से जीवन से सम्बन्धित समस्त क्रियाओं का मापन किया जाता है। मूल्यांकन का आशय उपलब्धियों के मापन के साथ-साथ रुचियों, योग्यताओं, आदतों सामाजिक व्यवहारों, सीखने के तरीकों आदि के मापन से भी है। **जेम्स एम.ली. के अनुसार**—"मूल्यांकन का मुख्य प्रयोजन छात्रों को सीखने की प्रक्रिया को अग्रसर एवं निर्देशित करना है।" एक

अन्य विद्वान **मुफात (Muffatt) के अनुसार**—"मूल्यांकन लगातार चलने वाली प्रक्रिया है और यह छात्रों की औपचारिक शैक्षिक उपलब्धि से अधिक है।"

शिक्षा के क्षेत्र में भी शिक्षा के निर्धारित उद्देश्यों की प्राप्ति के सही पाठ्यक्रम तैयार करके सही विधियों की मदद से विद्यार्थियों को ज्ञान उपार्जन कराया जाता है। किस अवधि में इन उद्देशों की प्राप्ति में कहाँ तक प्रगति हुई, विद्यार्थियों की योग्यता में कितनी वृद्धि हुई, इत्यादि। इन सभी बातों का ज्ञान परिश्रम और योग्यता का सही-सही मूल्य तथा उसके माध्यम से होने वाले परिवर्तनों एवं लाभ की मात्रा का ज्ञान ही मूल्यांकन कहलाता है। दूसरे शब्दों में हम यह कह सकते हैं कि "मूल्यांकन शिक्षा की प्रक्रिया (Educational Process) का वह अंग है जिसके माध्यम से इस बात की जाँच की जाती है कि एक निश्चित वक्त में शिक्षा के उद्देश्यों की प्राप्ति में कहाँ तक प्रगति हुई, विद्यार्थियों के अनुभव तथा योग्यता में कितनी वृद्धि हुई, उनके व्यवहार में कितना अन्तर आया तथा शिक्षक ने इस दिशा में कहाँ तक सहयोग दिया।"

मूल्यांकन शब्द के व्यापक अर्थ को समझाते हुए क्वीलेन तथा हन्ना ने अपनी पुस्तक "एजूकेशन फॉर सोसल कॉम्पीटेंस" में लिखा है कि—"किसी भी संस्था के माध्यम से छात्र के बौद्धिक बदलाव में आंकलन की क्रिया तथा उसकी व्याख्या को मूल्यांकन कहते हैं। "अतः हम यह कह सकते हैं कि मूल्यांकन एक क्रमिक प्रक्रिया है जो लगातार छात्रों के व्यवहार का मूल्यांकन करती रहती है। यह उपलब्धि मापन के साथ-साथ विकास का मार्ग भी दर्शाती है।

मूल्यांकन प्रक्रिया

वर्तमान वक्त में यह निश्चित हो गया है कि मूल्यांकन एक साधन न होकर प्रक्रिया के निम्नलिखित तीन सोपान बताए जाते हैं—

1. उद्देश्यों का निर्धारण,
2. उद्देश्यों की [illegible] हेतु सीखने अथवा सिखाने की क्रियाओं का निर्धारण,
3. मूल्यांकन की प्रविधियों का चयन एवं निर्माण।

परीक्षा का आशय

परीक्षा भारत में एक प्रचलित पद्धित है। जिसके अन्तर्गत अध्यापक वर्ष में एक बार बालकों के ज्ञान एवं शिक्षा के बारे में जानकारी प्राप्त करने के आयोजित करता है। इसके अन्तर्गत अध्यापक बालकों से पाठ्य वस्तु आधारित प्रश्न लिखित अथवा मौखिक रूप से पूछता है। उसके प्राप्त अंक के आधार पर बालक को अगली

कक्षा में उन्नति दे दिया जाता है। यह भारत की एक परम्परागत् परीक्षा विधि है। जो वर्तमान में भी प्रचलित है।

मूल्यांकन तथा परीक्षा के माध्यम से समय-समय पर यह पता करने का प्रयत्न करते हैं कि बालक के बौद्धिक विकास में क्या एवं कितना बदलाव हुआ है? मूल्यांकन एक अनवरत् चलने वाली क्रिया है। जबकि परीक्षा वर्ष के अन्त में केवल एक बार ही आयोजित की जाती है। इन विधियों से यह भी ज्ञात हो जाता है कि अध्यापक के माध्यम से किए गए शिक्षण को बालक किस स्तर तक समझ रहे हैं? इस तरह के मूल्यांकन को अध्यापक की भी परीक्षा मानी जा सकती है। अगर अध्यापक अपने विषय में निपुण है तो उसके पढ़ाने का ढंग अवश्य ही रोचक होगा तथा बालक अवश्य ही परीक्षा में अच्छे अंक प्राप्त करेगा।

परीक्षा और मूल्यांकन में अन्तर

इन दोनों को प्रायः एक ही अर्थ में प्रयुक्त किया जाता है लेकिन वास्तव में उद्देश्य एक होने पर भी दोनों में बहुत अन्तर है। मूल्यांकन शिक्षण क्षेत्र में नवीन शब्द है जिसका अर्थ और क्षेत्र परीक्षा की तुलना में अधिक व्यापक है। परीक्षा से जहाँ हमारा आशय वर्ष के उपरान्त में या एक निश्चित अवधि में ली जाने वाली विषय वस्तु सम्बन्धी एक सीमित जाँच से है, वहाँ मूल्यांकन समय-समय पर किया जाता है तथा इसमें विद्यार्थी की केवल विषय सम्बन्धी योग्यता ही नहीं, उनके पूर्ण व्यक्तित्व तथा व्यवहार बदलाव को मापा जाता है। अतः परीक्षा की तुलना में यह अधिक उपयोगी, विश्वसनीय और प्रामाणिक है।

भारत में परीक्षा का स्वरूप

भारत में आरंभ के वक्त परीक्षा का ढंग ब्रिटिश प्रणाली के अनुरूप था। इस प्रणाली के अन्तर्गत वर्ष में केवल एक परीक्षा का ही आयोजन किया जाता था। जो वार्षिक परीक्षा के नाम से जानी जाती है। यह परीक्षा सामान्य रूप से निबन्ध प्रधान होती है। इस परीक्षा का मुख्य आधार छात्र की स्मरण शक्ति का मूल्यांकन करना होता है। जिस वक्त भारत में यह प्रणाली चल रही थी, उस वक्त भारत गुलाम था। इसके साथ ही छात्रों की संख्या भी कम होती थी, तथा शिक्षा व्यवसाय में पारंगत एवं दक्षत अध्यापक आसानी से मिल जाते थे। इसलिए यह परीक्षा प्रणाली भारत में काफी वक्त तक बिना विशेष व्यवधान के चलती रही है। हम इस बात को सदैव भूल जाते हैं कि भारत तथा ब्रिटिश शिक्षा प्रणाली में काफी

अन्तर है। मुख्य अन्तर यह है कि ब्रिटिश परीक्षा प्रणाली में "ट्यूटोरियल" को बहुत अधिक महत्त्व दिया जाता है, जबकि भारत में "ट्यूटोरियल" पद्धति अभी तक पनप ही नहीं पाई है।

"ट्यूटोरियल" प्रणाली के अन्तरगत अध्यापक एवं छात्र के बीच बहुत ही निकट के सम्बन्ध हो जाते हैं। जिसके कारण से लगातार मूल्यांकन की प्रक्रिया हमेशा चलती रहती है। जिससे ब्रिटिश परीक्षा प्रणाली भारत की परीक्षा पद्धति से प्रभावी है। भारत में अभी "ट्यूटोरियल" का महत्त्व शिक्षाविद् समझ नहीं पाए हैं। अतः यह और भी जरूरी हो गया है कि भारत की परीक्षा का रूप व्यापक तथा विश्वसनीय हो। इसके लिए भारत की परीक्षा प्रणाली में अनेक विशेषताओं का होना जरूरी है।

मूल्यांकन प्रविधियाँ

वर्तमान शिक्षा जगत में मूल्यांकन की अनेक प्रवृत्तियाँ प्रचलित हैं। नागरिकशास्त्र शिक्षण में निम्न प्रविधियों का इस्तेमाल किया जाता है–

1. अभिलेख–विद्यालय में शिक्षकों के माध्यम से छात्रों के बारे में तैयार किए गए अभिलेखों के माध्यम से मूल्यांकन किया जाता है। संचयी अभिलेख पत्र मूल्यांकन की एक नवीन प्रविधि है।

2. क्रम निर्धारण मान अथवा रेटिंग स्केल–यह प्रविधि उन परिस्थितियों के मूल्यांकन हेतु प्रयुक्त की जाती है, जिनमें मात्राओं की जाँच करनी होती है। इस मात्रा की जाँच 3 अथवा 5 क्रम निर्धारण मान के आधार पर की जाती है।

3. परीक्षा प्रविधि–मूल्यांकन में इस प्रविधि का सर्वाधिक इस्तेमाल होता है क्योंकि यह प्रविधि बहु कुछ परम्परागत है। इस प्रविधि के सामान्यतया तीन रूप मिलते हैं। मौखिक परीक्षा, प्रायोगिक परीक्षा, लिखित परीक्षा। लिखित परीक्षा के भी दो रूप मिलते हैं–निबन्धात्मक परीक्षा व वस्तुनिष्ठ परीक्षा।

4. प्रश्नावली प्रविधि–मूल्यांकन की इस प्रविधि के इस्तेमाल की अनेक प्रवृत्तियाँ प्रचलित हैं। नागरिकशास्त्र शिक्षण में निम्न प्रविधियों का इस्तेमाल किया जाता है।

5. साक्षात्कार–इस प्रविधि के माध्यम से छात्रों के परिवर्तित दृष्टिकोणों तथा व्यक्तिगत विभिन्नताओं का अध्ययन किया जाता है।

6. निरीक्षण प्रवृत्ति–इस प्रविधि के माध्यम से स्वयं निरीक्षण करके शिक्षक छात्रों के व्यवहार, क्रियाओं, बौद्धिक स्तर आदि का मूल्यांकन करता है।

7. चेक लिस्ट—इसे पड़ताल सूची भी कहा जाता है। इसका इस्तेमाल प्रमुख रूप से व्यक्तिगत सूचनाएँ तथा मतों को एकत्र करने में किया जाता है।

आदर्श मूल्यांकन के गुण तथा विशेषताएँ

मूल्यांकन शिक्षा का एक बहुत ही महत्त्वपूर्ण और जरूरी अंग है। लेकिन जिस अर्थ में इसे इस्तेमाल में लाया जाता है, वह तभी पूरा हो सकता है जबकि इसमें निम्न बातों का ध्यान रखा जाए—

1. वस्तुनिष्ठता—इसका अर्थ यह है कि किसी भी प्रश्न का उत्तर देते वक्त विद्यार्थी और जाँचते वक्त परीक्षकगण अपनी-अपनी रुचियों, भावनाओं तथा जानकारी को ही महत्त्व देते हुए यदि अपने उत्तर को अपने रंग में न रंग सके तो वह मूल्यांकन वस्तुनिष्ठ कहलाता है। किसी भी परीक्षा की वस्तुनिष्ठता उसके प्रश्नों को देखकर आसानी से पहचानी जा सकती है। यदि प्रश्नों का उत्तर संक्षिप्त और हर परिस्थिति में एक-सा ही हो और उस पर व्यक्तिगत दृष्टिकोण, पसन्द ना पसन्द तथा भावनाओं का कोई प्रभाव न पड़े तो वह परीक्षा वस्तुनिष्ठता कहीं जा सकती है।

2. विषयनुकूलता—अच्छा मूल्यांकन वही माना जाता है जो विषय के अनुकूल हो अर्थात् उसके माध्यम से वही मापा जाए जिसे मापने हेतु उसे इस्तेमाल में लाया गया हो (It should measure what it seeks to measure)/ इस प्रकार से नागरिकशास्त्र के मूल्यांकन को विषयानुकूल तभी कहेंगे जबकि उसके हम नागरिकशास्त्र सम्बन्धी योग्यता को ही मापें और भाषा की योग्यता, स्वच्छता एवं सामान्य बुद्धि को नहीं।

3. निदानात्मकता—एक अच्छे मूल्यांकन में निदानात्मकता का गुण भी होना चाहिए। जिस प्रकार किसी भी रोगी के रोग का सही निदान उसके उपचार हेतु जरूरी है, इसी तरह विद्यार्थियों की कमियों, कठिनाईयों तथा रुचियों इत्यादि का सही ज्ञान भी जरूरी है जिससे उनकी रुकावटों को दूर किया जा सके। अच्छा मूल्यांकन वही कहा जा सकता है, जो इस दिशा में सही सहयोग दे।

4. विश्वसनीयता—रिट्ज़लैण्ड के मतानुसार "विश्वसनीयता से आशय उस श्रद्धा से है, जो एक परीक्षा में स्थापित की जा सकती है।" किसी पर विश्वास उसके व्यवहार में यथार्थता और एकरूपता (Accuracy and Consistency of Behaviour) के कारण ही होता है। यदि एक घड़ी ठीक वक्त देती है तो कई बार उसकी जाँच करने पर उस पर अनायास ही विश्वास जम जाता है। इसी तरह यदि किसी परीक्षा में विद्यार्थी की योग्यता का यथार्थ रूप से मूल्यांकन करने से उसमें कोई अन्तर नहीं आता तो उसे हम विश्वसनीय कहेंगे। यदि एक बार परीक्षा देने में परीक्षक

किसी भी विद्यार्थी को 100 में से 60 अंक देकर उच्च स्तर का घोषित करे तथा दूसरी बार वही परीक्षक उसी परीक्षार्थी को 100 में 40-45 अंक देकर सामान्य स्तर का घोषित करवाए तो ऐसी परीक्षा कभी भी विश्वसनीय नहीं हो सकती।

5. व्यावहारिकता—मूल्यांकन के व्यावहारिक होने का अर्थ उसकी निम्न विशेषताओं में है—

(a) **बनाने में आसानी**—मूल्यांकन का साधन, प्रश्न-पत्र और अन्य सामग्री अधिक खर्चीला न हो तथा उसे तैयार करने में अधिक परिश्रम तथा वक्त नहीं लगता है।

(b) **परीक्षा लेने में आसानी**—जब विद्यार्थियों की जाँच की जाए तो उनकी बिना किसी प्रबन्धात्मक (Administrative) तथा अनुशासन सम्बन्धी समस्या की ठीक जाँच की जा सके। छात्र आपस में नकल तथा पूछताछ के माध्यम से अनुचित लाभ उठाने में समर्थ न हो सकें।

(c) **अंक लगाने में आसानी**—परीक्षक को विद्यार्थियों के अंक लगाने में आसानी हो। अधिक लम्बे-लम्बे प्रश्नों को ठीक तरह से पढ़ने और समझने के उपरान्त सभी विद्यार्थियों के उत्तर का तुलनात्मक अध्ययन करते हुए अंक देना अध्यापक हेतु बड़ा सिर दर्द बन जाता है। इसलिए मूल्यांकन ऐसा होना चाहिए जिसमें अध्यापक को सही और न्यायपूर्ण अंक लगाने में आसानी हो।

6. समुचितवरणीयता—मूल्यांकन का उद्देश्य पिछली पढ़ाई सम्बन्धी सभी बातों के बारे में यह पता लगाना होता है कि विद्यार्थी उनको ठीक तरह से समझ पाए हैं या नहीं तथा उसमें कितनी योग्यता और ज्ञान की वृद्धि हुई है। अतः मूल्यांकन ऐसा होना चाहिए कि इस दिशा में वह अधिक से अधिक जाँच कर सके, उसमें सभी प्रकरणों, प्रकरणों के सभी अंशों तथा अन्य उपयोगी ज्ञान की सही जाँच की क्षमता हो। ऐसा न हो कि कुछ प्रकरणों में से प्रश्न पूछ लिए जाए और कुछ बिल्कुल अछूते ही रह जाएँ। फिर एक प्रकरण में से एक प्रश्न चुन लेने से प्रकरण के सभी अंशों को सही प्रतिनिधित्व कैसे मिल सकता है? यदि जाँच करनी ही है तो हर पढ़ाए हुए अंश को सही जगह मिलना ही चाहिए। समुचितवरण तभी हो सकता है जबकि मूल्यांकन में प्रश्नों की संख्या अधिक हो तथा प्रश्न इस तरह के हों कि वे पढ़ाए हुए ज्ञान के सभी क्षेत्रों का सही प्रतिनिधित्व कर सकें।

नवीन तरह के प्रश्न-पत्र

किसी भी परीक्षा-प्रणाली के माध्यम से सही मूल्यांकन उस परीक्षा में प्रयुक्त जाँच सामग्री पर बहुत कुछ निर्भर करता है। हमारी प्रचलित परीक्षा प्रणाली सही

जाँच सामग्री इस्तेमाल में न लाने पर ही अत्यन्त दोष पूर्ण और निरर्थक सिद्ध हो रही है। पुराने निबन्धात्मक ढंग के प्रश्नों का प्रयोग, जिनमें कि बच्चे प्रश्न-पत्र के लगभग सभी गुणों का अभाव है, हमारी शिक्षा व्यवस्था को डावॉडोल बनाए हुए हैं। इस तरह के प्रश्नों के अन्तर्गत दोषों को देखकर ही अब इनके जगह पर नवीन शैली के प्रश्न-पत्रों (Objective Type Tests) को जगह देने की आवश्यकता अनुभव की जा रही है। इन प्रश्न-पत्रों में विषयानुकूलता, वस्तुनिष्ठा, समुचितवरण, विश्वसनीयता आदि गुण, जो एक आदर्श प्रश्न-पत्र में पाए जाने चाहिएँ, पाए जाते हैं। हल करने में तथा जाँचने में भी परिश्रम तथा वक्त का अपव्यय नहीं होता। इसकी मदद से विद्यार्थियों की गणित सम्बन्धी योग्यता का सही मूल्यांकन किया जा सकता है।

निबन्धात्मक परीक्षा में बालकों को कुछ प्रश्नों का उत्तर देना पड़ता है। इसमें छात्रों की भाषा, शैली, अभिव्यंजना, सुलेख आदि का मूल्यांकन होता है। इस प्रणाली का इस्तेमाल बहुत पहले से होता चला आ रहा है। वर्तमान वक्त में भी इसी प्रणाली का अधिक इस्तेमाल होता है। यद्यपि वर्तमान युग में इस प्रणाली में अनेक दोष बताए गए हैं।

निबन्धात्मक परीक्षा प्रणाली के दोषों को दूर करने हेतु वस्तुनिष्ठ प्रणाली का इस्तेमाल किया गया। वस्तुनिष्ठ परीक्षा प्रणाली में ऐसे छोटे-छोटे प्रश्न होते हैं, जिन पर भाषा, अभिव्यंजना, लेखन शैली आदि का प्रभाव नहीं पड़ता है। इन प्रश्नों के माध्यम से तथ्यों का सही मापन होता है। वर्तमान वक्त में वस्तुनिष्ठ परीक्षा प्रणाली का इस्तेमाल धीरे-धीरे काफी प्रचलित हो गया है।

वर्तमान परीक्षा प्रणाली के दोष

वर्तमान परीक्षा प्रणाली परम्परागत निबन्धात्मक परीक्षा प्रणाली है। अनेक अनुसंधानों के माध्यम से इस प्रणाली को अविश्वसनीय और अवैध बताया गया है। इस प्रणाली में निम्न दोष हैं–

1. इस प्रणाली में छात्रों के ज्ञान की अपेक्षा उनकी भाषा-शैली की जाँच अधिक होती है।
2. इस प्रणाली के माध्यम से केवल सैद्धांतिक ज्ञान प्राप्त होता है व्यावहारिक ज्ञान की कोई जाँच नहीं होती है।
3. यह प्रणाली आत्मगत मापन पर बल देती है। अर्थात् इसमें परीक्षक एक ही तरह के प्रश्नों के उत्तरों की जाँच कर पृथक्-पृथक् अंक प्रदान करता है। इस तरह इस प्रणाली में परीक्षकों के बदलने तथा परीक्षक की परिस्थितियों के बदलने पर मूल्यांकन प्रभावित हो जाता है।

4. इस प्रणाली के कारण शिक्षा का स्वरूप बदल गया है। शिक्षक और छात्र केवल परीक्षा उत्तीर्ण कराने वे करने हेतु शिक्षा प्राप्त करते हैं।
5. इस परीक्षा प्रणाली में छात्रों को लम्बे-लम्बे निबन्ध याद करने पड़ते हैं जिससे उनके स्वास्थ्य पर बुरा प्रभाव पड़ता है जो छात्र सभी तथ्यों को जानते हुए भी लम्बे निबन्ध नहीं लिख पाते हैं, वे परीक्षा में अनुत्तीर्ण हो जाते हैं जिससे निराशा व आत्महत्या, गृहत्याग आदि की घटनाएँ होती हैं।
6. यह प्रणाली अमनोवैज्ञानिक है इसमें छात्रों की रुचि, योग्यता, क्षमता आदि को ध्यान में नहीं रखा जाता है।

वस्तुनिष्ठ परीक्षा

वर्तमान वक्त में मूल्यांकन करने की प्रविधियों में सर्वाधिक इस्तेमाल वस्तुनिष्ठ परीक्षा प्रणाली का हो रहा है। वस्तुनिष्ठ परीक्षा में प्रश्नों के निम्न प्रारूप मिलते हैं–

1. प्रत्यास्मरण प्रश्न–इन प्रश्नों के माध्यम से बालकों के स्मरण शक्ति की जाँच की जाती है। इनके उत्तर एक अथवा दो शब्द के होते हैं। जैसे–भारत का संविधान कब लागू हुआ था?

2. रिक्त जगह पूरक–इन प्रश्नों में वाक्यों में रिक्त स्थानों की पूर्ति करनी होती है। जैसे–भारत के वर्तमान राष्ट्रपति................हैं।

3. मिलान अथवा तुलना वाले प्रश्न–इस तरह के प्रश्नों में दो सूचियों के पदों में मिलान अथवा तुलना करके सही क्रम लिखने को कहा जाता है। जैसे–नीचे दी गई दोनों सूचियों में से मिलान करते हुए जोड़े बनाये–

स्तम्भ A	स्तम्भ B
(क) दयानन्द सरस्वती	(अ) ब्रह्म समाज
(ख) राजाराम मोहन राय	(आ) आर्य समाज
(ग) महात्मा गाँधी	(इ) भूदान यज्ञ
(घ) आचार्य विनोबा भावे	(ई) सहयोग आन्दोलन

4. सत्य-असत्य प्रश्न–इस तरह के प्रश्नों में कुछ कथन दिए जाते हैं और कथनों का उत्तर सत्य अथवा असत्य या हाँ अथवा नहीं में देना होता है। जैसे–राज्यपाल का चुनाव जनता के माध्यम से किया जाता है। (सत्य/असत्य)

5. बहुविकल्पीय प्रश्न–इसमें एक प्रश्न के कई विकल्प दिए जाते हैं। उनमें से सही विकल्प वाला उत्तर चुनना होता है। जैसे–भारत के वर्तमान राष्ट्रपति है

(अ) डॉ. राधा कृष्णन (ब) श्री आर वेंकट रमन (स) श्री वी. वी. गिरी (द) डॉ. शंकर दयाल शर्मा।

6. वर्गीकरण प्रश्न—इनमें बालकों को शब्दों का एक समूह दिया जाता है जिसमें से एक उस समूह से भिन्न होता है, जिसे छाँटकर लिखना होता है। जैसे—नीचे दिए गए शब्दों में से भिन्नता रखने वाले शब्दो को रेखांक्ति करो—कांग्रेस, भारतीय जनता पार्टी, आर्य समाज, जनता दल, बहुजन समाज पार्टी।

वस्तुनिष्ठ तरह के प्रश्नों में वैधता और विश्वसनीयता बहुत अधिक होती है। इनके अंकन में शुद्धता एवं सरलता रहती है। यह रटने की प्रवृत्ति को कम करते हैं। किन्तु साथ ही इन प्रश्नों में कुछ दोष होते हैं। इनके सृजन में अधिक वक्त व श्रम लगता है। इन प्रश्नों के उत्तर अनुमान से भी छात्र देने लगते हैं। इनमें नकल करने की सँभावनाएँ अधिक हो जाती है। इनके माध्यम से छात्रों में धीरे-धीरे अभिव्यक्ति करने की शैली का ह्रास होता है। इनके माध्यम से केवल तथ्यों की जाँच हो पाती है।

परन्तु उक्त कमियाँ ऐसी नहीं है, जिनका सुधार करके उनकों दूर नहीं किया जा सके। इन कमियों को दूर करके तथा पुरानी और नई दोनों परीक्षा प्रणलियों का सही समन्वय करके जाँच विधि का एक आदर्श ढंग अपनाया जा सकता है। निम्न सुझाव इस दिशा में उपयोगी सिद्ध हो सकते हैं—

(i) निबन्धात्मक (Essay Type) तथा नवीन परीक्षा प्रणाली (Objective Type) दोनों को ही मूल्यांकन में जगह दिया जाना चाहिए। नवीन तरह के प्रश्नों के साथ-साथ कुछ प्रश्न निबन्धात्मक भी होने चाहिए।

(ii) लिखित परीक्षा के साथ-साथ मौखिक एवं क्रियात्मक परीक्षाओं को भी जगह दिया जाना चाहिए।

(iii) जाँच-पत्र की विषयानुकूलता तथा विश्वसनीयता को प्रयोगों तथा अनुभवों के माध्यम से परख करके प्रमाणित (Standardised) बना लेना चाहिए।

(iv) विद्यार्थियों से प्रश्नों के उत्तर पृथक कागज पर लिखवा लेने चाहिएँ। इससे परीक्षा पुस्तिकाओं को बार-बार इस्तेमाल में लाया जा सकता है। इस तरह प्रश्नों को बार-बार छपवाने तथा उत्तर पुस्तिकाओं के व्यय को बचाया जा सकता है।

(v) अनुमान (Guess) पर नियन्त्रण लगाने हेतु निम्न इस्तेमाल में लाना चाहिए।

जबकि नीचे दिया गया है कि:—M=Marks Deserved (अंक जिन्हें पाने का वह अधिकारी हो), R=Right Answers (विद्यार्थी के माध्यम से दिए गए शुद्ध

उत्तरों की संख्या), W=Wrong Answers (विद्यार्थी के माध्यम से दिए गए अशुद्ध उत्तरों की संख्या) तथा N = Total Number of Questions (कुल प्रश्न जिनके उत्तर देने हैं।)

यह नियम सत्य-असत्य के निर्णय वाले, बहुविकल्प एवं युगलीकरण जाँच-पत्रों में प्रयुक्त हो सकता है।

परामर्श

प्रचलित परीक्षा के उपर्युक्त दोषों को दूर करने हेतु निम्नलिखित सुझाव दिए जा सकते हैं–

1. परीक्षकों को प्रश्नों के आदर्श उत्तर उपलब्ध कराए जाएँ।
2. परीक्षकों के माध्यम से अंकन अंकों में न कराकर ए.बी.सी. श्रेणियों में कराया जाए।
3. परीक्षा के साथ-साथ मूल्यांकन की अन्य प्रविधियों का इस्तेमाल किया जाए।
4. निबन्धात्मक प्रश्नों के साथ-साथ वस्तुनिष्ठ प्रश्नों को भी सम्मिलित किया जाए।
5. प्रश्न अत्यन्त स्पष्ट, उपयुक्त और छोटे हों, भ्रामक न हों। परीक्षकों का चयन करते वक्त उनकी योग्यता, अनुभव और प्रशिक्षण को ध्यान में रखा जाए।

11

नागरिकशास्त्र शिक्षण में प्रयुक्त अनुदेशन व्यूह एवं शिक्षण-प्रतिमान

नागरिकशास्त्र के शिक्षण में शिक्षण विधि, शिक्षण आव्यूह तथा शिक्षण प्रतिमानों का उपयोग किया जाता है। शिक्षण आव्यूह में व्यक्तिगत भिन्नता को प्राथमिकता दी जाती है और ये छात्र केन्द्रित प्रतिमा के अन्तर्गत शिक्षण के लक्ष्य को प्रधानता दी जाती है और उसी लक्ष्य की प्राप्ति हेतु शिक्षण का प्रारूप और सामाजिक प्रणाली को विकसित करते हैं। इस तरह इस अध्याय में निम्नलिखित दो प्रकरणों का वर्णन किया गया है।

(1) अभिक्रमित अनुदेशन—एक अनुदेशन आव्यूह।

(2) शिक्षण के प्रतिमान—सामाजिक विज्ञान में उपयोगी।

अभिक्रमित अनुदेशन

अभिक्रमित अनुदेशन का विकास बी.एफ. स्किनर ने (1954) में हारवर्ड विश्वविद्यालय के मनोविज्ञान की प्रयोगशाला में किया था। इनका शोध पत्र **'अधिगम का विज्ञान और शिक्षण कला'** (Science of Learning and Art of Teaching, 1954) में प्रकाशित हुआ था। इसका विकास एक अधिगम की प्रविधि के रूप में हुआ है। यह सक्रिय अनुबद्ध अधिगम सिद्धान्तों पर आधारित है। यह स्किनर के शिक्षण प्रतिमान का एक व्यावहारिक रूप है। इसको कइ नामों

से सम्बोधित किया जाता है। व्यक्तिगत-अनुदेशन (Individualized Instruction) तथा अभिक्रमित अनुदेशन (Programmed Instruction) आदि। **सुसन मारकल** ने अभिक्रमित अनुदेशन की परिभाषा इस तरह की है।

सुसन मारकल के विचार में–'अभिक्रमित अधिगम' व्यक्तिगत-अनुदेशन की विधि है जिसमें छात्र सक्रिय रहकर अपनी गति से सीखता है और उसे तत्काल ज्ञान मिलता है और शिक्षण की आवश्यकता पूरी होती है।

अभिक्रमित अनुदेशन के आधारभूत सिद्धान्त

यह प्रत्यय कुछ मूलभूत अधिनियमों पर आधारित है जिनका प्रतिपाद मनोविज्ञान के इस्तेमाल के आधार पर किया गया है। यह सक्रिय अनुबद्ध अनुक्रिया सिद्धान्त पर आधारित है। जिसके अधोलिखित पाँच अधिनियम हैं–

(1) तत्कालीन जाँच का अधिनियम–छात्रों की अनुक्रियाओं के साथ-साथ छात्रों को पुष्टि करनी होती है जिससे पुर्नबलन मिलता है। इसमें लगातार पुनर्बलन दिया जाता है।

(2) स्वतः अध्ययन गति का अधिनियम– हर छात्र अपने अध्ययन गति एवं योग्यताओं के अनुरूप पदों को पढ़ता है और सीखता है।

(3) छात्र आलेख का सिद्धान्त–छात्र अध्ययन करते वक्त अपने सीखने का आलेख तैयार करता है। अनुक्रियाओं से छात्र के अध्ययन की परीक्षा भी होती है।

(4) छोटे पदों का अधिनियम–इसमें पाठ्य-वस्तु को छोटे-छोटे पदों में क्रमबद्ध रूप में प्रस्तुत किया जाता है। जिससे छात्र अधिक सीखते हैं।

(5) तत्परता अनुक्रिया का अधिनियम–छोटे पदों में रिक्त जगह छोड़ दिए जाते हैं उनको पूरा करने हेतु छात्रों को तत्पर होकर अनुक्रिया करनी होती है।

श्रृंखला अभिक्रमित्त अनुदेशन की अवधारणाएँ

इसकी अवधारणाएँ अधोलिखित हैं–

1. पाठ्य-वस्तु को छोटे पदों को क्रमबद्ध रूप में रखने से अधिगम अधिक होता है।
2. अध्ययन के वक्त लगातार पुनर्बलन देने से अधिगम प्रभावशाली होता है।
3. छात्रों को उनकी योग्यताओं के अनुरूप अवसर देने पर अधिगम प्रभावशाली होता है।
4. छात्र अध्ययन के वक्त अनुक्रिया करने से अधिक सीखता है।
5. अध्ययन की त्रुटि सीखने में बाधक होती है।

अभिक्रमित अनुदेशन पृष्ठपोषण प्रविधि के रूप में

अभिक्रमित अनुदेशन का विकास मौलिक रूप में छात्रों के अधिगम में वृद्धि करने, उसे प्रभावशाली बनाने तथा व्यक्तिगत भिन्नताओं को सुविधा प्रदान करने के लिए किया गया है। लेकिन शिक्षक-व्यवहार के सुधार के लिए एक पृष्ठपोषण के रूप में इसका इस्तेमाल किया जा सकता है।

अनुदेशन के अभ्यास से शिक्षण की पाठ्य-वस्तु के वास्तविक रूप में बोध होता है तथा अधिगम-उद्देश्यों की प्राप्ति हेतु व्यवस्था क्रम की जानकारी होती है। यह जानकारी छात्राध्यापकों हेतु पृष्ठपोषण का कार्य करती है और पाठ्य-वस्तु के प्रस्तुतीकरण में विकास एवं सुधार करती है।

इस विवरण से यह प्रमाणित किया जा चुका है कि छात्राध्यापकों को पाठ-योजना तैयार करके जिस पाठ्य-वस्तु को पढ़ाने के उपरान्त उनसे उसी पाठ्य-वस्तु पर अभिक्रमित अनुदेशन की रचना कराई जाए और उसके अनुसार दूसरी कक्षा में उसी पाठ्य-वस्तु को पुनः पढ़वाया जाए तो उसकी दोनों कक्षाओं के शिक्षण में महत्वपूर्ण अन्तर पाया जाता है।

अभिक्रमित अनुदेशन से छात्राध्यापकों में अधोलिखित क्षमताओं का विकास किया जाता है। इसे उपचारी शिक्षण में प्रयुक्त करते हैं—

1. अधिगम उद्देश्यों की प्राप्ति हेतु समुचित व्यक्तियों का चयन करके प्रयुक्त करने की योजनाओं का विकास किया जा सकता है।
2. छात्रों को प्रस्तुतीकरण में तत्पर रखने हेतु समुचित प्रविधियों को प्रयुक्त करने का विकास किया जा सकता है।
3. शिक्षण में व्यक्तिगत भिन्नताओं को ध्यान में रखकर छात्रों को अवसर प्रदान करने की क्षमताओं का विकास किया जा सकता है।
4. अभिक्रमति अनुदेशन की रचना के अभ्यास से छात्राध्यापकों में उद्देश्यों को व्यापारिक रूप से लिखने तथा उनके लिए समुचित अधिगम परिस्थितियाँ पैदा करने की योग्यता को विकसित किया जा सकता है।
5. पाठ्य-वस्तु का तत्वों में विश्लेषण करना और सीखने के क्रम में व्यवस्था करने की क्षमताओं का विकास किया जा सकता है।
6. पाठ्य-वस्तु को छोटे-छोटे क्रमबद्ध पदों के रूप में प्रस्तुत करने से क्षमताओं का विकास किया जा सकता है।
7. प्रस्तुतीकरण से छात्रों की अनुक्रियाओं को अवसर देना तथा उनके सही उत्तर को पुनर्बलन प्रदान करने की क्षमताओं का विकास किया जा सकता है।

शिक्षण प्रतिमान

शिक्षण शिक्षाशास्त्र की मुख्य क्रिया है, इसी के सम्बन्ध में सम्पूर्ण जानकारी शिक्षाशास्त्र में दी जाती है। शिक्षण की प्रकृति को समझने हेतु शिक्षण-सिद्धान्त का प्रतिपादन नहीं हो सका है क्योंकि शिक्षण की प्रकृति दार्शनिक, सामाजिक तथा मनोवैज्ञानिक है इसलिए शिक्षण-सिद्धान्त तीन तरह के हो सकते हैं—1. दार्शनिक शिक्षण-सिद्धान्त, 2. सामाजिक शिक्षण-सिद्धान्त और 3. मनोवैज्ञानिक शिक्षण-सिद्धान्त।

दार्शनिक तथा सामाजिक शिक्षण-सिद्धान्त का प्रतिपादन तार्किक ढंग से किया गया है लेकिन अन्य ढंग अर्थात् मनोवैज्ञानिक शिक्षण-सिद्धान्तों का प्रतिपादन नहीं हो सका है। इसके लिए परिकल्पनाओं का प्रतिपादन किया जाता है, प्रदत्तों के आधार पर उनकी पुष्टि की जाती है तब सिद्धान्त का प्रतिपादन होता है। परिकल्पना पूर्व सिद्धान्तों पर आधारित होती है। शिक्षण-सिद्धान्त हेतु परिकल्पना अधिगम सिद्धान्तों पर होगी। इसलिए कहा जाता है कि शिक्षण अधिगम पर आधारित होती है। शिक्षण तथा अधिगम का घनिष्ठ सम्बन्ध होता है।

शिक्षण-सिद्धान्तों के प्रतिपादन का प्रयत्न किया जा रहा है उसके लिए परिकल्पनाओं का प्रतिपादन किया गया है। इन परिकल्पनाओं की पुष्टि के लिए इस्तेमाल किए जा रहे हैं। जिस परिकल्पना की भी पुष्टि शिक्षण से की जाती है उसे 'शिक्षण प्रतिमान' की संज्ञा दी गई है। परिकल्पना में शिक्षण के लक्ष्य को महत्व दिया जाता है उसी लक्ष्य की प्राप्ति हेतु शिक्षण के जिस स्वरूप की संरचना की जाती है तो उसे शिक्षण प्रतिमान कहते हैं। अगर उस प्रतिमान के लक्ष्य की प्राप्ति हो जाती है तब वही प्रतिमान शिक्षण प्रतिमान कहलाएगा। उदाहरण हेतु बी.एफ. स्किनर ने अनुबन्ध-अधिगम सिद्धान्त का प्रतिपादन किया। स्किनर ने व्यवहार बदलाव हेतु अपने अधिगम सिद्धान्त पर आधारित शिक्षण-प्रतिमान का प्रतिपादन किया जिसे श्रृंखला अभिक्रमित अधिगम कहते हैं। जिस पर विभिन्न विषयों में तथा विभिन्न कक्षाओं में इसका इस्तेमाल किया जा रहा है। इस्तेमाल से यह पुष्टि हो जाती है कि इससे छात्रों में अपेक्षित बदलाव किया जाता है तब सक्रिय अनुबन्ध शिक्षण-सिद्धान्त का प्रतिपादन हो जाएगा। इस अध्याय में इन्हीं शिक्षण-प्रतिमानों का वर्णन किया गया है।

शिक्षण-प्रतिमान का प्रत्यय

शिक्षण आव्यूह का प्रमुख कार्य शैक्षिक वातावरण पैदा करता है जिससे शिक्षक छात्रों में अपेक्षित व्यवहार बदलाव लाने में समर्थ होते हैं। इस तरह शिक्षण आव्यूह

एक शिक्षण प्रतिमान या शिक्षण प्रारूप प्रदान करता है, जिस पर शिक्षक पाठ्यक्रम की क्रियाओं को सम्पादित करता है। इस प्रत्यय ने शिक्षा मनोविज्ञान का लक्ष्य बदल दिया गया है। शिक्षा मनोविज्ञान में अधिगम को केन्द्र बिन्दु माना जाता है। लेकिन अब शिक्षा मनोविज्ञान का केन्द्र बिन्दु शिक्षण माना जाने लगा है। अधिगम सिद्धान्त कक्षा शिक्षण की समस्याओं तथा शैक्षिक वातावरण की समस्याओं के समाधान में असफलत रहे हैं। अतः शिक्षण सिद्धान्तों के आधार पर अधिक बल दिया जा रहा है लेकिन अभी तक किसी भी शिक्षण-सिद्धान्त का प्रतिपादन नहीं हो सका है। इस दिशा में शिक्षा शास्त्री तथा मनोवैज्ञानिक प्रयत्नशील हैं। शिक्षण प्रतिमान तथा शिक्षण प्रारूप को शिक्षण सिद्धान्तों का आदि रूप माना जाता है।

सिद्धान्तों का प्रतिपादन, पूर्व सिद्धान्तों के आधार पर किया जाता है। शिक्षण और अधिगम का घनिष्ठ सम्बन्ध होता है। जहाँ शिक्षण होता है वहाँ अधिगम होना जरूरी है। लेकिन सीखने हेतु शिक्षण जरूरी नहीं है। बिना शिक्षण के भी अधिगम होता है। **क्रानबेक** का कथन है कि शिक्षण-सिद्धान्त का प्रतिपादन अधिगम सिद्धान्तों की मदद से किया जा सकता है। इस तरह शिक्षण सिद्धान्तों का आधार अधिगम के सिद्धान्त शिक्षण माने जाते हैं। इसके अलावा **गेने** तथा **क्रानबेक** के विचारों से सहमत है कि शिक्षण के सिद्धान्तों को अधिगम के सिद्धान्तों को अधिगम सिद्धान्तों पर आधारित किया जा सकता है, क्योंकि अधिगम शिक्षण पर आधारित है। सही मायने में क्षिक्षण-प्रारूप को शिक्षण प्रतिमान कहते हैं तथा शिक्षण-सिद्धान्त हेतु यह परिकल्पना का कार्य करते हैं। प्रतिमान शिक्षण-सिद्धान्त की पूर्व अवस्था है।

आदिकाल से ही शिक्षण प्रतिमानों का विकास हुआ है। शिक्षण प्रतिमानों को शिक्षा-दर्शन, शासन प्रणाली, समाजिक मूल्यों तथा शिक्षा मनोविज्ञान ने प्रभावित किया है। शिक्षा प्रणाली के उद्देश्यों तथा मूल्यों को शिक्षा दर्शन ही निर्धारित करता है। किसी भी देश के तत्कालीन राजनैतिक सिद्धान्त भी शिक्षा प्रणाली के लक्ष्यों के निर्धारण में महत्वपूर्ण कार्य करते हैं। शिक्षा दर्शन, राजनैतिक सिद्धान्त तथा सामाजिक मूल्यों का सम्बन्ध शिक्षा के उद्देश्यों से होता है। शिक्षा के उद्देश्यों की प्राप्ति हेतु समुचित साधनों का निर्धारण शिक्षा मनोविज्ञान ही करती है। इस तरह शिक्षण प्रतिमानों का शिक्षा मनोविज्ञान से घनिष्ठ सम्बन्ध होता है।

शिक्षण प्रतिमानों का विकास अधिगम के सिद्धान्तों के आधार पर किया गया है। शिक्षण-सिद्धान्त के अन्तर्गत चरों के कार्यों, आपसी सम्बन्धों तथा अन्तःप्रक्रिया की क्रमबद्ध रूप से व्याख्या की जाती है जबकि प्रतिमान के चरों हेतु अधिगम के

सिद्धान्तों के सादृश अनुभव से उनकी उपयोगिता के सम्बन्ध में निर्णय लिया जाता है। एक उदाहरण से इसको स्पष्ट किया जा सकता है। अभिक्रमित-अनुदेशन शिक्षण के प्रतिमान के इस्तेमाल का रूप है जिसे स्किनर का प्रतिमान कहते हैं, यह उनके अधिगम के सिद्धान्त पर आधारित है। उसकी उपयोगिता के सम्बन्ध में प्रयोगों के माध्यम से निर्णय लेने का प्रयत्न किया जा रहा है। सम्भव है कि इन प्रयोगों के आधार पर शिक्षण के सिद्धान्त का प्रतिपादन किया जा सके।

शिक्षण प्रतिमान का अर्थ

बी.आर. जुआइस ने इस शिक्षण प्रतिमान की परिभाषा इस तरह की है— ''शिक्षण प्रतिमान अनुदेशन की रूपरेखा (Instruction Designs) माने जाते हैं। इसके अन्तर्गत विशेष उद्देश्य प्राप्ति हेतु विशिष्ट परिस्थिति का उल्लेख किया जाता है। जिसमें छात्र व शिक्षक की अन्तःप्रक्रिया इस तरह की हो कि उनके व्यवहार में अपेक्षित बदलाव लाया जा सके।''

शिक्षण प्रतिमान तथा शिक्षण आव्यूह (Teaching Strategies) दोनों एक ही कार्य करते हैं। दोनों ही शिक्षण उद्देश्यों की प्राप्ति हेतु विशिष्ट शैक्षिक वातावरण पैदा करते हैं, लेकिन कोई भी शिक्षण आव्यूह मूल्यांकन प्रणाली (Support System) को विकसित नहीं करती है। शिक्षण हेतु परीक्षण जरूरी क्रिया मानी जाती है, बिना परीक्षण के शिक्षण प्रक्रिया अधूरी रहती है। शिक्षण प्रतिमान की मूल्यांकन प्रणाली महत्वपूर्ण होती है। इस तरह शिक्षण प्रतिमान परीक्षण को भी समान महत्व देते हैं और सहायक प्रणाली (Support System) को विकसित भी करते हैं। शिक्षण प्रतिमान, शिक्षण आव्यूह की अपेक्षा अधिक व्यापक होते हैं।

शिक्षण प्रतिमान में शिक्षण की विशिष्ट रूपरेखा का विवरण होता है जिसके सिद्धान्तों की पुष्टि प्रयोगों के निष्कर्ष पर आधारित होती है। प्रतिमान का प्रारूप मुख्यतः छः तरह की क्रियाओं को सम्मिलित करता है। ये क्रियाएँ अधोलिखित हैं—

(1) सीखने की निष्पत्तियों को व्यावहारिक रूप देना।

(2) समुचित उद्दीपन की परिस्थितियों का चयन करना जिससे छात्र अपेक्षित अनुक्रिया कर सकें।

(3) उन परिस्थितियों का विशिष्टीकरण करना जिनमें छात्रों की अनुक्रियाओं को देख सकें।

(4) छात्रों की निष्पत्ति हेतु मानदंड-व्यवहारों को निर्धारित करना।

(5) छात्र तथा वातावरण के मध्य अन्तःप्रक्रिया की परिस्थितियों हेतु युक्तियों का विशिष्टकरण करना।

(6) छात्रों में अपेक्षित व्यवहार-परिवर्तन होने पर परिस्थितियों तथा युक्तियों में सुधार तथा बदलाव करना।

शिक्षण प्रतिमान की स्वयं सिद्ध कल्पना (Postulate) यह है कि सीखने की निष्पत्तियों को निश्चित रूप में वर्गीकृत किया जा सकता है। हर उद्देश्य की प्राप्ति विशिष्ट परिस्थितियों के पैदा करने से की जा सकती है।

इस तरह के शिक्षण प्रतिमान शिक्षण हेतु अधिक उपयोगी हो सकते हैं। शिक्षक इनका उपयोग पाठ्यक्रम की योजना में, छात्र व अध्यापक को अन्तःप्रक्रिया की निर्देशन की रूपरेखा बनाने में तथा विशिष्ट सहायक सामग्री की रचना करने में भली तरह इस्तेमाल कर सकता है।

शिक्षण प्रतिमान के आधारभूत तत्व

एक प्रतिमान के साधारणतः चार तत्व होते हैं। प्रतिमान की रूपरेखा में चारों तत्वों की व्याख्या एक साथ की जा सकती है। यह चारों तत्व इस तरह हैं–

(1) उद्देश्य–उद्देश्य से आशय उस बिन्दु से है जिसके लिए प्रतिमान विकसित किया जाता है। शिक्षण के लक्ष्य तथा उद्देश्य ही शिक्षण प्रतिमान के उद्देश्य को निर्धारित करते हैं। शिक्षण प्रतिमान का उद्देश्य ही केन्द्र बिन्दु माना जाता है।

(2) संरचना–शिक्षण प्रतिमान की संरचना में शिक्षण सोपान की व्याख्या की जाती है। इसके अन्तर्गत शिक्षण क्रियाओं तथा युक्तियों की व्यवस्था का क्रम निर्धारित किया जाता है। शिक्षण की क्रियाओं की व्यवस्था इस तरह की जाती है जिससे सीखने की ऐसी परिस्थितयाँ पैदा की जा सकें, जिनसे उद्देश्यों की प्राप्ति की जा सके। छात्रों तथा शिक्षक की अन्तःप्रक्रिया के प्रारूप को क्रमबद्ध रूप में व्यवस्थित किया जाता है।

(3) सामाजिक प्रणाली–शिक्षण एक सामाजिक प्रक्रिया है, इसलिए छात्र और शिक्षक की क्रियाओं और उनके आपसी सम्बन्धों का निर्धारण इस सोपान में किया जाता है। छात्रों को अभिप्रेरणा देने की प्रविधियों पर भी विचार किया जाता है। शिक्षण को प्रभावशाली बनाने में सामाजिक प्रणाली का विशेष महत्व होता है। छात्रों के व्यवहार का नियन्त्रण तथा उनमें अपेक्षित व्यवहार बदलाव लाना सामाजिक प्रणाली पर भी निर्धारित होता है। शिक्षण के हर प्रतिमान की अपनी विशिष्ट सामाजिक प्रणाली होती है। सामाजिक प्रणाली का प्रारूप प्रतिमान के लक्ष्य पर निर्भर होता है।

(4) सहायक प्रणाली--शिक्षण के प्रतिमान का यह अन्तिम सोपान अधिक महत्वपूर्ण माना जाता है। इसमें शिक्षण की सफलता के सम्बन्ध में निर्णय लिया जाता है कि उद्देश्यों की प्राप्ति हो सकी है या नहीं। इसके आधार पर प्रयुक्त की गई शिक्षण आव्यूह तथा युक्तियों की प्रभावशीलता का पता चलता है और उनमें सुधार एवं बदलाव लाया जा सकता है। हर प्रतिमान का उद्देश्य भिन्न होता है। इसलिए मूल्यांकन विधि भी भिन्न होती है।

शिक्षण प्रतिमानों की अवधारणाएँ

शिक्षण प्रतिमानों की निम्नलिखित धारणाएँ हैं–

(1) शिक्षण के तत्वों की व्यवस्था विभिन्न तरह से की जा सकती है जिससे विभिन्न उद्देश्यों की प्राप्ति की जाती है।

(2) शिक्षण प्रतिमान वास्तव में वातावरण पैदा करने के प्रतिमान हैं जो सीखने के अनुभवों हेतु वास्तविक तथा व्यावहारिक रूपरेखा प्रदान करते हैं।

(3) शिक्षण एक वातावरण पैदा करने का साधन है जो स्वतन्त्र अवयवों को सम्मिलित करता है।

(4) पाठ्य-वस्तु तथा कौशल अनुदेशन का कार्य करती है जिसके माध्यम से छात्रों तथा शिक्षक के मध्य अन्तःप्रक्रिया होती है। शारीरिक तथा सामाजिक क्षमताओं के विकास का अवसर मिलता है।

शिक्षण प्रतिमान के प्रकार

शिक्षण प्रतिमानों का विभाजन विभिन्न तरह से किया गया है। **इजरायल सेफलर** ने तीन दार्शनिक शिक्षण प्रतिमानों का वर्णन किया है। **जॉन पी. डिकेको** ने चार मनोवैज्ञानिक शिक्षण प्रतिमान का विवेचन किया है। उन्होंने ग्लेसर के शिक्षण प्रतिमान को एक बुनियादी शिक्षण प्रतिमान (A Basic Modern Teaching) माना है। **ई.ई. हेडन** ने चार प्रतिमानों का उल्लेख किया है जो अध्यापक शिक्षा की समस्याओं का समाधान करने में सहायक होते हैं। **जॉन पी. डिकेको** ने तीन ऐतिहासिक प्रतिमानों का भी विवेचन किया है। **ब्रूस आर. जुआइस** ने समस्त शिक्षण प्रतिमानों को चार समूहों में विभक्त किया है जिन्हें आधुनिक शिक्षण प्रतिमान (Modern Teaching Models) कहा जाता है। इन सभी प्रतिमानों को चार वर्गों में विभक्त किया जा सकता है–

(क) सामाजिक अन्तःप्रक्रिया स्रोत
1. सामाजिक पृच्छा प्रतिमान
2. प्रयोगशाला प्रतिमान
3. सामाजिक अन्वेषण प्रतिमान
4. जूरिस प्रतिभा प्रतिमान

(ख) सूचना प्रक्रिया स्रोत
1. जैविक विज्ञान पृच्छा प्रतिमान
2. अग्रिम व्यवस्थापक प्रतिमान
3. विकासात्मक प्रतिमान
4. निष्पत्ति प्रत्यय प्रतिमान
5. आगमन प्रतिमान
6. पृच्छा प्रशिक्षण प्रतिमान

(ग) व्यक्तिगत स्रोत
1. सर्जनात्मक शिक्षण प्रतिमान
2. अभिज्ञान प्रशिक्षण प्रतिमान
3. दिशाहीन शिक्षण प्रतिमान
4. कक्षा-सभा प्रतिमान

(घ) व्यवहार बदलाव स्रोत
1. सक्रिय अनुकूलन प्रतिमान

आधुनिक शिक्षण प्रतिमान

बी.आर. जुआइस (Bruce R. Joyce) ने सभी शिक्षण प्रतिमानों की समीक्षा करके उन्हें चार परिवारों में विभक्त किया है। इन्होंने प्रतिमानों के वर्गीकरण के लक्ष्य (Goals) को आधार माना है एक वर्ग में सामाजिक अन्तःप्रक्रिया, एक-दूसरे वर्ग में सूचना-प्रक्रिया, तीसरे वर्ग में व्यक्तिगत विकास तथा चौथे वर्ग में व्यवहार-परिवर्तन के विकास को महत्व दिया है। इन चारों वर्गों के शिक्षण प्रतिमानों का विवेचन विस्तार में यहाँ किया गया है। इन्होंने 'मॉडल ऑफ टीचिंग' पुस्तक लिखी है।

(क) सामाजिक अन्तःप्रक्रिया प्रतिमान

इस तरह के शिक्षण प्रतिमानों में व्यक्ति की सामाजिक क्षमताओं के विकास पर अधिक बल दिया जाता है क्योंकि मानव स्वभाव से सामाजिक सम्बन्धों को

अधिक महत्व देता है। इन प्रतिमानों का इस्तेमाल प्रजातन्त्र प्रणाली में प्रभावशाली ढंग से किया जाता है।

इसके वर्गीकरण में चार प्रतिमानों को सम्मिलित किया गया है जिनका वर्णन यहाँ पर किया गया है।

(1) सामाजिक पृच्छा प्रतिमान

इस शिक्षण प्रतिमान के प्रवर्तक **कोक्स** तथा **वाइरोन** माने जाते हैं। इससे सामाजिक समस्याओं के समाधान की क्षमताओं का विकास किया जाता है।

(1) उद्देश्य—इस प्रतिमान का उद्देश्य सामाजिक विषयों का बोध कराना है। इसमें ज्ञानात्मक पक्ष के उद्देश्यों की प्राप्ति को अधिक महत्व दिया जाता है।

(2) संरचना—इस प्रतिमान में छः सोपानों का अनुकरण किया जाता है--प्रथम सोपान में समस्या के कथन की व्याख्या की जाती है जिसे आरम्भिक बिन्दु मानते हैं। द्वितीय सोपान में समस्या हेतु परिकल्पनाओं का प्रतिपादन किया जाता है जो सूचनाएँ एकत्रित करने हेतु दिशा प्रदान करती है। तृतीय सोपान में परिकल्पनाओं के चरों का विश्लेषण किया जाता है जिससे समाधान का स्पष्टीकरण होता है। चतुर्थ सोपान में परिकल्पनाओं की तर्कपूर्ण ढंग से वैधता तथा विश्वसनीयता निर्धारित की जाती है। पंचम सोपान में परिकल्पनाओं की पुष्टि हेतु तथ्यों तथा प्रदत्तों को एकत्रित किया जाता है। षष्टम सोपान में समस्या के समाधान का कथन के रूप में उल्लेख किया जाता है इसे सामान्यीकरण भी कहते हैं।

(3) सामाजिक प्रणाली—शिक्षक छात्रों हेतु परामर्शदाता का कार्य करता है। छात्रों के चिन्तन (Reflective) स्तर के विकास हेतु अधिक अवसर दिया जाता है। शिक्षक यह प्रयत्न करता है कि छात्र स्वयं को समझ सकें तथा मार्ग को स्वयं निर्धारित कर सकें।

शिक्षक छात्रों को प्रोत्साहित करता है जिससे छात्र सोपानों का अनुसरण समुचित ढंग से करें। वाद-विवाद को स्वतन्त्र रूप में व्यस्थित किया जाता है जिससे समानता का अवसर दिया जा सके।

(4) सहायक प्रणाली—इस प्रतिमान का मूल्यांकन करना कठिन है क्योंकि इसके मूल्यांकन में छात्रों को सूचनाएँ एकत्रित करने की क्षमता, परिकल्पनाओं का परिभाषीकरण, प्रदत्तों का संकलन तथा समस्या के समाधान के कथनों को ही ध्यान में रखा जाता है। मूल्यांकन में निबन्धात्मक परीक्षाओं को भी प्रयुक्त किया जा सकता है।

(5) उपयोग—इस प्रतिमान का इस्तेमाल छात्रों में सामाजिक समस्याओं के चिन्तन हेतु किया जाता है। समस्या के समाधान हेतु प्रयुक्त किए जाने वाले सोपानों

का भी बोध होता है। यह प्रतिमान सामाजिक सन्दर्भ में तथ्यों के बोध हेतु अधिक महत्वपूर्ण माना जाता है।

(2) प्रयोगशाला विधि प्रतिमान

इस शिक्षण प्रतिमान की रचना *बेदल* तथा *मेने* ने की है। इसमें सामूहिक कौशल का विकास किया जाता है जिससे छात्र समायोजन कर सकें।

(1) उद्देश्य—छात्रों के पारस्परिक सम्बन्धों के विकास के साथ ही लचीलेपन की क्षमताओं को विकसित करना तथा समायोजन की क्षमताओं को बढ़ाना है।

(2) संरचना—प्रशिक्षण-प्रयोग की रूपरेखा की व्याख्या सामूहिक विकास हेतु की जाती है। इसलिए इसकी सुनिश्चित संरचना निर्धारित करना कठिन है। हर प्रशिक्षण की रूपरेखा भिन्न होती है। प्रयोगशाला-प्रशिक्षण में अभ्यासों, सिद्धान्तों तथा प्रशिक्षण समूह की प्रकृति एवं आवश्यकताओं को ध्यान में रखा जाता है। हर समूह की प्रकृति एवं आवश्यकताओं को ध्यान में रखा जाता है। हर समूह की अपनी विशेषताएँ होती हैं। अन्य साथियों की क्रियाओं का पर्यवेक्षण करना होता है तथा कौशल के विकास हेतु क्रियाओं का पर्यवेक्षण करना होता तथा कौशल के विकास हेतु क्रियाओं में भाग लेना पड़ता है। कौशल के विकास हेतु अभ्यासों की रूपरेखा तैयार की जाती है।

(3) सामाजिक प्रणाली—छात्र-अध्यापक को शिक्षण में अधिक क्रियाशील रहना पड़ता है। सामाजिक अभिप्रेरणा का विशेष महत्व है। प्रशिक्षण परिस्थितियाँ प्रजातान्त्रिक होती हैं। छात्र और अध्यापक को समान जगह दिया जाता है। इसमें व्यक्तिगत विकास एवं सम्प्रेषण को अधिक प्रधानता देते हैं।

(4) सहायक प्रणाली—इस प्रतिमान का मूल्यांकन करना कठिन है क्योंकि इसके मूल्यांकन में छात्रों को सूचनाएँ एकत्रित करने की क्षमता, परिकल्पनाओं का परिभाषीकरण, प्रदत्तों का संकलन तथा समस्या के समाधान के कथनों को ही ध्यान में रखा जाता है। मूल्यांकन में निबन्धात्मक परीक्षाओं को भी प्रयुक्त किया जा सकता है।

(5) उपयोग—इस प्रतिमान का इस्तेमाल आपसी सम्बन्धों के विकास हेतु किया जाता है जिससे छात्रों में समायोजना तथा लचीलेपन की क्षमताओं का विकास होता है।

(3) सामूहिक अन्वेषण प्रतिमान

इसकी सामाजिक रचना **जॉन डी.वी. किलपैट्रिक** ने की है और इसमें सामाजीकरण को प्रधानता दी गई है।

(1) उद्देश्य–इस प्रतिमान का प्रमुख उद्देश्य सामाजिक क्षमताओं का विकास करना है जिससे प्रजातान्त्रिक जीवन में छात्र समायोजन कर सकें।

(2) संरचना–छात्र के समक्ष समस्या प्रस्तुत की जाती है। समस्या शाब्दिक रूप में नहीं बल्कि वास्तविक रूप में प्रस्तुत की जाती है जिससे छात्र को अनुभव प्रदान किए जा सकें। छात्र को शिक्षक के माध्यम से समस्या दी जाती है। समस्या के प्रतिपादन के उपरान्त वे उसके समाधान हेतु प्रयत्न करते हैं। वे स्वयं क्रियाओं की व्यवस्था करते हैं। अन्त में, समूह समस्या के समाधान का मूल्यांकन करता है कि उद्देश्य की प्राप्ति हो सकी है या नहीं इस तरह यह चक्र चलता रहता है।

(3) सामाजिक प्रणाली–सामाजिक व्यवस्था प्रजातान्त्रिक होती है। शिक्षक छात्र दोनों ही क्रियाशील रहते हैं। छात्र को सीखने हेतु पूर्ण स्वतन्त्रता दी जाती है। शिक्षक छात्रों को समस्या के समाधान हेतु अभिप्रेरणा देता है। शिक्षक तथा छात्र का स्तर समान होता है लेकिन उनके कार्य पृथक्-पृथक् होते हैं। शिक्षक निर्देशक तथा परामर्शदाता का कार्य करता है। शिक्षक को छात्रों की क्रियाओं के सम्बन्ध में सतर्क रहना पड़ता है।

(4) सहायक प्रणाली–मूल्यांकन में उद्देश्यों तथा छात्रों की आवश्यकता को ध्यान में रखा जाता है। वास्तव में छात्रों की समस्या के समाधान की सार्थकता, प्रतिमान की सफलता का प्रमुख मापदंड होता है। छात्रों को समस्याओं के सम्बन्ध में कितनी सूचनाएँ ज्ञात हैं इसके आधार पर भी मूल्यांकन किया जाता है।

(5) उपयोग–इस प्रतिमान को सामाजिक अन्तःप्रक्रिया तथा सामाजिक सीखने की प्रक्रिया हेतु प्रयुक्त किया जाता है। विषयों के समस्या समाधान हेतु भी इसका इस्तेमाल किया जा सकता है।

(4) ज्यूरिस प्रोडेन्सियल प्रतिमान

इस प्रतिमान के प्रवर्तक आलीवर तथा शेवर है। इसका इस्तेमाल समायोजन की क्षमताओं के विकास हेतु किया जाता है।

(1) उद्देश्य–सूचनाओं एवं तथ्यों के आधार पर सामाजिक समस्या को तर्कपूर्ण ढंग से सोचने तथा समझने की क्षमताओं का विकास करना है।

(2) संरचना–इसको सीखने की परिस्थितियाँ, सामाजिक जीवन की समस्याओं को पहचानने से आरम्भ होती हैं। इन समस्याओं को शिक्षक तथा छात्रों के समक्ष प्रस्तुत किया जाता है। कक्षा तथा सामाजिक तनावों से भी समस्या पैदा हो जाती है। शिक्षक को विभिन्न तरह की क्रियाएँ करनी होती हैं

जिनकी मदद से छात्र तथा शिक्षक के मध्य अन्तःप्रक्रिया होती है।

(3) सामाजिक प्रणाली–ज्यूरिस प्रोडेन्सियल प्रतिमान से छात्र में शिक्षकों की सुनिश्चित क्रियाओं के माध्यम से सामाजिक समस्या के समझने की क्षमताओं का विकास किया जाता है। छात्रों को अपने विचारों को अभिव्यक्त करने की पूर्ण स्वतन्त्रता होती है।

(4) सहायक प्रणाली–इस प्रतिमान के माध्यम से ऐसी परिस्थितियाँ पैदा करने का प्रयत्न किया जाता है जिससे बौद्धिक तथा सामाजिक विकास होता है। इस प्रतिमान के मूल्यांकन में दो बातों को ध्यान में रखा जाता है। (1) छात्र समस्या समाधान हेतु जरूरी सूचनाएँ एकत्रित कर सकते हैं अथवा नहीं और (2) वाद-विवाद में छात्र न्याय-संगत स्थिति का अनुसरण कर सकते हैं अथवा नहीं। इससे यह विदित हो जाता है कि छात्र कहाँ तक जीवन की समस्याओं को सामाजिक मूल्यों से सम्बन्धित कर सकते हैं।

इस प्रतिमान का इस्तेमाल छात्रों की क्षमताओं के विकास हेतु किया जा सकता है। इससे वे सामाजिक समस्याओं का विश्लेषण कर सकते हैं और सामाजिक मूल्यों को महत्व दे सकते हैं। इनको सामाजिक क्षमताओं के विकास हेतु भी प्रयुक्त किया जाता है।

(ख) सूचना प्रक्रिया प्रतिमान

इस तरह के प्रतिमानों के माध्यम से छात्रों को सूचना तथा तथ्यों का बोध कराया जाता है। इनमें समस्या के समाधान तथा तथ्यों, प्रत्ययों के बोध हेतु उद्दीपन तथा समुचित वातावरण को पैदा किया जाता है। इनके इस्तेमाल से छात्रों की सामान्य बौद्धिक क्षमताओं का विकास किया जाता है। इस वर्ग में छः प्रतिमान सम्मिलित किए जाते हैं। इनका संक्षिप्त विवरण निम्नलिखित है–

(1) जैविक विज्ञान–पृच्छा प्रतिमान

जोसेफ जे. सकवाब ने इस प्रतिमान का विकास किया है। इसमें सामाजिक तथ्यों के अन्वेषण (Discovery) का अनुसरण किया जाता है। छात्र अपने लिए सामाजिक परिस्थितियों में तथ्यों का अन्वेषण करता है।

(1) उद्देश्य–इस प्रतिमान का उद्देश्य, अन्वेषण कराना, सामाजिक तथ्यों का बोध कराना तथा सामाजिक समस्याओं का समाधान करने की क्षमताओं का विकास करना है।

(2) संरचना—साधारणतः इसकी संरचना में चार सोपानों का अनुसरण किया जाता है—प्रथम सोपान में छात्रों के अन्वेषण का क्षेत्र निर्धारित किया जाता है और अन्वेषण की विधियों को भी निश्चित किया जाता है। द्वितीय सोपान में समस्या का स्वरूप प्रस्तुत किया जाता है जिससे छात्र अन्वेषण की कठिनाइयों, प्रदत्तों के संकलन तथा विश्लेषण की कठिनाइयों को समझ सकें। तृतीय सोपान में समस्या का चयन किया जाता है तथा उसकी कठिनाइयों को पहचाना जाता है। चतुर्थ सोपान में कठिनाइयों के समाधान को ढूँढ़ना होता है। प्रदत्तों को एकत्रित करने हेतु इस्तेमाल भी करना है।

शिक्षण ऐसी परिस्थिति पैदा करता है जिससे छात्रों में चिन्तन शक्ति का विकास हो सके। वह छात्रों को अभिप्रेरण भी देता है, जिससे वे समस्या हेतु परिकल्पनाओं का प्रतिपादन कर सकें, प्रदत्तों का संकलन कर सकें तथा उनकी व्याख्या भी कर सकें।

(3) सामाजिक प्रणाली—कक्षा में सहयोग तथा सद्भावपूर्ण वातावरण होता है। छात्रों को सम्मान दिया जाता है। छात्रों को चुनौतियों की परिस्थितियों में रखा जाता है जिससे यह परिकल्पनाओं का प्रतिपादन करके उनकी पुष्टि हेतु प्रदत्तों का संकलन भी कर सकें। छात्रों को भी नवीन ज्ञान का स्रोत माना जाता है। छात्रों के आयामों को महत्व दिया जाता है।

(4) सहायक प्रणाली—इसके मूल्यांकन हेतु शिक्षक छात्रों के समक्ष समस्याएँ प्रस्तुत करता है। छात्रों के परिकल्पनाओं, प्रतिपादन प्रदत्तों के संकलन, अर्थापन करने की क्षमताओं के आधार पर प्रभावशीलता के सम्बन्ध में निर्णय लिया जाता है कि छात्रों की परिकल्पनाएँ प्रदत्त व्याख्या कितनी सार्थक तथा जरूरी है।

(5) उपयोग—इस प्रतिमान का इस्तेमाल जीव-विज्ञान के विषयों हेतु किया जाता है। इसके माध्यम से व्यापक प्रत्ययों तथा उनकी प्रकृति का बोध कराया जाता है। छात्रों को जीव-विज्ञान की पाठ्य-वस्तु, सूचनाओं, प्रत्यय तथा तथ्यों का बोध कराया जाता है। छात्रों के आत्म-बोध का विकास इस प्रतिमान के माध्यम से नहीं किया जा सकता है।

(2) अग्रिम-व्यवस्थापक प्रतिमान अथवा प्रतिपादित शिक्षण प्रतिमान

डेविड आसुबेल ने इस प्रतिमान का विकास किया। इसमें प्रत्ययों एवं तथ्यों के बोध से ज्ञान पुंज का विकास किया जाता है।

(1) उद्देश्य—प्रत्यय तथा तथ्यों को बोध कराना तथा ज्ञानात्मक-पक्ष का विकास करना।

(2) संरचना–इसकी संरचना में यह ध्यान रखा जाता है कि पाठ्य-वस्तु का बोध सार्थक रूप में कराया जा सके। प्रथम सोपान के क्रियाओं को सामान्य रूप से प्रस्तुत किया जाता है। द्वितीय सोपान में पाठ्य-वस्तु को सीखने के क्रम में विशिष्ट रूप से प्रस्तुत किया जाता है। अमूर्त पाठ्-वस्तु के प्रत्ययों को एक क्रमबद्ध रूप में प्रस्तुत करने का प्रयत्न किया जाता है। उदाहरण हेतु अगर शिक्षक शैक्षिक तकनीकी के 'अर्थ एवं परिभाषा' का शिक्षण करना चाहता है तो उसे प्रथम सोपान में सामान्य बातें, शिक्षा तथा उसके क्षेत्रों के सम्बन्ध में बताना चाहिए। द्वितीय सोपान में शैक्षिक तकनीकी के अर्थ एवं परिभाषा का उल्लेख करना चाहिए जिससे छात्र नवीन ज्ञान को सुगमता से सीख सकें।

(3) सामाजिक प्रणाली–'आसुबेल' (Ausubel) की यह धारणा है कि अमूर्त विचारों को प्रभावशाली ढंग से प्रस्तुत किया जा सकता है। जिस पाठ्य-वस्तु का छात्र विश्लेषण कर लेता है उससे सम्बन्ध स्थापित करते हुए नवीन ज्ञान का बोध कराया जा सकता है। इसमें शिक्षक का जगह प्रधान होता है और शिक्षक को अधिक क्रियाशील रहना होता है। प्रभुत्ववादी सामाजिक वातावरण पैदा किया जाता है। सीखने की परिस्थितियों के अनुरूप शिक्षक क्रियाएँ बदल लेता है। छात्रों और शिक्षक के मध्य अन्तःप्रक्रिया होती है। छात्रों को अवसर दिया जाता है कि वे पाठ्य-वस्तु से सम्बन्ध स्थापित कर सकें। शिक्षक छात्रों को अभिप्रेरणा भी देता है।

(4) सहायक प्रणाली–इसमें मूल्यांकन अनुदेशन के आधार पर किया जाता है।

(5) उपयोग–इस प्रतिमान का इस्तेमाल अमूर्त पाठ्य-वस्तु के शिक्षण में किया जाता है। पाठ्य-वस्तु के क्रमबद्ध ज्ञान हेतु यह अधिक उपयोगी प्रतिमान है। प्रत्ययों में सम्बन्ध स्थापित करने हेतु आसुबेल का प्रतिमान अधिक प्रयुक्त होता है। ज्ञानात्मक पक्ष के उच्च स्तर के उद्देश्यों की प्राप्ति हेतु इसका इस्तेमाल किया जाता है।

(3) विकासात्मक प्रतिमान

जीन प्याजे ने इस प्रतिमान का विकास किया है। इसमें बौद्धिक क्षमताओं का विकास करना है तथा तार्किक क्षमताओं के विकास को विशेष महत्व दिया जाता है।

(1) उद्देश्य–इसका मुख्य उद्देश्य सामान्य बौद्धिक क्षमताओं का विकास करना है तथा तार्किक क्षमताओं (Logical Reasoning) का विकास करना है।

(2) संरचना–इसके अन्तर्गत दो सोपानों का अनुसरण किया जाता है। प्रथम सोपान में छात्रों को ऐसी परिस्थिति में रखा जाता है जिसमें तर्कपूर्ण चिन्तन की आवश्यकता है। परिस्थिति का स्वरूप ऐसा होना चाहिए जो छात्रों के विकासात्मक स्तर के समान हो। छात्रों की परिस्थिति का पूर्व बोध होना चाहिए जिससे छात्र परिपाक (Assimilation) की ओर बढ़ सकें। द्वितीय सोपान में छात्रों को निर्देशन दिया जाता है जिससे छात्र परिस्थिति की समस्या तथा कमजोरियों को दूर कर सकें।

(3) सामाजिक प्रणाली–शिक्षक छात्रों हेतु भौतिक तथा सामाजिक वातावरण पैदा करता है जिससे छात्रों को उद्देश्य की प्राप्ति की क्रियाओं हेतु अवसर मिलता है। शिक्षक तथा छात्रों के मध्य अन्तःप्रक्रिया होती है। छात्र के विचारों के आदान-प्रदान हेतु पूरी स्वतन्त्रता दी जाती है। शिक्षक का कार्य छात्रों को निर्देशन देना है। शिक्षक छात्र को अधिक क्रियाशील रखता है। शिक्षक ही क्रियाओं को आरम्भ करता है। छात्रों को भौतिक तथा सांसारिक वस्तुओं से अवगत कराया जाता है।

(4) सहायक प्रणाली–इसका मूल्यांकन वातावरण के स्रोत तथा शिक्षक के विकासात्मक सिद्धान्त की सार्थकता से किया जाता रहा है। छात्रों की ज्ञानात्मक समस्या के समाधान की क्षमताओं को विशेष महत्व दिया जाता है। मूल्यांकन हेतु निबन्धात्मक परीक्षाएँ प्रयुक्त की जाती हैं।

(5) उपयोग–**'प्याजे'** के प्रतिमान का इस्तेमाल ज्ञानात्मक तथा सामाजिक क्षमताओं के विकास हेतु किया जाता है। अनुदेशन प्रणाली के निदान में भी प्रयुक्त किया है। तर्कपूर्ण चिन्तन के विकास हेतु अधिक उपयोगी माना जाता है। बालक के ज्ञानात्मक विकास हेतु समुचित वातवरण पैदा हुआ या नहीं, इसके सम्बन्ध में निर्णय लिया जाता है।

(4) प्रत्यय निष्पत्ति प्रतिमान

इसका विकास *जे. ब्रूनर* ने किया है। यह प्राथमिक रूप से आगमन तर्क के विकास हेतु उपयोगी है।

(1) उद्देश्य–इस प्रतिमान के माध्यम से भाषा का बोध तथा कौशल का विकास करना है। प्रमुख रूप से आगमन तर्क (Inductive Reasoning) का विकास करना है।

(2) संरचना–इस प्रतिमान में चार सोपानों का अनुसरण किया जाता है। प्रथम सोपान के आरम्भ में 'प्रदत्तों' को प्रस्तुत किया जाता है। द्वितीय सोपान में

छात्र प्रत्यय की आव्यूह का विश्लेषण करता है। इसमें छात्र अपने सीखने की गति का अनुसरण करता है। तृतीय सोपान में वह प्रत्ययों के विश्लेषण का आलेख लिखित रूप में प्रस्तुत करता है। इस सोपान का लक्ष्य ज्ञान वृद्धि करना है। चतुर्थ सोपान में छात्र प्रत्ययों हेतु अभ्यास करते हैं। इस सोपान में छात्रों को प्रत्यय-विकास में मदद दी जाती हैं।

(3) सामाजिक प्रणाली—इस प्रतिमान के आरम्भ में शिक्षक छात्रों की अधिक मदद करता है, उन्हें प्रोत्साहित करता है। अन्त में, शिक्षक छात्रों को ऐसी दशा प्रदान करता है कि छात्र अपने प्रत्ययों तथा आव्यूह का विश्लेषण करने हेतु अभिप्रेरणा भी देता है। छात्र सबसे सरल एवं प्रभावशाली आव्यूह का चयन करता है।

(4) सहायक प्रणाली—इस प्रतिमान में पाठ्यवस्तु की व्यवस्था इस तरह की जाती है जिससे प्रत्ययों का बोध हो सके। अतः इसमें इस तरह की आव्यूह (Strategy) प्रयुक्त की जाती है जिससे नवीन प्रत्ययों का बोध कराया जा सके। मूल्यांकन में वस्तुनिष्ठ तथा निबन्धात्मक परीक्षाओं को प्रयुक्त किया जा सकता है। लिखित परीक्षाएँ ही अधिक उपयोग मानी जाती हैं।

(5) उपयोग—प्रत्यय-निष्पत्ति-प्रतिमान का इस्तेमाल व्यापक रूप में किया जाता है। भाषा के सीखने तथा प्रत्यय-निष्पत्ति हेतु अधिक उपयोगी है। विशेष रूप से भाषा विज्ञान तथा व्याकरण हेतु अधिक महत्वपूर्ण प्रतिमान माना जाता है। जब कभी शिक्षक अपने शिक्षण से छात्रों को किसी तथ्य का सही बोध नहीं करा पाते हैं तब इसी प्रतिमान को प्रयुक्त किया जाता है। इसका इस्तेमाल दूरदर्शन (Television) पर भी किया जा सकता है।

(5) आगमन प्रतिमान

इस शिक्षण प्रतिमान के प्रवर्तक **हिल्दा तबा** हैं। इसका विकास अध्यापक-शिक्षा हेतु किया जाता है जिससे छात्र-अध्यापक अधिगम की समस्या का विश्लेषण कर सकें और निदान के आधार पर उपचार कर सकें।

(1) उद्देश्य—इसका मुख्य उद्देश्य मानसिक प्रक्रियाओं का विकास करना तथा सिद्धान्तों का बोध कराना है।

(2) संरचना—इस प्रतिमान में मानसिक प्रक्रियाओं के विकास हेतु परिस्थितियाँ पैदा की जाती हैं जिससे प्रत्ययों का विकास तथा बोध होता है। नियमों, प्रत्ययों तथा विचारों के इस्तेमाल को भी ध्यान में रखा जाता है। शिक्षण आव्यूह में क्रियाओं को ऐसे क्रम में प्रस्तुत किया जाता है जिससे प्रत्ययों का

बोध हो सके। शिक्षण की क्रियाओं का क्रम ही उसकी संरचन प्रस्तुत करता है। इसमें सामूहिक वाद-विवाद को कोई जगह नहीं दिया जाता है। सूचनाओं और तथ्यों को जटिल रूप में प्रस्तुत किया जाता है। इसकी आव्यूह में सुनिश्चित सोपानों का अनुसरण किया जाता है। इन सोपानों का क्रम इस तरह है–

प्रथम सोपान में शिक्षण क्रियाओं की सूची तैयार की जाती है।

द्वितीय सोपान में शिक्षण क्रियाओं को वर्गों में विभक्त किया जाता है।

तृतीय सोपान में शिक्षण क्रियाओं का स्पष्टीकरण किया जाता है।

चतुर्थ सोपान में शिक्षण क्रियाओं की दिशा तथा सम्बन्धों का निर्धारण किया जाता है।

पंचम सोपान में शिक्षण क्रियाओं की दिशा तथा सम्बन्धों की व्याख्या की जाती है।

षष्टम सोपान में व्याख्या के आधार पर निष्कर्ष निकाले जाते हैं।

सप्तम सोपान में परिणामों के आधार पर निष्कर्ष निकाले जाते हैं।

अष्टम सोपान में परिकल्पनाओं की व्याख्या की जाती है तथा उनके लिए तथ्यों एवं प्रदत्तों को प्रस्तुत किया जाता है।

अन्तिम सोपान में परिकल्पनाओं की पुष्टि की जाती है और सामान्यीकरण किया जाता है।

(3) सामाजिक प्रणाली–इस प्रतिमान में कक्षा का वातावरण छात्रों की क्रियाओं हेतु अधिक अवसर प्रदान करता है। शिक्षक अपनी क्रियाएँ छात्रों की क्रियाओं से आरम्भ करता है। शिक्षण की क्रियाओं के क्रम को पहले ही निर्धारित कर लिया जाता है। शिक्षक छात्रों के व्यवहार तथा क्रियाओं को नियन्त्रित करता है। कक्षा में सहयोग की भावना रहती है। हर सोपान में शिक्षक निर्देशक का कार्य करता है। शिक्षक ज्ञानात्मक पक्ष के विकास हेतु प्रश्नों का अधिक इस्तेमाल करता है। शिक्षक छात्रों को नवीन अनुभवों हेतु तैयार करता है। इसमें इस तरह के अनुभव प्रदान किए जाते हैं जिससे ज्ञानात्मक पक्ष का विकास किया जा सके।

(4) सहायक प्रणाली–इस प्रतिमान हेतु *'तबा'* (Taba) ऐसी शिक्षा आव्यूह को महत्व देता है जिसका इस्तेमाल सामाजिक विषयों के ज्ञान हेतु किया जा सकता है। इसमें तथ्यों, प्रदत्तों तथा सूचनाओं के बोध पर विशेष बल दिया जाता है। अतः मूल्यांकन में वस्तुनिष्ठ परीक्षाओं को प्रयुक्त किया जाता है। निबन्धात्मक परीक्षाएँ इसमें अधिक उपयोगी नहीं होती हैं।

(5) उपयोग–इसको *'तबा'* (Taba) ने चिन्तन की क्षमताओं को विकास हेतु अधिक उपयोगी माना है। इसको मानसिक क्रियाओं के विकास हेतु प्रयुक्त

किया जाता है। इसकी प्राथमिक उपयोगिता चिन्तन-क्षमताओं का विकास करना है। छात्रों को सूचनाओं, तथ्यों तथा प्रदत्तों का बोध कराने हेतु यह प्रतिमान अधिक प्रयुक्त होता है। सामाजिक विषयों के शिक्षण हेतु यह अधिक उपयोगी प्रतिमान माना जाता है। विज्ञान की पाठ्यवस्तु के शिक्षण में भी इसे प्रयुक्त करते हैं।

(6) पृच्छा-प्रशिक्षण प्रतिमान

रिचार्ड सममन ने शिक्षण प्रतिमान का विकास किया है। इसमें व्यक्तिगत क्षमताओं का विकास किया जाता है जिससे वह सामाजिक क्षमताओं का विकास और समायोजन कर सके।

(1) उद्देश्य—व्यक्तिगत क्षमताओं का विकास करना तथा सिद्धान्तों का बोध कराना इस प्रतिमान के प्रमुख उद्देश्य हैं।

(2) संरचना—इस प्रतिमान में तीन सोपानों का अनुसरण किया जाता है। प्रथम सोपान में समस्या को पहचानना जिसमें छात्र तनाव का अनुभव करें। द्वितीय सोपान में समस्या के सम्बन्ध में सूचनाओं को एकत्रित करते हैं। इसके अलावा छात्र स्वयं वातावरण की अन्तःप्रक्रिया से प्रदत्तों को एकत्रित कर लेते हैं। तनाव की परिस्थिति के समाधान हेतु परिकल्पनाएँ प्रस्तुत करने हेतु दिशा प्रदान कराता है। तृतीय सोपान में छात्र तथा शिक्षक दोनों ही मिलकर समस्या हेतु समुचित आव्यूह के सम्बन्ध में निर्णय लेते हैं। इसके माध्यम से छात्रों में कारण-प्रभाव और उनमें सम्बन्ध स्थापित करने की क्षमताओं का विकास होता है।

(3) सामाजिक प्रणाली—कक्षा का वातावरण ऐसा होता है कि शिक्षक और छात्र एक-दूसरे को सहयोग देते हैं। शिक्षक का दृष्टिकोण आलोचनात्मक होता है। शिक्षक समस्त क्रियाओं को नियन्त्रित करता है। शिक्षक बौद्धिक वातावरण पैदा करने का प्रयत्न करता है। शिक्षक छात्रों को सूचनाएँ एकत्रित करने हेतु प्रोत्साहित करता है। शिक्षक द्वितीय तथा तृतीय सोपान में अधिक क्रियाशील रहता है और सूचनाओं के एकत्रीकरण में छात्रों की मदद भी करता है।

(4) सहायक प्रणाली—यह प्रतिमान पाठ्य-वस्तु से सम्बन्धित विशिष्ट तरह की समस्याओं के शिक्षण हेतु प्रयुक्त किया जाता है। छात्रों को समस्याओं की अनुभूति कराने हेतु शिक्षक अनेक उदाहरण प्रस्तुत करता है। प्रशिक्षण में उनकी आवश्यकता का उल्लेख करता है। इसके मूल्यांकन हेतु प्रयोगात्मक परीक्षाएँ प्रयुक्त की जाती हैं और यह मालूम किया जाता है कि छात्र अपनी समस्याओं का समाधन करके अपने कार्य को कितने प्रभावशाली ढंग से कर सकते हैं।

(5) उपयोग–इस प्रतिमान का उपयोग वैज्ञानिक विषयों के बाँध हेतु किया जाता है, जिससे छात्र अपनी सूचनाओं का विश्लेषण करें तथा अन्य आव्यूहों से तुलना करें। इससे पारस्परिक सम्बन्धों का विकास होता है।

(ग) व्यक्तिगत स्रोत प्रतिमान

इन प्रतिमानों के माध्यम से व्यक्तिगत विकास को अधिक महत्व दिया जाता है। इसमें व्यक्ति के भावात्मक पक्ष के विकास पर अधिक बल दिया जाता है। ये प्रतिमान बालक की आन्तरिक व्यवस्था के विकास को प्रधानता देते हैं जिससे छात्रों में आत्मबोध तथा आत्मचिन्तन का विकास होता है।

इस वर्ग के शिक्षण में चार प्रतिमानों को सम्मिलित किया गया है। इनका संक्षिप्त विवरण यहाँ किया गया है।

(1) सर्जनात्मक-शिक्षण प्रतिमान

डब्ल्यू-गोर्डन ने सर्जनात्मक शिक्षण प्रतिमान का विकास किया है। इसमें मौलिक तथा सर्जनात्मक क्षमताओं का विकास किया जाता है। इसका स्वरूप इस तरह है–

(1) उद्देश्य–इस प्रतिमान की रचना **विलियम गार्डन** ने सर्जनात्मक क्षमताओं (Creativity) के विकास हेतु की है। इसका उद्देश्य समस्याओं के समाधान हेतु सर्जनात्मक-क्षमताओं का विकास करना है।

(2) संरचना–इस प्रतिमान को कई रूपों में प्रयुक्त किया जाता है। इस प्रतिमान की व्यूह-रचना में पाँच सोपानों को अपनाया जाता है। प्रथम सोपान में अधिकांश प्रत्ययों तथा तथ्यों का बोध कराया जाता है। द्वितीय सोपान में शिक्षक अथवा छात्र सादृश्य-अनुभव (Analogy) प्रस्तुत करते हैं। तृतीय सोपान में वे अपने व्यक्तिगत सादृश्य-अनुभव को प्रयुक्त करने का प्रयत्न करते हैं। चतुर्थ सोपान में छात्र पाठ्य-वस्तु तथा सादृश्य-अनुभव में सम्बन्ध स्थापित करने का प्रयत्न करते हैं। अन्तिम सोपान में विभिन्न सादृश्य-अनुभवों (Analogies) के अन्तर की परीक्षा करते हैं।

शिक्षक स्वयं को इस तरह निर्देशन देता है जिससे वह स्वयं ऐसा वातावरण पैदा कर सके जो छात्रों को सर्जनात्मक अनुक्रियाओं को प्रेरित कर सके। छात्रों को शिक्षक अभिप्रेरणा भी देता है जिससे वे तत्पर और क्रियाशील रह सकें।

(3) सामाजिक प्रणाली–इस प्रतिमान का प्रमाण सुनिश्चित होता है। शिक्षक अपनी क्रियाएँ क्रमबद्ध रूप में आरम्भ करता है। व्यावहारिक युक्तियों के

इस्तेमाल हेतु निर्देशन देता है। यह छात्रों की मानसिक क्रियाओं के विकास में भी सहायक होता है। छात्रों को अधिक स्वतन्त्रता दी जाती है। सर्जनात्मक समस्याओं के समाधान हेतु समानता का वातावरण जरूरी होता है। छात्रों की आन्तरिक प्रेरण का विशेष महत्व होता है। सीखने की क्रियाओं से छात्रों को प्रसन्नता होती है तथा सन्तोष मिलता है।

(4) सहायक प्रणाली—शिक्षक छात्रों को सभी तरह की सुविधाएँ प्रदान करता है। यह सुविधाएँ वैज्ञानिक प्रयोगशालाओं में जरूरी होती हैं। शिक्षक तथा छात्रों का समान जगह होता है। दोनों को तत्पर तथा क्रियाशील रहना पड़ता है। इसके लिए छोटा समूह अधिक अच्छा माना जाता है।

(5) उपयोग—यह प्रतिमान व्यक्तिगत तथा सामूहिक सर्जनात्मक क्षमताओं के विकास हेतु प्रयुक्त किया जाता है। इसमें सीखने की क्रियाएँ आन्तरिक होती हैं। एक समूह के छात्रों को पृथक्-पृथक् अनुभव होते हैं। इसका इस्तेमाल अन्तःप्रक्रिया शिक्षण में सफलतापूर्वक किया जाता है। छात्र अध्यापक भी इस प्रतिमान का सफलतापूर्वक इस्तेमाल कर सकते हैं। इसका इस्तेमाल छोटे बालकों हेतु नहीं किया जा सकता है। इसमें विश्लेषण तथा संश्लेषण की प्रक्रिया प्रमुख होती है।

(2) जानकारी प्रशिक्षण प्रतिमान

इस प्रतिमान का विकास **डब्लयू.एस. फ्रिटिज** ने किया है। इसमें स्वयं जानकारी तथा अभिज्ञान की मदद से व्यक्तिगत क्षमताओं का विकास किया जाता है। इसके प्रमुख तत्व इस तरह हैं—

(1) उद्देश्य—इसका उद्देश्य व्यक्तिगत क्षमताओं एवं कौशल का विकास करना तथा पारम्परिक सम्बन्धों की क्षमताओं का विकास करना है। इसके अलावा यह मानवीय सम्बन्धों की जानकारी में वृद्धि करता है।

(2) संरचना—साधारणतः इस प्रतिमान की संरचना में दो सोपानों का अनुसरण किया जाता है। प्रथम सोपान में छात्रों को कार्य दिया जाता है जिसे छात्र पूरा करते हैं। द्वितीय सोपान में वाद-विवाद तथा विश्लेषण किया जाता है कि क्या हो चुका है? समूह के सभी सदस्य एक साथ बैठकर कार्य कठिनाइयों के सम्बन्ध में वाद-विवाद करते हैं। कुछ छात्र दूसरों के विचारों को अधिक पसन्द करते हैं और उन्हें कार्य को पूरा करने में अपनाते हैं। अन्य अपने तक ही सीमित रखते हैं। वाद-विवाद की स्वतन्त्र रूप में व्यवस्था की जाती है जिससे अकेलेपन की भावना

कम होती है और सामूहिक भावना का विकास होता है। शिक्षक कार्य प्रस्तुत अवश्य करता है लेकिन समूह की क्रियाओं को प्रभावित नहीं करता है। इस तरह वाद-विवाद के वक्त भी शिक्षक दिशा प्रदान नहीं करता है। शिक्षक छात्रों की मदद इस तरह करता है जिससे उनमें सूझ-बूझ का विकास हो सके और वे अपनी क्रियाओं तथा व्यवहार के सम्बन्ध में प्रत्ययों का भी विकास कर सके।

(3) सामाजिक प्रणाली—छात्रों का समूह एक सामाजिक सन्दर्भ में मिलता है और सामाजिक वातावरण पैदा किया जाता है जिससे छात्रों में कर्त्तव्य-परायणता की भावना, दूसरों की मदद करने की प्रवृत्ति तथा खुलकर वाद-विवाद करने की क्षमताओं का विकास किया जाता है। छात्र तथा शिक्षक दोनों ही तत्पर तथा क्रियाशील रहते हैं। शिक्षक सामाजिक वातावरण पैदा करता है लेकिन छात्रों को दिशा प्रदान नहीं करता है।

(4) सहायक प्रणाली—सामाजिक वातावरण से छात्रों में सामाजिक क्षमताओं का विकास किया जाता है। इसके लिए निरीक्षण विधि प्रयुक्त की जाती है। निबन्धात्मक परीक्षाओं की भी मदद ली जा सकती है।

(5) उपयोग—इसे छात्रों के आत्मबोध के विकास हेतु प्रयुक्त किया जाता है। सामाजिक क्षमताओं, कर्त्तव्य-परायणता, दूसरों की मदद करने की प्रवृत्ति तथा मुखर होकर वाद-विवाद की क्षमताओं के विकास हेतु इसका इस्तेमाल किया जाता है।

(3) दिशाहीन शिक्षण प्रतिमान

इस शिक्षण प्रतिमान के प्रवर्तक **कार्ल-रोजर्स** हैं। इसमें स्वतः अनुदेशन की क्षमता से व्यक्तिगत क्षमताओं का विकास किया जाता है।

(1) उद्देश्य—इस प्रतिमान को 'कार्ल रोजर' ने व्यक्तिगत विकास हेतु प्रयुक्त किया है। इसके माध्यम से स्वाध्याय, आत्मबोध तथा स्वयं अन्वेषण की क्षमताओं का विकास किया जाता है।

(2) संरचना—इस प्रतिमान में छात्र-केन्द्रित अनुदेशन को प्रयुक्त किया जाता है इसमें प्रमुख दो सोपानों का अनुसरण किया जाता है। प्रथम सोपान में शिक्षक या अनुदेशक अपेक्षित वातावरण पैदा करता है। द्वितीय सोपान में छात्र व्यक्तिगत या सामूहिक रूप में अन्तःप्रक्रिया करके अपना विकास करते हैं। वातावरण में पुनर्बलन की परिस्थितियाँ भी निहित होती हैं। आरम्भ में प्रजातान्त्रिक वातावरण पैदा किया जाता है। शिक्षक ज्ञानात्मक तथा भावनात्मक पक्षों के विकास की परिस्थितियाँ पैदा करने का प्रयत्न करता है तथा सीखने हेतु अनुभवों को उद्देश्यों की दिशा में नियोजित करता है।

इस प्रतिमान की संरचना दो सिद्धान्तों पर आधारित होती है—

1. शिक्षक छात्रों के साथ सक्रिय होकर कार्य करते हैं लेकिन छात्र अधिक तत्पर होते हैं।
2. शिक्षण का छात्रों की अभिवृत्तियों हेतु निर्देशन अधिक प्रभावशाली होता है।

(3) सामाजिक प्रणाली—शिक्षक छात्रों को दिशा प्रदान नहीं करता बल्कि छात्र अपना उत्तरदायित्व स्वयं समझते हैं और सीखने के अनुभवों की क्रियाएँ आरम्भ करते हैं। छात्र शिक्षक के माध्यम से पैदा वातावरण से अन्तःप्रक्रिया करते हैं। वातावरण के तत्व छात्रों को पुनर्बलन भी देते हैं। इस तरह छात्र अपने अनुभवों के माध्यम से सीखता है और यह ज्ञान उनके लिए अधिक सार्थक होता है।

(4) सहायक प्रणाली—इस प्रतिमान की विशेषता यह है कि इसमें शिक्षक ऐसा वातावरण पैदा करते हैं जिसमें छात्र स्वयं अधिक-से-अधिक मानसिक स्रोतों को इस्तेमाल करते हैं। छात्रों को अपने सीखने का उद्देश्य भी स्पष्ट होता है। इसका मूल्यांकन निबन्धात्मक परीक्षा तथा जीवन की समस्याओं के समाधन की क्षमता से किया जा सकता है।

(5) उपयोग—इस प्रतिमान के इस्तेमाल के माध्यम से छात्रों की सामान्य योग्यता का विकास किया जाता है जो जीवन हेतु अधिक जरूरी है। छात्र अपने मानसिक तथा सामाजिक, मौलिक क्षमताओं के विकास का एकीकरण कर सकता है। इसका इस्तेमाल शिक्षा के व्यापक उद्देश्यों की प्राप्ति हेतु किया जा सकता है।

(4) कक्षा-सभा प्रतिमान

विलियम ग्लेसर ने इस शिक्षण प्रतिमान को विकसित किया है। इसमें व्यक्तिगत गुणों के विकास की विशेष प्रधानता दी जाती है। इसके प्रमुख तत्व इस तरह हैं।

(1) उद्देश्य—**राबर्ट ग्लेसर** ने इस प्रतिमान को व्यक्तिगत क्षमताओं के विकास हेतु प्रस्तुत किया है। इसका मुख्य उद्देश्य कर्त्तव्य-परायणता, आत्मबोध तथा कौशल का विकास करना है।

(2) संरचना—इस प्रतिमान की संरचना में छः सोपानों का अनुसरण किया जाता है। (1) प्रथम सोपान में तल्लीनता का वातावरण पैदा कराना, (2) वाद-विवाद में समस्या का उल्लेख करना, (3) तृतीय सोपान में व्यक्तिगत रूप में समस्या हेतु निर्णय लेना, (4) समस्या के समाधान हेतु विकल्पों को पहचाना, (5) समस्या के

कुछ समाधानों हेतु वचनबद्ध होना तथा (6) अन्तिम सोपान में व्यावहारिक रूप में समाधानों का अनुसरण करना। प्रथम सोपान हेतु शिक्षण आव्यूह अधिक महत्वपूर्ण समझी जाती है। कक्षा-सभा प्रतिमान की सफलता इन सोपानों के अनुसरण पर निर्भर होती है।

(3) सामाजिक प्रणाली—शिक्षण तथा छात्रों का घनिष्ठ सम्बन्ध होता है। समस्या का चयन छात्र तथा शिक्षक दोनों ही करते हैं। शिक्षक छात्रों को अपने निर्णय लेने की क्षमताओं के विकास को अधिक महत्व देता है। समस्या हेतु विकल्पों के सम्बन्ध में दोनों ही समान रूप में निर्णय लेते हैं। अन्तिम सोपानों में छात्र अधिक क्रियाशील तथा तत्पर रहता है, लेकिन नियन्त्रण का उत्तरदायित्व शिक्षक का होता है।

शिक्षण व्यवहार तीन सिद्धान्तों पर आधारित होता है—(1) छात्रों को शिक्षण में तल्लीन रखा जाता है। (2) शिक्षक स्वयं निर्णय नहीं लेता तथा छात्रों को ही उत्तरदायित्व सौंपता है। (3) शिक्षक तथा छात्र दोनों ही मिलकर समस्या का चयन करते हैं तथा विकल्पों के सम्बन्ध में निर्णय लेते हैं। वातावरण सहयोगपूर्ण होता है। छात्र अपने अनुभव से ही व्यवहारिक बदलाव लाते हैं।

(4) सहायक प्रणाली—इसका मूल्यांकन शिक्षक के माध्यम से इस्तेमाल की गई आव्यूह पर निर्भर होता है। मूल्यांकन में व्यावहारिक पक्षों को अधिक महत्व दिया जाता है। इसलिए मानदण्ड परीक्षा प्रयुक्त की जाती है।

(5) उपयोग—इस प्रतिमान का इस्तेमाल छात्रों की आत्मबोध तथा कर्त्तव्य-परायणता की क्षमताओं के विकास हेतु किया जाता है। निर्णय लेने की क्षमताओं के विकास हेतु भी इसका इस्तेमाल किया जाता है। इसके माध्यम से छात्रों की व्यावहारिक क्षमताओं का विकास भी किया जाता है।

(घ) व्यवहार-परिवर्तन प्रतिमान

इस प्रतिमान में छात्रों के व्यवहार-परिवर्तन को अधिक महत्व दिया जाता है। सीखने की क्रियाओं और समुचित पुर्नबलन की मदद से छात्रों में अपेक्षित व्यवहार-परिवर्तन लाया जाता है। प्रतिमान को **बी.एफ. स्किनर** ने प्रस्तुत किया है। यह स्किनर के अधिगम के सिद्धान्त पर आधारित है। इसका इस्तेमाल शिक्षा के विभिन्न तरह के उद्देश्यों की प्राप्ति हेतु किया जा सकता है।

इस वर्ग में केवल एक प्रतिमान 'स्किनर' का सम्मिलित किया जाता है, जिसे सक्रिय अनुबद्ध-अनुक्रिया शिक्षण प्रतिमान या स्किनर शिक्षण प्रतिमान कहते हैं।

(1) सक्रिय अनुबद्ध-अनुक्रिया

बी.एफ. स्किनर ने इस शिक्षण प्रतिमान का विकास किया है। वे व्यवहारवादी मनोवैज्ञानिक हैं। इन्होंने सक्रिय अनुबद्ध-अनुक्रिया (Operant Conditioning) सिद्धान्त का प्रतिपादन किया है। जिसे अपेक्षित व्यवहार बदलाव हेतु प्रयुक्त किया जाता है। इसके प्रमुख तत्वों का विवेचन यहाँ किया गया है।

(1) उद्देश्य–इस प्रतिमान का उद्देश्य व्यवहार-परिवर्तन करना है।

(2) संरचना–इस प्रतिमान में तीन सोपानों का अनुसरण किया जाता है। प्रथम सोपान में पाठ्य-वस्तु को शाब्दिक तथा अशाब्दिक रूप में उद्दीपन के रूप में छात्र के समक्ष प्रस्तुत किया जाता है। इस सोपान में पाठ्य-वस्तु तथा अनुदेशन को प्रयुक्त किया जाता है। इसमें पाठ्य-वस्तु को इस तरह प्रस्तुत किया जाता है जिससे छात्र अनुक्रिया भी करें। द्वितीय सोपान में छात्रों को अनुक्रिया (Response) हेतु अवसर दिया जाता है। उद्दीपन में अलावा उद्दीपन भी सम्मिलित किया जाता है जो छात्र की सही अनुक्रिया करने में मदद करता है। तृतीय सोपान में छात्रों को पुनर्बलन दिया जाता है। छात्र अपनी अनुक्रिया की जाँच भी साथ-साथ करता है। यही अनुक्रिया होने पर उन्हें प्रसन्नता होती है और आगे के व्यवहार तथा अनुक्रिया हेतु पुनर्बलन मिलता है। सही अनुक्रिया से वे नवीन ज्ञान भी सीखते हैं। छात्रों को अनुक्रिया करने की स्वतन्त्रता नहीं होती, उन्हें अपेक्षित अनुक्रिया ही करनी पड़ती है। अधिकांश पुनर्बलन छात्रों की अनुक्रिया की पुष्टि के रूप में ही मिलता है।

(3) सामाजिक प्रणाली–शिक्षण का स्वरूप सुनिश्चित होता है। छात्रों की अनुक्रिया और व्यवहार का नियन्त्रण अभिक्रमक या शिक्षक करता है। छात्र को उसकी क्षमताओं तथा आवश्यकताओं के अनुरूप सीखने का समान अवसर प्रदान किया जाता है। सभी क्रियाओं पर शिक्षक का नियन्त्रण रहता है।

(4) सहायक प्रणाली–छात्रों को अनुक्रिया करने में कम त्रुटि करनी चाहिए। छात्रों की त्रुटियाँ दस प्रतिशत से अधिक नहीं होनी चाहिए। मूल्यांकन में आन्तरिक तथा बाह्य मापदण्डों को प्रयुक्त किया जाता है। मापदण्ड परीक्षा की रचना की जाती है। मूल्यांकन में उद्देश्यों के व्यावहारिक रूप को ध्यान में रखा जाता है छात्रों को अनुदेशन के प्रति अभिवृत्तियों को भी मूल्यांकन हेतु प्रयुक्त किया जाता है।

(5) उपयोग–अभिक्रमित अनुदेशन (Programmed Instruction) इसी प्रतिमान पर आधारित होता है। रेखीय अभिक्रमित-अनुदेशन में इसका इस्तेमाल किया जाता है। छात्रों के ज्ञानात्मक पक्ष के निम्न स्तर (ज्ञान, बोध तथा प्रयोग) उद्देश्यों की प्राप्ति हेतु किया जाता है। इसका इस्तेमाल भावात्मक पक्ष के विकास

हेतु नहीं किया जा सकता है। तथ्यों की अपेक्षा प्रत्ययों के शिक्षण हेतु यह प्रतिमान अधिक प्रभावशाली होता है।

बुनियादी शिक्षण प्रतिमान

राबर्ट ग्लेसर (1962) ने इस शिक्षण प्रतिमान को विकसित किया है। मनोवैज्ञानिक अधिनियमों तथा सिद्धान्तों का शिक्षण में इस्तेमाल किया जाता है। मनोवैज्ञानिक शक्तियों की मदद से शिक्षण उद्देश्यों की प्राप्ति का प्रयत्न किया जाता है। इसे कक्षा-सभा प्रतिमान (Classroom Meeting Model) के नाम से **ब्रूस जे. जुआइस** ने व्यक्तिगत स्रोत में सम्मिलित किया है।

स्वरूप—इस प्रतिमान में शिक्षण प्रक्रिया को चार पक्षों में विभक्त किया जाता है—

(1) अनुदेशन उद्देश्य
(2) पूर्व-व्यवहार
(3) अनुदेशनात्मक प्रक्रिया
(4) निष्पत्ति का मूल्यांकन

पृष्ठ-पोषण—इस प्रतिमान में निष्पत्ति का मूल्यांकन, उद्देश्य तथा छात्रों के व्यवहार शिक्षण को पुर्नबलन प्रदान करते हैं—

1. निष्पादन आकलन से आशय परीक्षा तथा निरीक्षण विधियों से है जिनके आधार पर शिक्षक निर्णय लेता है कि कहाँ तक छात्रों को विषय-वस्तु का स्वामित्व प्राप्त हो सका है। अगर अपेक्षित स्वामित्व स्तर प्राप्त नहीं हुआ है जो यह पूर्व तीनों या किसी एक के अभाव के कारण हुआ है, उसमें सुधार लाना चाहिए।
2. यह पृष्ठ-पोषण भी देती है। शिक्षण के इन पक्षों में घनिष्ठ सम्बन्ध होता है। शिक्षण के उद्देश्यों के अनुरूप इनका सम्बन्ध बदलता रहता है। शिक्षण का व्यापक प्रतिमान है।
3. अनुदेशनात्मक उद्देश्यों से आशय उन क्रियाओं से है जो छात्रों को शिक्षण के पूर्व करनी चाहिए। इसे ज्ञानार्जन भी कहा जाता है।
4. पूर्व व्यवहार से आशय छात्रों की उन योग्यताओं या व्यवहारों से है जो पाठ्य-वस्तु की बोधगम्यता हेतु जरूरी है।
5. अनुदेशनात्मक प्रक्रिया से आशय शिक्षण की उन क्रियाओं से है जो पाठ्य-वस्तु के प्रस्तुतीकरण हेतु प्रयुक्त की जाती हैं।

शिक्षण के प्रतिमान का महत्व

शिक्षण प्रतिमानों की निम्नलिखित विशेषताएँ मानी जाती हैं–

1. इन प्रतिमानों से सादृश्य अनुभव धारण कर भारतीय परिस्थिति हेतु अधिक प्रभावशाली प्रतिमानों की रचना की जा सकती है।
2. शिक्षण-प्रतिमान शिक्षण प्रक्रिया में शोध कार्य हेतु विशाल क्षेत्र प्रस्तुत करते हैं, जिससे शिक्षण को समझा जा सकता है और उनके चरों (Variables) का उल्लेख किया जा सकता है।
3. शिक्षण विधियों में पाठ्य-वस्तु को प्रधानता दी जाती है जबकि शिक्षण प्रतिमानों में उद्देश्यों को प्रधानता दी जाती है जिससे शिक्षण को अधिक सार्थक तथा उपयोगी बनाया जा सकता है।
4. शिक्षण तथा अधिगम क्रियाओं के सम्बन्ध में विभिन्न परिस्थितियों का भली तरह अध्ययन किया जा सकता है।
5. भारतीय परिस्थिति में कक्षा शिक्षण की समस्याओं के समाधान हेतु शिक्षण प्रतिमानों को विकसित किया जा सकता है।
6. मनोवैज्ञानिक शक्तियों को शिक्षण में प्रभावशाली रूप से प्रयुक्त किया जा सकता है।
7. शिक्षा की मूल्यांकन प्रणाली का विकास किया जा सकता है।
8. विद्यालयों की शिक्षण व्यवस्था में विशिष्ट उद्देश्यों की प्राप्ति हेतु इनको प्रयुक्त किया जा सकता है। इनके माध्यम से शिक्षण को अधिक सार्थक तथा प्रभावशाली बनाया जा सकता है।
9. विद्यालयों में विभिन्न विषयों के शिक्षण में विशिष्ट प्रतिमानों को ही प्रयुक्त किया जा सकता है।
10. शिक्षण प्रतिमानों को सामाजिक, व्यक्तिगत, ज्ञानात्मक तथा व्यावहारिक पक्षों के विकास हेतु विकसित किया जाता है। अतः शिक्षण के सभी उद्देश्यों की प्राप्ति हेतु इनको प्रयुक्त किया जा सकता है।
11. शिक्षण प्रतिमान अभी जाँच (Trial) स्तर पर ही है। इनके आधार पर शिक्षण-सिद्धान्तों का प्रतिपादन किया जा सकता है।

निष्कर्ष–विदेशों में कक्षा शिक्षण में शिक्षण विधि, शिक्षण आव्यूह तथा शिक्षण प्रतिमानों का उपयोग किया जाता है। किन्तु भारत के विद्यालयों में कक्षा के अन्तर्गत शिक्षण विधियों का इस्तेमाल लगभग 36 प्रतिशत विद्यालयों में किया जाता

है। ये विद्यालय भी शहरी क्षेत्रों में स्थित हैं। ग्रामीण विद्यालयों में आधुनिक विधियों का उपयोग शिक्षक के माध्यम से नहीं किया जाता है। इसे भारतीय विद्यालयों के विकास हेतु कक्षा शिक्षण आव्यूह और शिक्षण प्रतिमानों को सरल एवं लोकप्रिय बनाना होगा तभी इसको ग्रामीण विद्यालयों में लोकप्रिय एवं जनहित में जारी किया जा सकेगा। इसका उपयोग नागरिकशास्त्र के शिक्षण में किया जाता है। शिक्षण आव्यूह में व्यक्तिगत भिन्नता को प्राथमिकता दी जाती है और ये छात्र केन्द्रित प्रतिमा के अन्तर्गत शिक्षण के लक्ष्य को प्रधानता दी जाती है। उसी लक्ष्य की प्राप्ति हेतु शिक्षण का प्रारूप और सामाजिक प्रणाली को विकसित किया जाता है।

12

गृहकार्य

भारत के माध्यमिक विद्यालयों में नागरिकशास्त्र शिक्षण की विभिन्न विधियाँ अपनाई जाती हैं। कक्षा शिक्षण के बाद अध्यापक छात्रों को पढ़ाई पाठ्य वस्तु के आधार पर गृह-कार्य करने हेतु देते हैं। जो कक्षा शिक्षण की एक प्राचीन तथा परम्परागत विधि है। कक्षा शिक्षण के अन्तर्गत छात्रों को गृह-कार्य दिया जाता है। भारत के विद्यालयों में दो तरह से गृह-कार्य दिए जाते हैं—1. मौखिक गृह-कार्य और 2. लिखित गृह-कार्य।

उपरोक्त दोनों गृह-कार्य विधियों का अपना-अपना महत्व है। नागरिकशास्त्र शिक्षण में गृहकार्य का अपना विशेष महत्व है क्योंकि नागरिकशास्त्र विषय अन्य विषयों से पृथक होता है। इस के ऊपर अन्य विषयों जैसे इतिहास, अर्थ-शास्त्र जैसे नियम लागू नहीं होते हैं। लेकिन कुछ पाठों में तिथि एवं घटनाएँ होती हैं। जो विज्ञान की ही प्रकार मौखिक रूप से याद करने के लिए नागरिकशास्त्र अध्यापक के माध्यम से दिया जाता है। इसलिए नागरिकशास्त्र में मौखिक एवं लिखित गृह-कार्य की प्रधानता है।

मौखिक कार्य

जब बिना लिखे मन ही मन में भूगोल की सभी तिथियों एवं घटनाओं को याद करने की सभी क्रियाएँ की जाती हैं तथा इनकी मदद से प्रश्नों के उत्तर निकाले

जाते हैं, तब उसे हम मौखिक कार्य (OralWork) कहते हैं। मौखिक कार्य में प्रश्न मौखिक तथा लिखित रूप में दोनों ही प्रकार से पूछे जा सकते हैं। विद्यार्थी बिना किसी पैन या पेन्सिल की मदद से मन ही मन में इन्हें हल करते हैं और मौखिक या लिखित रूप में उत्तर देते हैं।

लिखित कार्य

नागरिकशास्त्र के प्रश्नों को हल करने की प्रारम्भिक अवस्था मौखिक रूप से ही आरंभ होती है। लेकिन जब प्रश्नों में बड़ी-बड़ी घटनाओं को याद करना होता है उस वक्त **नागरिकशास्त्र** की समस्या को हल करने की प्रक्रिया कुछ जटिल हो जाती है। सभी सामाजिक घटनाओं की तिथियों एवं तथ्यों को मौखिक रूप से याद रखना सम्भव नहीं हो पाता है। उस वक्त लिखित कार्य की मदद लेनी पड़ती है।

मौखिक और लिखित कार्य का महत्व

मौखिक और लिखित गृह-कार्य में कौन कितना अधिक महत्वपूर्ण है? यह एक विचारणीय प्रश्न है। मौखिक कार्य कितना महत्वपूर्ण है? इस पर हम ऊपर विचार कर चुके हैं। यह एक मनोवैज्ञानिक तथ्य है कि छोटे बच्चे स्वभाव से ही बातें करने और सुनने में रुचि लेते हैं। अतः उनकी शिक्षा भी बातें करने और सुनने अर्थात मौखिक कार्य के माध्यम से ही आरंभ होनी चाहिए। हर नवीन तथ्य बच्चों के मस्तिष्क में पहले मौखिक रूप से ही बिठाया जाना चाहिए। हर नवीन प्रकरण का आरंभ मौखिक अभ्यास के माध्यम से ही किया जाता है।

यहाँ पर यह अर्थ नहीं लगा लेना चाहिए कि मौखिक गृह-कार्य के आगे लिखित गृह-कार्य का कोई मूल्य ही नहीं है। लिखित कार्य को प्रत्येक अवस्था में मौखिक कार्य का व्यापक रूप माना जा सकता है। वास्तव में लिखित गृह-कार्य की ओर ले जाना ही मौखिक गृह-कार्य का प्रथम ध्येय है। प्रारम्भिक शिक्षा चाहे वह किसी स्तर या ज्ञान के क्षेत्र से सम्बन्धित क्यों न हो? उसको मौखिक रूप में ही दी जानी चाहिए। लेकिन उच्च अध्ययन को लिखित कार्य से जोड़ा जाना अति जरूरी है। चाहे वह भूगोल विषय हो अथवा अन्य कोई और विषय क्यों न हो। सभी को लिखित रूप से पढ़ा एवं सीखा जा सकता है।

अगर ध्यान से देखा जाए जो लिखित एवं मौखिक कार्य में कौन बड़ा है? यह कहना कठिन है वरन् दोनों एक-दूसरे के पूरक हैं। नागरिकशास्त्र के प्रश्नों को

हल करने में दोनों की ही आवश्यकता पड़ती है। किसी भी प्रश्न को लिखित रूप में करते वक्त मानसिक रूप से बहुत कुछ सोचना-विचारना पड़ता है। दूसरे शब्दों में हम यह कह सकते हैं कि नागरिकशास्त्र की समस्या के हल से सम्बन्धित हर पद को पहले मौखिक रूप से ही हल करना पड़ता है। इस प्रकार लिखित कार्य के साथ मौखिक कार्य बराबर चलता ही रहता है। दूसरी ओर मौखिक कार्य को शुद्धता, शीघ्रता, स्वच्छता और स्पष्टता प्रदान करने हेतु लिखित कार्य की मदद लेनी पड़ती है। मौखिक चिन्तन के माध्यम से नागरिकशास्त्र सम्बन्धी क्रियाओं का मस्तिष्क में चित्र बन जाता है। लेकिन उस चित्र को व्यवहारिक रूप प्रदान करने हेतु लिखित कार्य की मदद लेनी ही पड़ती है। किसी ने ठीक ही कहा है कि "पढ़ने से मनुष्य अपने आप में भरा-पूरा हो सकता है, वाद-विवाद से तत्परता आती है, लेकिन यथार्थता लेखन से ही आ सकती है।"

अतएव उक्त कथन के आधार पर हम यह कह सकते हैं कि मौखिक और लिखित दोनों ही नागरिकशास्त्र शिक्षण की पद्धति को पूर्णता प्रदान करते हैं। इन दोनों को एक-दूसरे से पृथक करना सर्वथा अनुचित होगा। इन्हें हमेशा ही एक-दूसरे के सहयोगी के रूप में देखा जाना चाहिए तथा कक्षा में एक इकाई के रूप में प्रस्तुत किया जाना चाहिए।

गृह-कार्य की शिक्षा प्राप्ति में भूमिका

मौखिक कार्य छात्रों की शिक्षा प्राप्ति में काफी सहायक होता है। जो निम्न तरह से है—

1. मौखिक कार्य से अध्यापक को यह पता चल जाता है कि छात्र पाठ्य वस्तु को कितना समझ रहा है? या वह पाठ्य वस्तु को कक्षा में कितना समझने में असमर्थ है?
2. मौखिक कार्य पढ़ाने के बाद अभ्यास कार्य कराने हेतु यह एक सर्वोत्तम साधन है।
3. मौखिक कार्य वक्त की बचत करता है।
4. प्रत्येक क्रिया को लिखित रूप में करने से वक्त का अधिक अपव्यय होता है।
5. मानसिक रूप से शीघ्र सोचने तथा तिथियों एवं घटनाओं को याद करके जल्दी ही उत्तर मालूम करने से वक्त और परिश्रम की काफी बचत हो जाती है।
7. मौखिक प्रश्नों की मदद से विद्यार्थियों के पूर्व ज्ञान का पता लग जाता है जिसके आधार पर छात्रों को नवीन जानकारी देने में मदद मिलती है।

8. विषय प्रवेश हेतु प्रस्तावना सम्बन्धी प्रश्न मौखिक रूप से ही पूछे जाते हैं तथा पाठ को पढ़ने की आवश्यकता का अनुभव कराते हुए उद्देश्य कथन मौखिक रूप से ही किया जाता है।
9. विषय के प्रस्तुतीकरण हेतु भी बीच-बीच में मौखिक प्रश्नों की मदद लेनी पड़ती है।
10. कक्षा में विद्यार्थियों का ध्यान आकर्षित करने का यह एक अच्छा साधन है।
11. कक्षा में पाठ्य वस्तु को पढ़ाते-पढ़ाते अध्यापक के माध्यम से दो-चार प्रश्न पूछ लेने से छात्रों का ध्यान अध्यापक की ओर केन्द्रित हो जाता है।

इस तरह हम देखते हैं कि नागरिकशास्त्र में मौखिक कार्य का अपना विशेष महत्व है। विशेषकर प्राइमरी कक्षाओं में तो मौखिक कार्य केवल रुचिपूर्ण ही नहीं, बल्कि बहुत प्रभावपूर्ण होता है। मौखिक कार्य में विद्यार्थी अपने कान तथा आँख आदि इन्द्रियों के माध्यम से तथा इन्द्रियों के स्वामी मन के माध्यम से ज्ञान प्राप्त करते हैं। छोटे बच्चे अधिकतर बातें सुनने और अपनी बातें सुनाने से बहुत प्रसन्न होते हैं। यही कारण है कि मौखिक गृह-कार्य के महत्व को बड़े-बड़े शिक्षा-शास्त्रियों ने भी स्वीकार किया है। जैसा कि डॉक्टर सलामतउल्ला के इस कथन से विदित है—''मौखिक गृह-कार्य विधि को नागरिकता तथा प्रभावपूर्ण जीवन की शिक्षा का एक जरूरी अंग माना जाना चाहिए।''

नागरिकशास्त्र में अभ्यास कार्य

अध्यापन कार्य किसी एक प्रकरण को पढ़ाकर ही समाप्त नहीं हो जाता। वरन् जो कुछ पढ़ाया गया है, वह विद्यार्थियों के मस्तिष्क पटल पर अच्छी प्रकार अंकित हो जाए तथा विद्यार्थी सीखे हुए ज्ञान का अच्छी प्रकार उपयोग करने में समर्थ हो सकें, इसके लिए भी अध्यापक के माध्यम से प्रयास करने की नितान्त आवश्यकता है। इस कार्य हेतु साधारण तौर पर चार साधनों का उपयोग किया जा सकता है :

(अ) अभ्यास कार्य
(ब) पुनरीक्षण अथवा फिर से विचार करना
(स) प्रश्न पूछना
(द) आगे हल की जाने वाली कठिन समस्याओं पर विचार करना।

इन सब में उपयोगिता के दृष्टिकोण से अभ्यास-कार्य का बहुत अधिक महत्व है और यही साधन प्रायः हमारे स्कूलों में नागरिकशास्त्र के ज्ञान को स्थायी एवं प्रभावपूर्ण बनाने हेतु उपयोग में लाया जाना चाहिए।

अभ्यास कार्य की सफलता हेतु सावधानियाँ

1. अभ्यास कार्य को एक वक्त में 10 मिनट से अधिक वक्त नहीं देना चाहिए।
2. अभ्यास कार्य कराने में गति की अपेक्षा शुद्धता पर अधिक ध्यान दिया जाना चाहिए।
3. विद्यार्थियों की गलतियों को मालूम करके उन्हें शीघ्र ही दूर करने का प्रयास करना चाहिए।
4. अभ्यास कार्य एक ही प्रकार का नहीं होना चाहिए।
5. कभी मौखिक, कभी लिखित, प्रयोगात्मक तथा पाठयान्तर क्रियाओं के रूप में इसे कराया जाना चाहिए।
6. विद्यार्थियों को अभ्यास कार्य कराने के वक्त अपने उत्तरों की स्वयं जाँच करने का अभ्यास कराना चाहिए जिससे उनमें आत्मविश्वास की भावना पैदा हो सके।
7. समय-समय पर अध्यापक को विद्यार्थियों के अभ्यास-कार्य की उपलब्धियों का मूल्यांकन भी करते रहना चाहिए।
8. जहाँ तक हो सके अभ्यास कार्य को रोचक बनाया जाना चाहिए। विद्यार्थी इसे करने में अत्यन्त प्रसन्नता का अनुभव करें, इस बात का प्रयास करना चाहिए।
9. अभ्यास कार्य को खेल का रूप देकर तथा सही सहायक साधनों के माध्यम से क्रियात्मक कार्य हेतु अवसर देकर रुचिपूर्ण बनाया जाना चाहिए।
10. सभी हेतु एक वक्त में एक ही प्रकार का कार्य करना बिल्कुल असम्भव है। अतः व्यक्तिगत अन्तर को ध्यान में रखकर अभ्यास कार्य कराया जाना चाहिए।
11. अभ्यास कार्य का पढ़ाए जाने वाले प्रकरण या उसके किसी भाग हेतु पूर्णतया निश्चित और संगत होना भी जरूरी है।
12. अभ्यास पर्याप्त मात्रा में हो, इसका यह अर्थ नहीं कि उसे बहुत अधिक लम्बे वक्त तक निरंतर कराया जाए, ऐसा करने से बच्चों में अरुचि पैदा हो जाती है।

नागरिकशास्त्र एवं गृह-कार्य

नागरिकशास्त्र के सीखे हुए सिद्धान्तों या नियमों हेतु प्रायः स्कूलों में उतना वक्त नहीं मिलता, जितने में उनसे सम्बन्धित अभ्यास या इस्तेमाल सम्बन्धी कार्य भली-भाँति किया जा सके। व्यावहारिक जीवन में उपयोग करने हेतु भी स्कूल का क्षेत्र और वक्त न तो पर्याप्त ही रहता है और न अधिक अनुकूल ही। इसी कारण

से कक्षा में जो कुछ पढ़ाया जाता है, उससे सम्बन्धित कार्य बच्चों को घर पर करने हेतु दे दिया जाता है। जिसको गृह-कार्य (Home-Work) के नाम से जाना जाता है। यह कार्य लिखित, मौखिक रूप में याद करना, व्यावहारिक जीवन में उपयोग करना, निरीक्षण करना, क्रियात्मक कार्य के माध्यम से वस्तुओं का सृजन करना आदि अनेक रूपों में हो सकता है।

कुछ शिक्षाशस्त्रियों के विचार में छात्रों को कार्य करने हेतु स्कूल का वक्त ही पर्याप्त होता है। वे उन्हें गृह-कार्य देने के पक्ष में नहीं हैं। उनके विचार से गृह-कार्य देकर हम अबोध बच्चों की स्वतन्त्रता का अपहरण करते हैं। इससे घर पर भी उनके ऊपर स्कूल का ही वातावरण छाया रहता है। छात्र अपनी इच्छा के विरुद्ध कार्य करते हैं। जिससे उनके अन्दर विषय तथा विषयाध्यापक के प्रति घृणा के भाव पैदा होने लगते हैं। वे विषय से दूर हो जाते हैं। अतः ऐसी क्रियाओं तथा स्थिति से आज के **नागरिकशास्त्र** अध्यापकों को बचना चाहिए।

गृह-कार्य के दोष

यदि ध्यान से गृह-कार्य की स्थिति का विश्लेषण किया जाए तो स्पष्ट होता है कि गृह-कार्य के अपने दोष बहुत कम हैं। बल्कि उसे सही तरह से सिद्धान्त रूप में नहीं दिए जाने का परिणाम है, कि इस प्रभावी पद्धति को दोषपूर्ण बना दिया गया है। इस का मुख्य कारण है कि "नागरिकशास्त्र अध्यापक अपने अपरिपक्व अनुभव, कुछ स्वयं काम करने से बचने हेतु और कुछ गृह-कार्य देने के अपने असंयम उत्साहवश अनियमित, अनुचित और अत्यधिक गृह-कार्य देने के कारण से आवश्यकता से अधिक गृह-कार्य दे बैठते हैं।

सुझाव

नागरिकशास्त्र शिक्षण में गृह-कार्य की सफलता हेतु साधारण तौर पर विषयाध्यापकों को निम्न बातों पर विशेष ध्यान देना चाहिए–

1. इसके माध्यम से पढ़ाए जाने वाले सभी तथ्यों की पुर्नरावृत्ति, अभ्यास और इस्तेमाल के अवसर उपस्थित किए जाने चाहिए। गृह-कार्य कभी भी सजा के रूप में नहीं दिया जाना चाहिए।
2. एक ही प्रकार का गृह-कार्य नहीं देते रहना चाहिए।
3. लिखित, मौखिक, प्रायोगिक तथा पाठ्यान्तर क्रियाओं सम्बन्धी सभी कार्य देने चाहिए।

4. सबसे अधिक महत्वपूर्ण बात यह है कि अध्यापक को इसे नियमित रूप से देखते रहना चाहिए और विद्यार्थियों की कठिनाइयों को दूर करने का सही प्रयत्न करना चाहिए।
5. गृह-कार्य उस दिन स्कूल में किए जाने वाले कार्य के ऊपर ही आधारित होना चाहिए।
6. गृह-कार्य व्यक्तिगत योग्यता और सामर्थ्य के अन्तर को ध्यान में रखकर दिया जाना चाहिए।
7. सभी तरह के विद्यार्थियों को इससे कार्य करने का पर्याप्त अवसर मिलना चाहिए।
8. गृह-कार्य को अध्यापक के माध्यम से अच्छी प्रकार से सोच-समझकर दिया जाना चाहिए, न तो यह अधिक हो और न कम।

13

नागरिकशास्त्र शिक्षण में कम्प्यूटर अनुप्रयोग

आज के युग में हम सभी जानते हैं कि कम्प्यूटर हमारे जीवन का एक अभिन्न अंग है। प्रतिदिन के कार्यों में इसकी एक महत्वपूर्ण भूमिका है। कम्प्यूटर दैनिक जीवन के हर क्षेत्र में कार्य कर रहा है। इसको हम **'कम्प्यूटर-क्रान्ति''** (Computer Revolution) भी कह सकते हैं। जो आज के युग की माँग है। इसलिए जरूरी है कि हम अपने कार्य के अनुसार इसकी जानकारी प्राप्त करें एवं इसको सीखकर अपने जीवन में इसका पूर्ण उपयोग करें।

हम अपने कार्यों हेतु लम्बी-लम्बी गणनाएँ करते हैं, जिसमें गलतियाँ भी होती हैं। इसको दूर करने हेतु कैलकुलेटर का आविष्कार हुआ। किन्तु आधुनिक युग की रफ्तार काफी तेज है; जिसमें आगे बढ़ने हेतु जरूरी है कि ऐसी मशीन का उपयोग हम करें जिससे कार्य तेजी और त्रुटि के बिना हो। इसमे हमारा साथ देता है—कम्प्यूटर। विज्ञान तथा अनुसंधान के क्षेत्र मे इसका अपूर्व योगदान है। जैसे-जैसे इसका उपयोग बढ़ा रहा है; इसके योगदान का क्षेत्र भी विकसित हो रहा है। **नागरिकशास्त्र** का क्षेत्र भी इस से अछूता नहीं रहा है। किन्तु इस क्षेत्र में इसके योगदान की भूमिका को हमें और अधिक बढ़ाना होगा। इसके लिए जरूरी है कि हम इसकी जानकारी एवं इसका ज्ञान प्राप्त करें।

कम्प्यूटर एवं नागरिकशास्त्र में अन्तःसम्बन्ध

कम्प्यूटर मानव जीवन को अनगिनत तरीकों से प्रभावित करता है। जो कार्य मानव कुछ सीमा तक कर सकता है; वे सभी कार्य कम्प्यूटर के माध्यम से अधिक तेजी एवं दक्षता के साथ पूर्ण हो सकते हैं। कम्प्यूटर केवल रुपए-पैसों का ही हिसाब नहीं रखता है वरन् वह प्रयोगशालाओं में तथा अनुसंधानों में बड़ी-बड़ी गणनाएँ करता है। आधुनिक कार्य व फैक्टरियों में कम्प्यूटर ही शुद्धता से कार्य करता है। वहाँ की बड़ी-बड़ी मशीनों का संचालन भी इसके माध्यम से किया जाता है। इतना ही नहीं वरन् देश की सुरक्षा हेतु बनने वाले उपकरणों के सृजन तथा उनके रख-रखाव में भी इसका महत्वपूर्ण योगदान है। ये उदाहरण उन कार्यों का केवल एक अंश है, जो कम्प्यूटर की सहायता से हो सकते हैं। कम्प्यूटर का इस्तेमाल शिक्षा संस्थाओं में, डाक्टरों के द्वारा, अन्तरिक्ष यात्राओं में मार्गदर्शन हेतु तथा जीवन के अन्य क्षेत्रों में भी इसका व्यापक उपयोग हो रहा है। आज हमारा समाज पूर्ण रूप से एक नए समाज की रचना कर रहा है। इस बदलते दौर में सामाजिक एवं नागरिकशास्त्र का क्षेत्र भी इससे अछूता नहीं रहा है। इसका सबसे अधिक उपयोग नागरिकशास्त्र में अनुसंधान के क्षेत्र में ही हो रहा है। किन्तु अब नागरिकशास्त्र जैसे विषय में भी इसका खुलकर इस्तेमाल किया जा रहा है। इसलिए आधुनिक नागरिकशास्त्र के संसार में कम्प्यूटर का ज्ञान सभी हेतु जरूरी है। विशेष रूप से नागरिकशास्त्र के छात्रों हेतु इसका अध्ययन अति जरूरी है। इसलिए दोनों एक-दूसरे के पूरक हैं तथा इनमें एक अन्तः सह-सम्बन्ध है।

कम्प्यूटर क्या है?

'कम्प्यूटर' शब्द की उत्पत्ति अंग्रेजी शब्द 'कम्प्यूट' से हुई है, जिसका अर्थ 'गणना करना' है, लेकिन आज इसका कार्य गणना करना ही नहीं, वरन् सूचना देना तथा तद्नुसार संगणना करना है। सर्वप्रथम सन् 1946 में **'इनियाक'** नाम का कम्प्यूटर बना, जिसमें कालान्तर में बदलाव होता गया। शुरू में इसके कार्य पद्धति कठिन थी लेकिन वक्त के साथ होने वाले नये-नये प्रयोगों ने इसकी कार्य पद्धति को सरल व सुलभ कर दिया है। वस्तुतः यह एक त्वरित गति से कार्य करनेवाला, सूचनाओं एवं तथ्यों को एकत्रित करनेवाला, आदेशानुसार शीघ्रतम, समतापूर्वक, शुद्धता के साथ संशोधित करनेवाला एवं परिणामों को वापस प्रस्तुत करने वाला उपकरण है। इसकी कार्य पद्धति को अग्र क्रम में व्यक्त किया जा सकता है—

1. आदेश प्राप्त करना।
2. प्राप्त आदेशों की प्रोग्रामिंग करना।
3. आदेश पाने के उपरान्त प्रोग्राम प्रस्तुत करना।
4. परिणामों को अपनी मेमोरी में संचित रखना।
5. आदेशों और आवश्यकतानुसार परिणामों को दर्शाना।
6. सूचनाओं को अदल-बदल कर सही उत्तर प्राप्त करना।

कम्प्यूटर की कार्य प्रणाली

कम्प्यूटर में हर कार्यक्रम प्रमुख पाँच इकाइयों से होकर गुजरता है—

1. अदा इकाई—जिस इकाई के अन्दर सभी सूचनाएँ और आँकड़े भरे जाते हैं, उसे अदा इकाई के रूप में जाना जाता है। इनपुट सेक्सन के माध्यम से कम्प्यूटर के (कम्प्यूटर की भाषा में जिसे वह समझता है) आँकड़े, प्रोग्राम एवं निर्देश फीड किया जाता है। फीड किया गया तत्त्व प्रमुख इनपुट टर्मिनल पंचकार्ड, टाइपराइटर, पंचटेप, मैगनेटिक इंक एवं पेपर टेप आदि से होता हुआ डिस्प्ले के माध्यम से दिखाई पड़ता है।

2. स्मृति भण्डारण इकाई—यह मानव मस्तिष्क का ही एक निर्जीव स्वरूप है, जिसमें जो चीज, जब तक चाहें, तब तक पड़ी रहती है तथा आवश्यकता पड़ने पर उसे पुनः स्मरण (Recall) कराया जाता है। यही वह इकाई है, जिसमें सभी आँकड़े, प्रोग्रामिंग एवं निर्देश सुरक्षित रहते हैं। यह मुख्य रूप से दो तरह से आन्तरिक एवं बाह्य होती है।

3. परिकल्पना इकाई—इस इकाई के अन्तर्गत मुख्य दो उप इकाई—(i) गणितीय अथवा तार्किक इकाई (Arthmetic or Logecoolume) (Alu) एवं (ii) नियन्त्रण इकाई (Control unit) हैं। प्रथम इकाई में गुणा, भाग, जोड़, घटाना एवं जटिल गणना की जाती है तथा इसी इकाई में सही निर्णय लेने की क्षमता होती है।

4. नियन्त्रण इकाई—यह इकाई कम्प्यूटर की सम्पूर्ण प्रोसेसिंग को नियन्त्रित करता है, अर्थात् कहाँ पर किसी आँकड़े को अथवा सूचना भेजी जाए, विभिन्न तरह के सिग्नलों को देना तथा यह इकाई इस बात की गारन्टी देती है कि कम्प्यूटर की सभी इकाइयाँ सही सूचना दे रही हैं।

5. प्रदा इकाई—यह इकाई सभी सूचनाओं को स्क्रीन पर प्रदर्शित करती है, जिसमें रेखाचित्रों, चित्रों, आँकड़ों, फोटोग्राफ, शब्दों एवं आँकड़ों आदि चीजों को स्क्रीन पर प्रदर्शित करने का कार्य करता है।

कम्प्यूटरों के प्रकार

कम्प्यूटर की कार्यशैली के आधार पर इसके तरह हैं–

1. अंकीय कम्प्यूटर
2. अनालॉग कम्प्यूटर
3. उच्चीकृत कम्प्यूटर

अंकीय कम्प्यूटर में परिस्थितियों की अनुरूपता अंकों से की जाती है। अंकों को गणितीय आधार पर परिवर्तित अथवा हल करके फल प्राप्त किया जाता है। उसके माध्यम से अंकों या नम्बरों को व्यक्त किया जाता है। अनालॉग कम्प्यूटर को सादृश्य कम्प्यूटर भी कहा जाता है, क्योंकि इसके माध्यम से अंकों की अनुरूपता अन्य भौतिकीय परीनली (Variable) के सदृश बनाई जाती है। इस तरह के कम्प्यूटर का उपयोग मापन में अधिक होता है। उच्चीकृत कम्प्यूटर में उक्त दोनों कम्प्यूटरों की (अंकीय/अनालॉग) को मिलाकर बनाया गया है। इसमें आँकड़ों का संकलन और निर्देशन दोनों स्वयं हो जाता है। उसमें गणना की सभी युक्तियाँ हैं।

कम्प्यूटर के गुण

उक्त विवरण के आधार पर इसकी विशेषताओं का अध्ययन करना जरूरी है। इसकी विशेषताओं को निम्नलिखित बिन्दुओं के माध्यम से व्यक्त किया जा सकता है–

1. **बहुविज्ञता**—कम्प्यूटर के माध्यम से एक ही नहीं अनेक कार्य किए जा सकते हैं, जैसे–सूचनाओं को आदान-प्रदान करता है, अन्दर-ही-अन्दर सूचना का स्थानान्तरण, गणितीय संगठनाएँ एवं अन्य विविध कार्यों को करता है।

2. **स्वचालित**—एक बार फीड देने से कम्प्यूटर स्वतः ही तब तक सारा कार्य करता रहता है, जब तक कि अभिक्रम पूरा नहीं हो जाता।

3. **कर्मनिष्ठता**—मानव की प्रकार इसमें थकान अथवा कार्य का बोझा नहीं महसूस होता, वरन् यह अनवरत् बिना थके ही सब करता रहता है, साथ-साथ ध्यान भंग किए बिना।

4. **सही स्मरण शक्ति**—इसमें स्मरण शक्ति ही नहीं, वरन् सही स्मरण शक्ति होती है। आवश्यकता पड़ने पर यह नेनो सेकेण्ड तक बढ़ा सकती है एवं आवश्यकता पड़ने पर उसी अनुपात में शुद्धता के साथ घटाती भी है।

5. **गति**—यह एक तीव्रतम गतिवाला यन्त्र है, जिसे सेकेण्ड में नहीं, वरन् माइक्रो सेकेण्ड (एक सेकेण्ड का 10 लाखवाँ भाग), नेनो-सेकेण्ड (Nano-second) (एक सेकेण्ड का हजार का 10 लाखवाँ भाग तथा पिको सेकेण्ड (Pico-

second) (एक सेकेण्ड का 10 लाख का 10 लाखवाँ भाग) प्रदर्शित करता है, अर्थात् 30 लाख गणना प्रति सेकेण्ड करता है, जिसके चलते चन्द्रमा एवं अन्य ग्रहों तक मानव पहुँच सका है।

5. भण्डारण—इसमें अब तक की सबसे अधिक भण्डारण शक्ति मानी गई है। यह कार्य मानव मस्तिष्क के माध्यम से सम्भव नहीं है। इसमें केन्द्रीय परिकलन इकाई (C.P.U) कहा जाता है, जिसमें सभी सूचनाएँ संग्रहित रहती हैं।

6. परिशुद्धता—यह एक ऐसा यन्त्र है, जिसके माध्यम से त्रुटियाँ लगभग नगण्य होती हैं, जो त्रुटियाँ होती हैं, वह कम्प्यूटर चालक या अभिक्रमक के माध्यम से होती हैं।

कम्प्यूटर सहयुक्त अनुदेशन

चूँकि यह एक कठोर उपागम है। इसका इस्तेमाल शिक्षा जगत् में किया जाने लगा है। इसका प्रादुर्भाव सन् 1961 में **इलिन्वायस विश्वविद्यालय** में किया गया और इसका सुधरा हुआ रूप सन् 1966 में **स्टेन फोर्ट विश्वविद्यालय के पैट्रिक सुपेस** (Patric Suppes) ने किया, जिसमें स्कूली बच्चों हेतु वाचन करने एवं गणित पर एक प्रतिमान का सृजन किया। इस तरह से कालान्तर में कम्प्यूटर सह अनुदेशन की शैली का प्रसार होता गया। इस तरह के कम्प्यूटर के सृजन के पीछे शिक्षा तकनीशियनों के दो विचार थे। प्रथम यह कि शिक्षा प्रक्रिया में तकनीकी उपकरणों का इस्तेमाल किया जाए तथा द्वितीय विचार यह था कि शिक्षण विधियों, प्रविधियों, सिद्धान्तों को और प्रभावी ढंग से लागू करना। अतः आज के वक्त एवं भावी समयों में इसका इस्तेमाल शिक्षण के क्षेत्र में बढ़ता जाएगा।

कम्प्यूटर सहअनुदेशन की आधारभूत मान्यताएँ—उपर्युक्त विवरण के आधार पर इसकी मान्यताएँ निम्नलिखित हैं—

1. इस तरह के कम्प्यूटर के माध्यम से अधिगमकर्त्ता के माध्यम से अधिगम एवं परीक्षण के वक्त उसके माध्यम से किए गए व्यवहार को स्वतः रिकार्ड किया जाता है, तद्नुसार शिक्षक छात्र हेतु भावी रणनीति तैयार करता है।
2. इसकी एक मान्यता यह भी है कि विषय एवं विषय-वस्तु को विभिन्न विधियों के माध्यम से प्रस्तुत करने की क्षमता प्रस्तुत करता है।
3. इसके माध्यम से हजारों छात्रों के शैक्षिक क्षेत्र गुणात्मक एवं परिणामात्मक, दोनों तरह की समस्याओं का समाधान किया जा सकता है।
4. इसके माध्यम से व्यक्तिगत रुचि एवं रुझान के अनुरूप प्रतिपुष्टि को प्राप्त किया जा सकता है।

कम्प्यूटर सह-अनुदेशन की कार्यप्रणाली

शैक्षिक तकनीकी के अन्तर्गत कम्प्यूटर 'मशीन उपागम' (Hormone) तथा भीतर संचित अभिक्रम "नवनीय उपागम" (Software) की श्रेणी में आता है। इस तरह शिक्षण दोनों तरह के उपागम को उपयोग करता है। इसमें छात्र में पूर्व व्यवहार, पूर्व अनुभव एवं प्रारम्भिक व्यवहार के आधार पर कम्प्यूटर निर्णय लेता है। अतः इस तरह अनुदेशन-क्रिया के अन्तर्गत कम्प्यूटर अधोलिखित कार्यों को करता है–

1. इस तरह से संग्रहीत सूचनाओं एवं अभिक्रमों में से हर छात्र हेतु उपयुक्त सूचनाओं का ध्यान करता है।
2. सूचनाओं का सम्प्रेषण विद्युत टंकण मशीन की मदद से किया जाता है।
3. कार्डों एवं चुम्बकीय टेप पर सूचनाओं एवं अभिक्रमों को संग्रहीत करता है।

कम्प्यूटर संयुक्त अनुदेशन के विशेषज्ञ

कम्प्यूटर संयुक्त अनुदेशन की प्रविधि हेतु किसी संस्था को निम्नलिखित विशेषज्ञों की आवश्यकता पड़ती है–

1. अभिक्रम लेखक—इसके लिए कम्प्यूटर की भाषा जाननेवाला, मनोविज्ञान का ज्ञाता, अधिगम सिद्धान्तों को समझनेवाला, बालक की आयु के अनुरूप प्रक्रिया को समझनेवाला आदि तरह के विशेषतायुक्त अभिलेखक को होना चाहिए।

2. कम्प्यूटर अभियन्ता—इसके लिए एक ऐसा व्यक्ति हो, जो कम्प्यूटर की तकनीकी भाषा, उपयोग, कार्यप्रणाली, रचना एवं सिद्धान्तों आदि से भली-भाँति अनुवाद कर सके। उसमें कम्प्यूटर भाषा का अनुवाद करने की क्षमता हो तथा तदनुसार रूप-रेखा का सृजन कर सके।

3. प्रणाली प्रचालक—कम्प्यूटर एवं अधिगमकर्त्ता के बीच एक कड़ी होती है, जो कम्प्यूटर के संचालन की सारी जिम्मेदारी का वहन करता है। वह डाटा बेस का उपयोग करता है, त्रुटियों का पता लगाकर सुधारता है तथा कम्प्यूटर की सारी कार्य प्रणाली को संचालित एवं नियन्त्रित करता है।

कम्प्यूटर के माध्यम से प्रदत्त शिक्षण-प्रक्रिया

अद्यतन खोजों के अनुरूप 30 छात्रों की वैयक्तिक भिन्नता के आधार पर 30 तरह के अभिक्रमों को प्रस्तुत किया जा सकता है। यह जानकारी लारेन्स स्टूलरों एवं डेनियल डेविस (Lawrence Staularw and Daniel Davis) ने दिया। इन्होंने कम्प्यूटरों की शिक्षण-प्रक्रिया को दो पक्षों में बाँटा है–

1. पूर्वअनुवर्ग शिक्षण पक्ष—इस वर्ग के अन्तर्गत विशिष्ट उद्देश्यों की प्राप्ति की जाती है तथा इसके लिए विशिष्ट छात्रों का चयन उसके पूर्व व्यवहार के आधार पर किया जाता है।

2. अनुवर्ग शिक्षण पक्ष—इस वर्ग में किसी एक छात्र का चयन किया जाता है। चुने गए अभिक्रम को कम्प्यूटर के माध्यम से छात्र के सम्मुख प्रस्तुत किया जाता है, जिससे वह सीखता है और अन्त में उसका कम्प्यूटर के माध्यम से मूल्याँकन किया जाता है।

उक्त दोनों पक्षों के कार्यों को कम्प्यूटर के माध्यम से निम्नलिखित दो सोपानों के माध्यम से प्रस्तुत किया जाता है–

1. अपेक्षित जनसंख्या का चयन—सर्वप्रथम कार्ड पर छात्र की शैक्षिक योग्यता, शैक्षिक उपलब्धि तथा पूर्ण-व्यवहारों को अंकित कर कम्प्यूटर में भर दिया जाता है। कम्प्यूटर छात्र की पूर्ण-परीक्षा लेता है, ताकि उसमें पूर्ण-व्यवहारों के स्तर की जाँच हो सके। पूर्ण परीक्षा में सफलता प्राप्त होने पर कम्प्यूटर छात्र के शैक्षिक स्तर को निश्चित करता है, तद्नुसार कम्प्यूटर छात्र का पुनः परीक्षण कर उसका विश्लेषण एवं मूल्याँकन करता है। प्राप्त स्तर के अनुरूप कम्प्यूटर अभिक्रम को चयनित करता है और अगर छात्र के स्तर का अभिक्रम कम्प्यूटर में संग्रहित नहीं रहता तो कम्प्यूटर छात्र को अयोग्य घोषित कर देता है।

2. अभिक्रम का प्रस्तुतीकरण तथा अधिगम नियन्त्रण–इस तरह के शिक्षण में कम्प्यूटर एक साथ 30 छात्रों को पाठ्यवस्तु से सम्बन्धित 30 अभिक्रमों को प्रस्तुत करता है। कम्प्यूटर के अन्तर्गत विद्युत टंकण मशीन अथवा टेप के माध्यम से सूचनाओं को सम्प्रेषित किया जाता है। अगर छात्र किसी भी दशा में त्रुटिपूर्ण अनुक्रिया करता है, तो कम्प्यूटर अनुदेश बदल देता है। इसके माध्यम से अभिक्रमित अनुदेशन ही नहीं प्रस्तुत किया जाता वरन् कम्प्यूटर छात्र के व्यवहार को भी नियंत्रित करता है।

कम्प्यूटर सहनुदेशन की सीमाएँ

उक्त वर्णन के आधार पर कम्प्यूटर सहनुदेशन की सीमाएँ अग्रलिखित हैं–

1. कम्प्यूटर सह अनुदेशन किसी भी तरह से भाषा का ज्ञान देने में अक्षम साबित होता है।
2. इस तरह के अनुदेशनों से बालकों में मानसिक उदासीनता, उबाऊपन एवं उबाऊपन थकान जैसी स्थिति बन जाती है, जिसे वे बीच में ही छोड़ देना चाहते हैं।

3. इससे छात्रों में स्वतंत्र चिन्तन, मनन एवं सृजनात्मकता का अभाव पाया जाता है। वे एक-एक मशीन से बँधे तथा पूर्णतः नियन्त्रित पाते हैं, जो एक तरह से शिक्षा मनोविज्ञान के विरुद्ध है।
4. छात्रों के बीच में भी सहयोग एवं साहचर्य का अभाव हो जाता है।
5. इससे शिक्षक-छात्र के बीच में भावात्मक एकता के विकास का पूर्णतः अभाव पाया जाता है।
6. कम्प्यूटर सह अनुदेशन वैयक्तिक भिन्नता को ध्यान में नहीं रखता, जबकि बालक के विकास में इसकी प्रमुख भूमिका होती है।
7. इसमें छात्रों में सामाजिकता की भावना का अभाव पाया जाता है, क्योंकि इस शिक्षण- प्रक्रिया में बालक अन्यवत् बैठा रहता है।
8. इस तरह के शिक्षण माध्यमों से बालक में संवेदनशील एवं भावनात्मक विकास का अभाव पाया जाता है।

कम्प्यूटर के अन्य शिक्षण उपयोग

वैसे तो सम्पूर्ण देश में एक तरह से कम्प्यूटर युग जैसा आ गया है, इसलिए शिक्षा जगत् में इसका प्रमुख इस्तेमाल संक्षिप्त में इस तरह से है—

1. कम्प्यूटर के माध्यम से छात्र स्वतः तथा शिक्षक स्वतः दोनों ही नियन्त्रित रहते हैं।
2. प्रोग्रामिंग अनुदेशन को कम्प्यूटर अधिक व्यवस्थित ढंग से प्रस्तुत करता है।
3. शैक्षिक सूचना को व्यवस्थित रूप से भण्डारण एवं प्रेषण करता है।
4. इसकी मदद से छात्रों को वस्तुनिष्ठ पाठ उपलब्ध कराए जा सकते हैं।
5. इसके माध्यम से छात्र आवश्यकतानुसार किसी विषय-वस्तु का अभ्यास कर सकता है।
6. कम्प्यूटर के माध्यम से छात्र वार्तालाप कर सकता है।
7. सन् 1961 से 1970 के बीच इसकी मदद से अनुरूपन एवं शैक्षिक क्रीड़न को प्रस्तुत किया जाता है।
8. इससे विभिन्न विषयों के अनुदेशन में मदद ली जा सकती है।
9. इससे हर स्तर पर शिक्षण सामग्री उपलब्ध कराई जा सकती है।
10. इससे हर छात्र के विकास/ह्रास का पता लगाया जा सकता है तथा उसे दूर किया जा सकता है।
11. इससे छात्रों में पुनर्बलन मिलता है।

12. इसके माध्यम से शिक्षक एवं छात्र के माध्यम से अपने स्वतः या एक-दूसरे के बारे में शैक्षिक मापन, मूल्याँकन, सम्पूर्ण, सलाह, मार्गदर्शन एवं सुझाव आदि हेतु इसका इस्तेमाल किया जा सकता है। इससे छात्र की योग्यता, क्षमता, दक्षता, कौशल, आवश्यकता, रोजगार एवं व्यवसाय आदि के बारे में सूचना एकत्रित कर सकते हैं। इस तरह से इन क्षेत्रों में इससे विधिवत् मदद ली जा सकती है।

भारत में कम्प्यूटर शिक्षा

विश्व के आधुनिकीकरण में अगर हमें अपनी आय को विस्थापित करना है तो कम्प्यूटर एवं कम्प्यूटर टेक्नालॉजी में पूर्ण भागीदारी करनी होगी, अन्यथा देश की सामाजिक, आर्थिक एवं शैक्षिक प्रगति धीमी पड़ जाएगी। इन्हीं बातों को ध्यान में रखकर केन्द्र सरकार हर स्तर पर कम्प्यूटर की व्यवस्था करने में प्रयासरत है। लगभग उससे कुछ अधिक गति निजी क्षेत्रों (Private Sector) की है। अतः ऐसी स्थिति में आवश्यकता इस बात की है कि देश के सभी स्तर के विद्यालयों में कम्प्यूटर मुहैया कराया जाए, क्योंकि विश्व स्तर पर, जहाँ पर अमेरिका में 62%, इंग्लैण्ड में तथा जापान के हर प्राथमिक पाठशालाओं में कम-से-कम एक कम्प्यूटर लगा हुआ है, वहीं हिन्दुस्तान में इसका प्रतिशत अतिन्यून है। फिर भी 1982 से भारतवर्ष में भी इसका विस्तार बढ़ता जा रहा है। निरंतर इसके विकास हेतु सेमिनार, सिम्यूजियम एवं वर्कशाप चलाए जा रहे हैं। इसीलिए नई शिक्षा नीति (1986) में भी इस पर विशेष बल दिया गया है। सन् 1990 में इसके प्रशिक्षकों की संख्या लगभग 12000 हो गई है। इस तरह से मानव संसाधन मन्त्रालय ने **'कम्प्यूटर लिट्रेसी पाइलट प्रोग्राम'** चलाया गया है, जो स्कूल स्तर हेतु है। इसका लाभ लगभग 3000 प्रारम्भिक विद्यालयों को होगा। कम्प्यूटर लिट्रेसी एवं विद्यालय अध्ययन (CLASS) प्रोजेक्ट के अन्तर्गत 750 उच्च एवं उच्चतर माध्यमिक विद्यालयों को माइक्रो कम्प्यूटर प्रदान किया जाएगा। वस्तुतः इस दिशा में भारतवर्ष में उत्तरोत्तर विकास हो रहा है।

कम्प्यूटर शिक्षा की आलोचना

जहाँ इस तरह की शिक्षा से समाज/शिक्षा के क्षेत्र में अनेक लाभ बताए गए हैं, वहीं इस शिक्षा के दोष भी हैं—

1. इसमें वैयक्तिक भिन्नता का अभाव है।
2. इससे सामाजिक मूल्यों का विकास सम्भव नहीं है।

3. कम्प्यूटर के माध्यम से सभी छात्रों को एक ही दिशा में शिक्षित किया जाता है।
4. इससे बालक में चारित्रिक एवं नैतिक मूल्यों का विकास नहीं हो सकता।
5. इसमें मानवीय गुणों का अभाव होता है, जो किसी भी समाज के विकास में सहायक होता है।
6. इससे बेरोजगारी की भयंकर समस्या दिनोंदिन बढ़ती जा रही है।
7. यह एक यन्त्र है, जो मानव के माध्यम से निर्देशित होता है। इसमें स्वयं के सोचने तथा निर्णय लेने की क्षमता नहीं होती।
8. इससे बालक में सृजनात्मक क्षमता का विकास सम्भव नहीं है।

नागरिकशास्त्र में कम्प्यूटर की उपयोगिता

आज स्कूलों में छात्रों को कम्प्यूटर की शिक्षा दी जा रही है। जहाँ पर आधुनिक नागरिकशास्त्र के अध्ययन हेतु प्रयोगशालाएँ हैं, वहाँ पर कम्प्यूटर का ही उपयोग किया जा रहा है। सभी उपकरण कम्प्यूटर नियन्त्रित हैं। इसलिए शोध एवं प्रयोगशालाओं में कम्प्यूटर का उपयोग सामान्य रूप से किया जा रहा है। इसके कुछ अन्य उपयोग निम्नवत् हो सकते हैं।

1. वर्तमान वक्त में हर छात्र हेतु कम्प्यूटर का ज्ञान जरूरी है।
2. सामाजिक कार्यों एवं उनसे सम्बन्धित प्रयोगों की सूची बनाने में इसका योगदान है।
3. सामाजिक एवं राजनैतिक प्रयोगशालाओं में रिकार्ड के रख-रखाव में इसकी सहायता ली जाती है।
4. जब छात्र **नागरिकशास्त्र** के क्षेत्र में शोध कार्य करते हैं, उसमें भी इसका उपयोग होता है।
5. **नागरिकशास्त्र** के अध्ययन के विभिन्न स्तरों पर प्रयोगशालाओं में कार्य करने हेतु भी कम्प्यूटर चालित मशीन आ गई हैं। जिनके इस्तेमाल के लिए कम्प्यूटर का ज्ञान जरूरी है।
6. प्रयोगशालाओं में माप-तौल एवं जाँच के साथ ही **नागरिकशास्त्र** के विभिन्न स्तरों पर गणना करने में भी कम्प्यूटर का इस्तेमाल होता है।

सुझाव

आज बदलाव का युग है। जिस बिन्दु को हम पूर्ण मान रहे हैं, वह भी परिवर्तनशील है। नागरिकशास्त्र क्षेत्र में कम्प्यूटर की पहचान अभी प्रारम्भिक

अवस्था में है। इसका मूल कारण है कि अभी हम कम्प्यूटर को पूर्ण रूप से स्वीकार नहीं कर पाए हैं। कम्प्यूटर की आवश्यकता को देखते हुए हम कह सकते हैं कि जिस तरह से छात्र, अध्यापक एवं अभिभावक कम्प्यूटर की शिक्षा के प्रति जागरूक हैं। इसके साथ ही आज आधुनिक नागरिकशास्त्र के ज्ञान की ही आवश्यकता है, चाहे वह रोजगार के अत्यधिक विकसित क्षेत्र हों अथवा सामाजिक ढाँचे के पुनर्निर्माण की स्थिति हो। हर क्षेत्र में कम्प्यूटर की ही आवश्यकता है। आज नागरिकशास्त्र के क्षेत्र में भी कम्प्यूटर आधारित शिक्षा ही उन्नति का मूल मन्त्र है। अतः इस आधार पर नागरिकशास्त्र के क्षेत्र में कम्प्यूटर का भविष्य उज्ज्वल एवं सुनहरा है।

14

संसाधन कक्ष

नागरिकशास्त्र को प्राकृतिक विज्ञान की ही विशेष शाखा मानी गई है इसका सम्बन्ध प्राकृतिक वातावरण में स्थित परिस्थितियों अथवा घटित सामाजिक क्रियाओं की व्याख्या कर उसको प्रायोगिक आधार प्रदान कर सत्यापित करना है। हमारे जीवन के सभी सुख और ऐश्वर्य को सीमित करने में नागरिकशास्त्र का ही योगदान है क्योंकि जीवन जीने की कला एवं नियम नागरिकशास्त्र से ही प्राप्त होते हैं। इसलिए विद्यालयों में इस विषय के तथ्यों एवं सिद्धान्तों को श्यामपट्ट् की सहायता से पढाया जाता है। किन्तु इसके उद्देश्यों की पूर्ति हेतु व्यावहारिक एवं प्रायोगिक शिक्षण जरूरी है। इस विषय के शिक्षण में छात्रों के तहत क्यों, कैसे तथा किस तरह जैसे प्रश्न उठते रहते हैं। इन प्रश्नों के उत्तर कक्षा में नहीं मिल पाते हैं।

इस बात से हम सभी सहमत हैं कि जो ज्ञान बालक करके सीखता है वह अधिक स्थाई एवं अधिक दिनों तक याद रहता है। ऐसी स्थिति में संसाधन कक्ष की जरूरत महसूस होती है। इसके साथ ही संसाधन कक्ष का महत्त्व भी बढ जाता है। यहाँ पर इस बात को स्पष्ट करना जरूरी है कि अगर संसाधन कक्ष का उपयोग मात्र परम्परागत अध्ययनों को दोहराना है अथवा पूर्व में सत्यापित तथ्यों की पुर्नस्थापना करना है, तो संसाधन कक्ष का अधिक लाभ छात्रों को प्राप्त नहीं होगा। छात्रों को संसाधन कक्ष का पूर्ण लाभ तभी प्राप्त हो सकता है, जब संसाधन कक्ष का पूरा वातावरण स्वतन्त्रता, अन्वेषण तथा खोज से व्याप्त होगा। छात्र इस्तेमाल करें,

त्रुटियाँ करें तथा सुधार कर सामाजिक प्रतिक्रिया सम्बन्धित आंकड़े एकत्रिक करें तथा सिद्धान्तों एवं नियमों का निरूपण करें। इस तरह के कार्यों से बालकों के अन्दर खोज की भावना उत्पन्न होगी, तभी पूर्णरूपेण नागरिकशास्त्र के संसाधन कक्ष का लाभ छात्रों को मिल सकेगा।

संसाधन कक्ष की मदद से छात्र सुचारू रूप से कार्य करता है। अध्यापक का कार्य उसको मार्ग दर्शन देना है। स्वयं कार्य करने से छात्र के अन्दर आत्म विश्वास की भावना उत्पन्न होती है। छात्रों में सामूहिकता के साथ-साथ स्वस्थ्य स्पर्धा की भावना उत्पन्न होती है। इससे उनमें सामाजिकता के गुणों का विकास होता है। जो भावी जीवन के समायोजन में उपयोगी होता है। इसलिए नागरिकशास्त्र के सम्बन्धित नियमों, सूत्रों एवं सामान्य सिद्धान्तों के सत्यापन के लिए संसाधन कक्ष की अनिवार्यता सिद्ध होती है। अतएव हर विद्यालय में सुनियोजित नागरिकशास्त्र संसाधन कक्ष का होना अनिवार्य है।

नागरिकशास्त्र संसाधन कक्ष के उद्देश्य

1. सामाजिक एवं राष्ट्रीय वातावरण के प्रति चेतना तथा जिज्ञासा के विकास के लिए।
2. आधुनिक वैज्ञानिक एवं सामाजिक वक्त की माँग के अनुसार अच्छे नागरिकों के सृजन की प्रक्रिया को तीव्र करने के लिए।
3. अमूर्त सामाजिक सिद्धान्तों को मूर्त रूप प्रदान करना।
4. नागरिकशास्त्र विषय के सिद्धान्तों के विकास एवं नई खोजों को बढावा देने के लिए।
5. नागरिकशास्त्र इस्तेमाल विधि में छात्रों को प्रशिक्षण देना जिससे सफल सामाजिक वैज्ञानिक बनाएँ जा सकें।

नागरिकशास्त्र कक्ष की आवश्यकता

किसी भी विषय के अध्यापन हेतु एक विशेष कक्ष की जरूरत होती है। नागरिकशास्त्र शिक्षण को प्रभावशाली बनाने हेतु अधिकांशतः नागरिकशास्त्र शिक्षक यह अनुभव करने लगे हैं कि विद्यालय में अलग नागरिकशास्त्र कक्ष होना चाहिए।

1. प्रो. घाटे के शब्दों में "नागरिकशास्त्र कक्ष वस्तुतः नागरिकशास्त्र की एक प्रयोगशाला अथवा कार्यशाला है, जहाँ छात्र प्रतिदिन ज्ञानार्जन तथा अपनी जिज्ञासा को शान्त करने हेतु कार्य करेंगे।"

2. नागरिकशास्त्र—शिक्षण में आजकल विभिन्न नवीन एवं विशेष विधियों एवं प्रविधियों का इस्तेमाल किया जा रहा है जिसके लिए नागरिकशास्त्र कक्ष जरूरी है।
3. नागरिकशास्त्र—कक्ष में उपकरणों के बनाने, संग्राहलय हेतु अवशेषों, फिल्मों को देखने, नागरिक-परिषद के कार्यक्रम आयोजित करने, स्त्रोत (Source) एवं सन्दर्भ पुस्तकों का अध्ययन करने, नागरिक प्रसंगों के अभिनय आदि को सम्पन्न करने हेतु अवसर एवं सुविधा उपलब्ध होती है।
4. यदि शिक्षक अथवा छात्र को अलावा वक्त में कोई कार्य करना होता है तो वह इस विशेष कक्ष में सरलता से कर सकता है। अपनी शक्ति के अपव्यय तथा वक्त को बचा सकता है।
5. आधुनिक वक्त में नागरिकशास्त्र का अध्ययन एक विज्ञान की भाँति किया जाने लगा है जिसमें सत्य की खोज और तथ्यों का क्रमबद्ध अध्ययन किया जाता है। सत्य की खोज और क्रमबद्ध अध्ययन के लिए उपयुक्त वातावरण प्रदान करने हेतु नागरिकशास्त्र कक्ष की जरूरत है।
6. नागरिकशास्त्र के माध्यम से छात्र को नागरिकशास्त्र शिक्षण हेतु उपयुक्त वातावरण प्रदान किया जाता है।
7. नागरिकशास्त्र कक्ष के माध्यम से छात्रों को मनोवैज्ञानिक ढंग से शिक्षा प्रदान की जाती है इसके माध्यम से बालकों को स्वयं करके सीखने के अवसर प्राप्त होते हैं।
8. नागरिकशास्त्र कक्ष में समस्त सामग्री एक जगह उपलब्ध होने के कारण शिक्षण में समय, शक्ति और श्रम की बचत होती है।
9. नागरिकशास्त्र कक्ष में उपलब्ध सामग्रियों के माध्यम से नवीन पद्धतियों से शिक्षण प्रदान किया जा सकता है।
10. एक वक्त था जब पुस्तकीय अध्ययन ही विकास हेतु जरूरी था। लेकिन वक्त बदलाव के साथ नागरिकशास्त्र शिक्षण में कक्ष की जरूरत अनुभव की जा रही है। नागरिकशास्त्र कक्ष आमोद-प्रमोद अथवा मनोरंजन का जगह नहीं है। नागरिकशास्त्र कक्ष न होने पर सामाजिक एवं राजनैतिक तथा प्राचीन सामग्री को एक जगह से दूसरे जगह पर ले जाना पड़ता है जिससे उसके टूटने का डर रहता है। सामाजिक एवं नागरिक सम्बन्धित वातावरण हेतु नागरिकशास्त्र कक्ष की जरूरत है। नागरिकशास्त्र एक वैज्ञानिक विषय है। यह सत्य की खोज करता है तथा सत्य तथ्यों को प्रभावशाली ढंग से प्रस्तुत करता है।

नागरिकशास्त्र–संसाधन कक्ष की सामग्री तथा उसकी व्यवस्था

नागरिकशास्त्र-कक्ष का आकार मुख्यरूप से छात्रों की संख्या और उसमें रखी जाने वाली सामग्री पर निर्भर करता है। कक्ष इतना बड़ा हो कि उसमें सरलता से अध्यापन कार्य भी हो सके और जरूरत पड़ने पर नागरिकशास्त्र सम्बन्धी व्यावहारिक कार्य भी हो सके। कक्ष बड़े आकार का होना चाहिए। फर्श और कक्ष की ऊँचाई पर्याप्त होनी चाहिए इसके अलावा नागरिकशास्त्र कक्ष में निम्नलिखित तरह का फर्नीचर होना चाहिए–

1. प्रायोगिक कार्य हेतु मेजें
2. बैठने हेतु मेज कुर्सियाँ
3. बुलेटिन बोर्ड
4. मानचित्र लटकाने का स्टेण्ड
5. माडल बनाने की सामग्री एवं उपकरण
6. ड्राईंग बोर्ड
7. मानचित्र स्तम्भ
8. अलमारियाँ
9. शो–केस
10. अभिनय हेतु लकड़ी का प्लेटफार्म
11. रोलर-बोर्ड।

भारतीय माध्यमिक विद्यालयों में नागरिकशास्त्र संसाधन कक्ष का स्वरूप

सामान्य रूप से भारतीय माध्यमिक विद्यालयों में प्रायः यह देखने में आता है कि हर माध्यमिक विद्यालय में अधिकतर नागरिकशास्त्र के दो अध्यापक होते हैं : एक इतिहास एवं अन्य सामाजिक विषय तथा एक अध्यापक भूगोल विषय को पढ़ाने हेतु होते हैं। ऐसी दशा में सामाजिक विज्ञान के विभिन्न विषय की अलग-अलग संसाधन कक्ष बनाने का कोई अर्थ नहीं है। हर संसाधन कक्ष किसी अध्यापक की देख-रेख में ही हो सकता है और फिर उसके लिए कुछ सहायकों की जरूरत होती है। भारतीय विद्यालयों की परिस्थिति देखते हुए यही कहा जा सकता है कि हर विद्यालय में विभिन्न विषयों के संसाधन कक्ष बनाया जाना कठिन एवं उचित नहीं है क्योंकि भारत के अधिकांश विद्यालय आर्थिक तंगी से ग्रस्त रहते हैं। विद्यालयों के पास इतना धन नहीं होता है। ऐसी परिस्थिति में हम यह कर सकते हैं कि हर विद्यालय में एक ऐसा

संसाधन कक्ष बनाएँ जो सामाजिक विज्ञान के सभी विषयों हेतु पर्याप्त हो और जिसमें सामाजिक विज्ञान का अध्यापन कार्य भी किया जा सके अर्थात् जिसे कक्षा की भाँति भी इस्तेमाल किया जा सके।

एक संसाधन कक्ष में एक बार में अधिक से अधिक 30 विद्यार्थी कार्य कर सकते हैं। 30 से अधिक विद्यार्थियों को एक बार में कार्य नहीं करना चाहिए। अगर हमे 30 विद्यार्थियों को काम करने हेतु संसाधन कक्ष बनाना है तो उसके फर्श का क्षेत्रफल 1000 वर्ग फीट होना चाहिए अर्थात् उसकी लम्बाई 45 फीट चौड़ाई 25 फीट होनी चाहिए, तभी विद्यार्थी उसमें स्वच्छता तथा सरलता से काम कर सकते हैं।

नागरिकशास्त्र संसाधन कक्ष

संसाधन कक्ष का विस्तार विद्यार्थियों की संख्या पर निर्भर करता है। आदर्श बात तो यह है कि संसाधन कक्ष में एक बार में 24 विद्यार्थी कार्य करें, तभी अध्यापक उनको व्यक्तिगत मदद दे सकता है और विद्यार्थी सुविधा से कार्य कर सकते हैं। परन्तु हमारे भारतीय विद्यालयों में एक-एक कक्षा में 50-50 विद्यार्थी तक पढ़ते हैं। ऐसी परिस्थिति में हमें चाहिए कि हम संसाधन कक्ष में कार्य हेतु विद्यार्थियों को दो या तीन वर्गों में विभक्त कर दें। केवल एक वर्ग को जिसमें 24 विद्यार्थी हों, एक बार में संसाधन कक्ष में कार्य करने के लिए भेजना चाहिए।

नागरिकशास्त्र संसाधन कक्ष

नागरिकशास्त्र कक्ष का आकार छात्रों की संख्या तथा जगह की उपलब्धता पर निर्भर करता है। वास्तव में यह कक्ष प्रयोगशाला की भाँति बड़े आकार का होना चाहिए जिसमें सारे उपकरण व्यवस्थित ढंग से रखे हों और जरूरत पड़ने पर छात्र उसका अवलोकन कर सकें तथा उपयोग कर सकें। कक्ष में प्रायोगिक कार्य हेतु बड़ी-बड़ी मेजें व बैठने हेतु कुर्सियाँ होनी चाहिएँ। नागरिकशास्त्र के उपकरणों को रखने हेतु अलमारियाँ एवं शो-केस होने चाहिएँ। नागरिकशास्त्र कक्ष में एक बड़े आकार का श्यामपट होना चाहिए जिस पर शिक्षक छात्रों को एक साथ समझा सके।

नागरिकशास्त्र कक्ष में प्रमुख रूप से निम्न उपकरण अथवा संसाधन होते हैं, जिनका उपयोग शिक्षक व छात्र आवश्यकतानुसार करते हैं।

1. चलचित्र—नागरिकशास्त्र कक्ष में नागरिकशास्त्र के संसाधन के रूप में शैक्षिक चलचित्रों को व्यवस्थित ढंग से रखना चाहिए। जिस शो-केस की आलमारी में शैक्षिक चलचित्र रखे हों उसके ऊपर इन चलचित्रों की एक सूची चस्पा कर देनी चाहिए। जिससे

सभी छात्रों को जानकारी रहे कि नागरिकशास्त्र कक्ष में कौन-कौन से चलचित्र उपलब्ध हैं और उनकी उपयोगिता किस पाठ्यवस्तु के अध्ययन में होगी। चलचित्रों को दिखाने हेतु प्रोजक्टर और पर्दे की व्यवस्था पहले से होनी चाहिए यह कक्ष में उपयुक्त जगह में लगा होना चाहिए जिससे सभी छात्र आसानी से देख सकें।

2. रेडियो एवं टेलीविजन—नागरिकशास्त्र कक्ष में संसाधन के रूप में रेडियो तथा टेलीविजन का भी जगह है। रेडियो और टेलीविजन कक्ष में ऐसे जगह पर रखना चाहिए जिससे सभी छात्र उसे देख व सुन सकें। वर्तमान युग में टेलीविजन के माध्यम से लोकसभा और राज्यसभा की कार्यवाही जैसे प्रकरण को बड़ी सरलतापूर्वक छात्रों को समझाया जा सकता है। अनेक नागरिक समस्याओं पर विभिन्न राजनीतिक दलों की परिचर्चाओं को भी दूरदर्शन में दिखाया जाता है। रेडियो के माध्यम से भी विभिन्न तरह के राजनीतिक विचार नागरिक समस्याओं के समाधान आदि का प्रसारण किया जाता है।

3. एपिडायस्कोप—आधुनिक युग में नागरिकशास्त्र शिक्षण में एपिडायस्कोप को एक महत्त्वपूर्ण संसाधन के रूप में इस्तेमाल में लाया जाता है। एपिडायस्कोप के माध्यम से शिक्षक बड़ी सरलतापूर्वक बिन्दुओं, रेखाचित्रों को श्यामपटट् अथवा दीवार पर दिखा सकता है।

4. सन्दर्भ पुस्तकें—नागरिकशास्त्र कक्ष में अलमारियों में व्यस्थित ढंग से सन्दर्भ पुस्तकों को रखना चाहिए। इन पुस्तकों की सूची पृथक से उपलब्ध होनी चाहिए जिससे छात्र आवश्यकतानुसार सन्दर्भ पुस्तकों का अध्ययन कर सकें।

5. मानचित्र—नागरिकशास्त्र कक्ष में भारत तथा विश्व का राजनीतिक मानचित्र व्यस्थित ढंग से टंगे होने चाहिए। इन राजनीतिक मानचित्रों के माध्यम से छात्रों को विश्व के राष्ट्रों तथा भारत के राज्यों के पुनर्गठन से परिचित कराया जा सकता है।

6. चित्र—नागरिकशास्त्र कक्ष के संसाधनों में चित्रों का जगह भी महत्त्वपूर्ण है। इनमें प्रमुख रूप से राष्ट्रीय आन्दोलनों के नेताओं, स्वतन्त्र भारत के प्रधानमन्त्री व राष्ट्रपति आदि के चित्र को दीवारों पर कालक्रमानुसार व्यवस्थित ढंग से टाँगना चाहिए।

7. चार्ट एवं रेखाचित्र—नागरिकशास्त्र शिक्षण में सहायक सामग्री के रूप में संगठनात्मक चार्टों व रेखाचित्रों का महत्त्वपूर्ण जगह है। इन चार्टों व रेखाचित्रों के माध्यम से विभिन्न परिषदों, सभाओं व संगठनों के संगठन व कार्यों का शिक्षण सरल व बोध ढंग से किया जा सकता है।

8. मॉडल—नागरिकशास्त्र कक्ष में आदर्श ग्राम, आदर्श विद्यालय, आदर्श पंचायत घर आदि के माडल होने चाहिएँ। इन माडलों के माध्यम से छात्रों को सजीव ढंग से आदर्श ग्राम विद्यालय आदि के बारे में ज्ञान प्रदान किया जा सकता है। छात्र माडल को देखकर बहुत सरलतापूर्वक आदर्श ग्राम अथवा आदर्श विद्यालय के बारे में पूरी जानकारी प्राप्त कर सकते हैं।

संसाधनों का उपयोग एवं महत्त्व

केवल शिक्षण उपकरणों को उपलब्ध कर एवं उनको व्यवस्थित कर देने मात्र से ही लाभ नहीं होता। वस्तुतः इसका सदुपयोग करना ही महत्त्वपूर्ण है। नागरिकशास्त्र संसाधन सामग्री का सदुपयोग करना एक व्यवस्थित आधार पर निर्भर करता है।

1. योजना—नागरिकशास्त्र संसाधन कक्ष में व्यवस्थित रूप से संग्रहीत की गई सामग्री को विभिन्न अवसरों पर प्रयुक्त करने के लिए एक पूर्व निश्चित योजन बना लेनी चाहिए। हर पाठ के पूर्व वांछनीय सामग्री एकत्र कर वक्त पर उसका उपयोग करने से शिक्षण प्रभावशाली बन सकता है।

2. उपयोग—योजना के अनुसार वांछित उपकरणों का सही इस्तेमाल करना योजना का क्रियान्वयन पक्ष है जिस पर विशेष ध्यान दिया जाना चाहिए। उद्देश्य के अनुरूप मानचित्र, वक्त रेखा चार्ट, चित्र मॉडल, स्त्रोत आदि उपकरणों का छात्रों के माध्यम से अध्ययन कर उन पर आधारित प्रश्नोत्तरों के माध्यम से तथ्यों को विकसित किया जाना चाहिए।

परामर्श

नागरिकशास्त्र शिक्षण को प्रभावी बनाने हेतु विद्यालय में संसाधन कक्ष की जरूरत है। नागरिकशास्त्र का उपयुक्त वातावरण बनाने, अतीत के सजीव एवं यथार्थ रूप में प्रस्तुतीकरण में सहायक उपकरणों को सरलता तथा सुगमता से प्रस्तुत करने में नागरिकशास्त्र संसाधन कक्ष का विशेष जगह है। नागरिकशास्त्र संसाधन कक्ष का आकार एवं साज-सज्जा जरूरी उपकरणों के प्रदर्शन एवं प्रवृत्तियों के संचालन के अनुसार होने चाहिए।

नागरिकशास्त्र कक्ष के उपरोक्त संसाधनों को एकत्र करने में अत्यधिक समय, श्रत व धन व्यय होता है। अतः नागरिकशास्त्र शिक्षक को चाहिए कि नागरिकशास्त्र कक्ष में सभी संधाधनों की देखभाल व सुरक्षा भली-भाँति रखे। साथ ही उन संसाधनों का उपयोग इस तरह से किया जाए जिससे उन्हें नुकसान न पहुँचे।

15

आदर्श पाठ-योजना का प्रतिरूप

पाठ-योजना-1

कक्षा– .... विषय–नागरिकशास्त्र (भारतीय सविधान सभा)

अवधि–50 मिनट दिनांक– ....

अनुदेशनात्मक सामग्री

1. डॉ. भीमराव अम्बेडकर, डॉ. राजेन्द्र प्रसाद आदि का चित्र।
2. भारतीय संविधान सभा का चित्र।

अनुदेशनात्मक उद्देश्य

1. छात्रों में पाठ्य विषय के सम्बन्ध में जिज्ञासा उत्पन्न करना।
2. छात्रों की तार्किक, मानसिक, निरीक्षण शक्ति का विकास करना।
3. छात्रों में ऐसी क्षमता विकसित करना कि वे प्रभावोत्पादक भाषा में अपने विचार प्रकट कर सकें।
4. छात्रों की शब्दावली में वृद्धि करना।
5. छात्रों का व्यावहारिक ज्ञान बढ़ाना।
6. छात्रों को भारतीय संविधान की जानकारी देना।

प्रारम्भिक व्यवहार

पाठ्य विषय के सम्बन्ध में बालकों के विचार मानक भाषा में प्राप्त करना।

पूर्वज्ञान-परीक्षण

1. भारतीय संविधान का सृजन कब हुआ?
2. भारतीय संविधान के निर्माता कौन थे?
3. भारतीय संविधान के बनने में कितना वक्त लगा?

उद्देश्य-कथन

छात्रों से सन्तोषप्रद उत्तर मिलने पर विषयाध्यापक घोषणा करेगा कि आज हम भारतीय संविधान की रचना का अध्ययन करेंगे।

प्रस्तुतीकरण

विषयाध्यापक निम्न रूप में विषय का प्रस्तुतीकरण सरल व सुबोध भाषा में करें—

भारतीय संविधान का निर्माण कैबिनेट मिशन योजना (1946) के तहत बनाई गई संविधान-निर्मात्री सभा के माध्यम से किया गया था। इस संविधान-निर्मात्री सभा में, आरम्भ में, 389 सदस्य थे जो ब्रिटिश अधीन प्रान्तों से निर्वाचित तथा देशी रियासतों के मनोनीत सदस्यों से लिए गए थे। 1946 की एक बैठक में संविधान-निर्मात्री सभा ने एक उद्देश्य प्रस्ताव पारित किया जिसके तहत भारत में प्रभुसत्ता-सम्पन्न लोकतान्त्रिक गणराज्य की स्थापना का उल्लेख किया गया था तथा भारत में नागरिकों को न्याय, स्वतन्त्रता, समानता तथा बन्धुत्व के लक्ष्यों की प्राप्ति का संकल्प किया गया था। परन्तु इस बीच मुस्लिम लीग की सीधी कार्यवाही अर्थात साम्प्रदायिक दंगों के कारण देश का बँटवारा हो गया। परिणामस्वरूप संविधान निर्मात्री सभा के सदस्य भी बंट गये। भारत की संविधान निर्मात्री सभा में 229 सदस्य रह गए थे। उपरान्त में इस संविधान-निर्माण सभा में कुछ सदस्यों को मनोनीत करके उनकी संख्या 235 कर दी गई थी। 73 सदस्य देशी रियासतों से लिए गए थे। परिणामस्वरूप भारतीय संविधान निर्मात्री सभा में कुल संख्या 308 हो गई। इस संविधान निर्मात्री सभा ने संविधान बनाने का कार्य स्वतन्त्रता प्राप्ति के पश्चात आरम्भ कर दिया।

आजादी से पूर्व ही भारत हेतु नए संविधान के सृजन का क्रम प्रारम्भ हो चुका था। कैबिनेट मिशन योजना, 1946 के माध्यम से यह स्पष्ट कर दिया गया

था कि अंग्रेज सरकार भारतीयों के माध्यम से रचित संविधान-निर्मात्री सभा को सत्ता सौंप देगी। इस योजना में संविधान-निर्मात्री सभा के गठन सम्बन्धी निम्न ब्यौरा दिया गया था–

कैबिनेट मिशन योजना के माध्यम से संविधान निर्माण-सभा की संख्या 389 निश्चित की गई थी, जिनमें 296 सदस्य ब्रिटिश भारतीय प्रान्तों से तथा 93 देशी रियासतों से लिए जाने थे। 296 सदस्यों को कैबिनेट मिशन योजना के माध्यम से आयोजित तीन तरह के प्रान्तीय समूहों से लिए जाने की व्यवस्था की गई।

शेष दिल्ली, अजमेर-मारवाड़, कुर्ग तथा ब्रिटिश बलूचिस्तान से एक-एक सदस्य संविधान निर्मात्री सभा में लिए जाने थे। इस तरह ब्रिटिश भारतीय प्रान्तों से कुल सदस्यों की संख्या 296 थी। 93 सदस्य देशी रियासतों हेतु जाने की योजना बनाई गई थी।

ब्रिटिश भारत में संविधान-निर्मात्री सभा के सदस्यों का चुनाव प्रान्तों के विधान-मंडलों के माध्यम से होना था। चुनाव में मुस्लिम लीग को 296 में से केवल 75 जगह प्राप्त हुए। संविधान-निर्मात्री सभा के सदस्यों के चुनावों में अपनी विफलता के कारण मुस्लिम लीग ने संविधान-निर्मात्री सभा का बहिष्कार करने का फैसला किया। संविधान-निर्मात्री सभा की पहली बैठक 9 दिसम्बर, 1946 को हुई जिसमें मुस्लिम लीग ने भाग नहीं लिया। इस दल ने संविधान सभा की दूसरी बैठक (20 जनवरी, 1947) का भी बहिष्कार किया। संविधान सभा की तीसरी बैठक (25 अप्रैल, 1947) से पूर्व ही भारत के विभाजन का संकेत नए गवर्नर-जनरल लार्ड माउण्टबैटन ने राज्यपालों के सम्मेलन में दे दिया था। परिणामस्वरूप जब भारत का विभाजन हुआ तो उसके साथ-साथ संविधान-निर्मात्री सभा का भी विभाजन हुआ। जो क्षेत्र पाकिस्तान में सम्मिलित किए गए वहाँ से आए संविधान-निर्मात्री सभा के सदस्य पाकिस्तान की संविधान-निर्मात्री सभा के सदस्य बना दिए गए। विभाजन के परिणामस्वरूप भारतीय संविधान-निर्मात्री सभा में कुल संख्या 229 रह गई इनमें 192 कांग्रेस, 29 मुस्लिम लीग, एक अकाली तथा 7 अन्य स्वतन्त्र सदस्य थे। देशी रियासतों से 93 सदस्य लिए जाने हेतु प्रयत्न किए जाने लगे। इस उद्देश्य की प्राप्ति हेतु देशी रियासतों की ओर से ब्रिटिश भारतीय प्रान्तों के प्रतिनिधियों की विचार-विमर्श समिति से बातचीत करने हेतु एक विचार-विमर्श समिति गठित की गई। सिक्खों को प्रतिनिधित्व देने हेतु संविधान-निर्मात्री सभा की संख्या 229 से 235 तक बढ़ा दी गई। देशी रियासतों की विचार-विमर्श समिति से बातचीत के उपरान्त 73 सदस्य शामिल किए गए। इस तरह भारतीय संविधान-निर्मात्री सभा की कुल सदस्य संख्या 308 हो गई।

मुस्लिम लीग के असहयोग के बावजूद संविधान सभा ने अपना कार्य जारी रखा। दूसरी बैठक (20 जनवरी 1947) में जवाहरलाल नेहरू के माध्यम से प्रस्तुत 'उद्‌देश्य-प्रस्ताव' (Objectives Resolution) पास कर दिया गया इसमें *(i)* भारत को पूर्णतया प्रभुसत्ता-सम्पन्न लोकतन्त्रीय गणराज्य घोषित करने का निश्चय किया गया; *(ii)* राज्यशक्ति का स्रोत जनता में निहित माना गया; *(iii)* सामाजिक, आर्थिक तथा राजनैतिक न्याय, सभी नागरिकों हेतु स्वतन्त्रता तथा समता स्थापित करने का वचन दिया गया; *(iv)* अल्पसंख्यक वर्गों तथा पिछड़ी जातियों तथा हितों की रक्षा का आश्वासन दिया गया।

उद्देश्य प्रस्ताव के इन उपबन्धों को व्यावहारिक रूप देने हेतु संविधान सभा के सदस्यों की विविध समितियाँ बनाई गईं। इनमें संघीय सरकार सम्बन्धी समिति, संघीय संविधान सम्बन्धी समिति, वित्तीय धाराओं सम्बन्धी समिति, मौलिक अधिकारों सम्बन्धी समिति आदि उल्लेखनीय हैं। विविध समितियों के कार्यों का संग्रह करने का काम प्रारूप समिति को सौंपा गया, जिसके अध्यक्ष डॉ. भीमराव अम्बेडकर थे।

भारतीय संविधान 26 नवम्बर, 1949 को बनकर तैयार हुआ। इस तरह संविधान बनाने में 2 वर्ष, 11 महीने तथा 18 दिन लगे। संविधान सभा की कुल 12 बैठकों में 167 दिन तक संविधान-निर्माण का कार्य चलता रहा। ड्राफ्ट संविधान में 315 धाराएँ तथा 13 अनुसूचियाँ थीं, परन्तु जब संविधान को अन्तिम रूप दिया गया तो उसमें 395 धाराएँ, जो 22 भागों में बाँटी गई थीं' के साथ-साथ 8 अनुसूचियाँ रखी गईं। 7000 से भी ऊपर अशोधनीय प्रस्ताव प्रस्तुत करने हेतु सुझाव दिए गए थे। परन्तु 2,473 संशोधनीय प्रस्तावों पर विचार-विमर्श किया गया। 26 जनवरी, 1950 को संविधान लागू किया गया।

संविधान जब तैयार हुआ तो उस पर 308 में से 275 सदस्यों ने हस्ताक्षर किए। शेष 33 सदस्यों में पाँच सीटें मुसलमानों की थीं जो कभी भी भरी न जा सकीं तथा 28 सदस्यों ने हस्ताक्षर नहीं किए। जिन सदस्यों ने संविधान पर हस्ताक्षर नहीं किए थे उनमें सर्वश्री एम.आर. मसानी, एस. निजलिंगप्पा, एस. के. पाटिल, गोविन्दवल्लभ पन्त, रफी अहमद किदवई, हुक्मसिंह आदि उल्लेखनीय हैं।

भारतीय संविधान का सृजन 1946 के कैबिनेट मिशन योजना के तहत आरम्भ किया गया था। इस संविधान-निर्मात्री सभा ने दिसम्बर 13, 1946 को एक उद्‌देश्य प्रस्ताव प्रस्तुत करके उसे जनवरी 22, 1947 को पास किया था। उद्‌देश्य प्रस्ताव प्रस्तुत करते वक्त पंडित जवाहरलाल नेहरू ने यह स्पष्ट किया था कि संविधान-निर्मात्री सभा संसार को यह नहीं बताने जा रही कि वह क्या प्राप्त करने

जा रही है, बल्कि यह बताने जा रही है कि संविधान-निर्माताओं ने अनेक वर्षों तक क्या स्वप्न देखे हैं। उन्होंने संविधान-निर्मात्री सभा के सदस्यों से यह कहा कि वह उद्देश्य प्रस्ताव को कानूनी जटिलताओं में न देखकर उसे विशाल व विराट रूप में देखें तथा यह समझें कि इस प्रस्ताव के पीछे भावना क्या है।

उद्देश्य प्रस्ताव के माध्यम से संविधान सभा ने भारत के भावी शासनतन्त्र के विषय में सोचा था। यह सोच स्वतन्त्रता-संग्राम के दौरान निश्चित किए गए लक्ष्यों को प्रतिबिम्ब करता है। उद्देश्य प्रस्ताव की कुछेक विशेषताएं निम्न हैं–

1. भारत में सभी शक्तियाँ जिनका इस्तेमाल संघ सरकार अथवा राज्यों की सरकार करें, उन शक्तियों का स्रोत भारत की जनता होगी।
2. भारत में सभी लोगों को न्याय (सामाजिक, आर्थिक तथा राजनैतिक) तथा अवसर की समानता, कानून के समक्ष समानता, विचारों की स्वतन्त्रता, अभिव्यक्ति, विश्वास, पूजा, व्यवसाय, संघ-समुदाय तथा कार्य की स्वतन्त्रता प्रदान की जाएगी, परन्तु ये सुविधाएँ कानून तथा सार्वजनिक नैतिकता के अधीन होंगी।
3. भारत में रहने वाले सभी अल्प-संख्यक समुदायों, पिछड़े तथा जनजातीय क्षेत्रों तथा समाज के कमजोर वर्गों को पर्याप्त आरक्षण प्राप्त होंगे।
4. गणराज्य की एकता एवं अखंडता तथा उसके प्रभुसत्ता-सम्पन्न अधिकारों को न्याय तथा अन्तर्राष्ट्रीय कानून के तहत सुरक्षा की जाएगी।
5. भारत की यह प्राचीन सभ्यता दुनिया में अपनी शान्ति-स्थापना की भूमिका को उत्साहपूर्ण निभाने का प्रयत्न करेगी।
6. संविधान निर्मात्री सभा निश्चित रूप से यह प्रस्तावित करती है कि वह भारत हेतु एक स्वतन्त्र, प्रभंसत्ता-सम्पन्न, गणराज्य की घोषणा करके उसके अनुरूप संविधान बनाएगी।
7. भारत में उन सभी प्रान्तों तथा देशी रियासतों को मिलाकर एक संघ का सृजन किया जाएगा। इस संघ में उन प्रस्तावों व राज्यों को भी शामिल किया जाएगा जो अंग्रेजों के अधीन नहीं रहे तथा भारतीय संघ में शामिल होना चाहते हैं।
8. इस तरह की संघीय सरकार को निर्मित शक्तियों से शेष सभी शक्तियाँ राज्यों में निहित होंगी। अन्य शब्दों में, अवशिष्ट शक्तियों पर राज्यों का नियंत्रण होगा।

उद्देश्य प्रस्ताव भारत के शासन-तन्त्र की छवि व्यक्त करते हैं। इस प्रस्ताव से शासन-तन्त्र के निम्न तथ्य स्पष्टतः उभरते हैं–

1. भारत में संघीय शासन की स्थापना की जाएगी।
2. भारत में प्रभुसत्ता-सम्पन्न, स्वतन्त्र, गणराज्य का सृजन किया जाएगा।
3. भारत की संघीय व्यवस्था में केन्द्रीय सरकार की शक्तियों को स्पष्ट रूप से उल्लेख किया जाएगा और सभी अवशिष्ट शक्तियाँ राज्यों के पास निहित होंगी।
4. भारत में लोगों हेतु ऐसी राजनीतिक व्यवस्था सुनिश्चित की जाएगी जहाँ सभी लोगों को—
   (i) न्याय : सामाजिक, आर्थिक, राजनीतिक;
   (ii) समानता : स्तर, अवसर तथा कानूनी;
   (iii) स्वतन्त्रता : विचार, अभिव्यक्ति, प्रैस, विश्वास, पूजा-पाठ;
   (iv) एकता एवं अखंडता : न्याय तथा सभ्य देशों के कानून के तहत प्राप्त होंगे।
5. भारत की विदेश नीति शान्ति, सुरक्षा व सह-अस्तित्त्व हेतु कार्य करेगी।

उद्देश्य प्रस्ताव में वर्णित भाव भारतीय संविधान की प्रस्तावना में स्पष्टतः दिखाई देते हैं।

संविधान निर्माताओं ने अनेक आदर्शों, मूल्यों और विचारधाराओं से प्रेरित होकर संविधान का सृजन किया था। इन आधारों का राजनीतिक जीवन से गहरा सम्बन्ध है। एक अच्छा संविधान वही कहलाता है जिसमें अच्छे आदर्शों, मूल्यों व विचारधाराओं को शामिल किया गया हो।

भारत की संविधान सभा ने अपना कार्य स्वतन्त्रता प्राप्ति से पूर्व ही आरम्भ कर दिया था। हमारी संविधान सभा के अध्यक्ष डॉ. राजेन्द्र प्रसाद थे। इसके अलावा उसमें उच्चकोटि के कई प्रवक्ता, प्रशासक व शिक्षाशास्त्री थे। इनमें बहुत-से सदस्य विदेशों से शिक्षा प्राप्त करके आए थे। इन्होंने कई संविधानों का अध्ययन किया था। वे भारतीय परिस्थितियों से भली-भाँति परिचित थे। लगभग तीन वर्षों के निरंतर परिश्रम के पश्चात् उन्होंने उदारवादी, लोकतांत्रिक व समाजवादी संविधान का सृजन किया। संविधान के मुख्य आधारों का विवरण नीचे दिया गया है—

1. संसदीय लोकतन्त्र—भारतीय संविधान निर्माता लोकतन्त्र में अटूट विश्वास रखते थे। उनको एक ऐसी पद्धति का सृजन करना था जिसमें उत्तरदायी शासन का सृजन हो। वे राष्ट्रपिता महात्मा गांधी के ग्राम स्वराज के स्वप्न को भी साकार करना चाहते थे। स्वतन्त्रता प्राप्ति से पूर्व कांग्रेस पार्टी का भी यह उद्देश्य था। पं. जवाहरलाल नेहरू ने कहा था, "राष्ट्रीय कांग्रेस का उद्देश्य स्वतन्त्रता तथा लोकतान्त्रिक राज्य की स्थापना करना है।"

इंग्लैंड के संविधान की प्रकार ही विधानपालिका व कार्यपालिका में सम्बन्ध स्थापित किया गया है। यहाँ भी मन्त्रिमंडल संसद के प्रति उत्तरदायी है। मन्त्रिमंडल को संसद में विश्वास प्राप्त करना पड़ता है। अगर एक भी मन्त्री के विरुद्ध अविश्वास का प्रस्ताव पारित हो जाए तो पूरे मन्त्रिमंडल को त्याग-पत्र देना पड़ता है।

2. धर्मनिरपेक्ष राज्य—भारतीय संविधान निर्माताओं के समक्ष विभिन्न धर्मों को एक सूत्र में बाँधने की चुनौती थी। उन्हें पता था कि धर्मनिरपेक्षता के अभाव में राष्ट्र मुश्किल से प्राप्त स्वतन्त्रता को सुरक्षित नहीं रख पाएगा। इस के लिए संविधान निर्माताओं ने संविधान में धार्मिक सहिष्णुता की नीति को अपनाया। इसके अनुसार भारतीय राज्य न धार्मिक है, न अधार्मिक और न ही धर्म-विरोधी। यह धार्मिक सहिष्णुता में विश्वास रखता है। हर नागरिक अपनी इच्छानुसार किसी भी धर्म को अपना सकता है तथा उसका प्रसार कर सकता है। धर्मनिरपेक्षता की आवश्यकता को प्रकट करते हुए पं. नेहरू ने कहा था, "हम देश में किसी भी तरह की साम्प्रदायिकता सहन नहीं करेंगे। हम एक ऐसे स्वतन्त्र, धर्मनिरपेक्ष राज्य का सृजन कर रहे हैं जिसमें हर धर्म तथा मत को पूरी स्वतन्त्रता तथा समान आदर-भाव प्राप्त होगा और हर नागरिक को समान स्वतन्त्रता तथा समान अवसर की सुविधा प्राप्त होगी।" डॉ. अम्बेडकर ने संक्षेप में प्रभावी ढंग से धर्मनिरपेक्षता पर प्रकाश डालते हुए कहा, "इसका अर्थ यह नहीं है कि हम लोगों की धार्मिक भावनाओं का ध्यान नहीं रखेंगे। धर्मनिरपेक्ष राज्य का अर्थ केवल इतना है कि संसद किसी भी एक धर्म को अन्य लोगों पर नहीं थोप सकेगी। संविधान एकमात्र इसी मर्यादा को स्वीकार करता है।"

3. समाजवाद—भारतीय संविधान निर्माता समाजवाद के पक्ष में थे। वे कृषकों व मजदूरों को आर्थिक शोषण से मुक्ति दिलाना चाहते थे। पं. नेहरू ने कहा था कि, "हमारे आर्थिक कार्यक्रम का उद्देश्य सब तरह की आर्थिक असमानताओं का अंत व सम्पत्ति का समान बँटवारा होना चाहिए।"

भारतीय संविधान निर्माताओं ने भारतीय आर्थिक व्यवस्था को देखकर भारतीय संविधान में सम्पत्ति के अधिकार को रखा परन्तु स्पष्ट कर दिया गया कि अगर सरकार किसी भी सम्पत्ति का अधिग्रहण करेगी तो उसे क्षतिपूर्ति अवश्य मिलेगी। सरकार ने समय-समय पर संशोधन करके सम्पत्ति के अधिकार को सीमित करने का प्रयत्न किया। 1976 के 42वें संशोधन के माध्यम से प्रस्तावना में समाजवाद शब्द को जोड़ा गया।

4. सामाजिक, आर्थिक व राजनीतिक न्याय—भारतीय संविधान निर्माताओं का उद्देश्य भारत में सामाजिक, आर्थिक व राजनीतिक न्याय की स्थापना सुनिश्चित

करना था। इस उद्देश्य को उन्होंने प्रस्तावना व संविधान के अन्य उपबंधों में प्रकट किया।

सामाजिक न्याय से हमारा आशय है कि समाज में असमानताओं को दूर कर समानता को स्थापित किया जाए। संविधान धर्म, जाति, रंग, लिंग व जन्म स्थान, आदि के आधार पर भेदभाव करने की अनुमति नहीं देता। वास्तविक समानता स्थापित करने के लिए संविधान बच्चों, स्त्रियों, अनुसूचित जातियों व पिछड़े वर्ग के लोगों को विशेष सुविधाएँ प्रदान करता है। यहाँ छुआछूत को अपराध घोषित किया गया है। उपाधियाँ व सम्मान देने की प्रथा को समाप्त कर दिया गया है तथा इसमें किसी तरह का विश्वास नहीं किया जा सकता। मानव व्यापार तथा किसी व्यक्ति से बेगार अथवा जबरन काम लेना कानूनी अपराध घोषित कर दिया गया है।

आर्थिक न्याय से हमारा आशय है कि आर्थिक असमानता को समाप्त किया जाए तथा लोगों को आर्थिक सुरक्षा प्रदान की जाए। इस उद्देश्य की प्राप्ति हेतु संविधान चाहता है कि धन का संग्रह एक अथवा कुछ व्यक्तियों के हाथ में न हो, भौतिक साधनों का उचित बँटवारा हो, सभी नागरिकों को आजीविका के पर्याप्त साधन उपलब्ध हों तथा पुरुषों तथा स्त्रियों को समान कार्य हेतु समान वेतन मिले। अगर हर व्यक्ति से उतना काम लिया जाए जितना कि वह कर सकता है तथा उसे उतना पैसा मिले जितनी उसकी जरूरत है तो इससे आर्थिक न्याय स्थापित होगा।

राजनीतिक न्याय से हमारा आशय है कि हर व्यक्ति को शासन के संचालन में समान अवसर मिले। यहाँ हर नागरिक जो 18 वर्ष का है बिना जाति, रंग, लिंग, जन्म-स्थान, आदि भेदभाव के मत प्रकट कर सकता है। निश्चित आयु पर पहुँचने पर वह चुनाव लड़ सकता है तथा कोई भी राजनैतिक पद ग्रहण कर सकता है। संविधान में कानून के समक्ष समानता स्थापित की गई है। कानून किसी को भी विशेष अधिकार नहीं देता।

5. अनुसूचित जातियों व पिछड़े वर्गों हेतु आरक्षण—भारत में निम्न जातियों के लोग सदियों से उच्च जातियों के हाथों शोषित होते रहे हैं। इस कारण ये लोग अन्य लोगों की अपेक्षा पिछड़ गए हैं। महात्मा गांधी व संविधान सभा के अन्य सदस्य इन लोगों के हालातों से परिचित थे। इस कारण संविधान में इन लोगों हेतु विशेष सुविधाओं की व्यवस्था की गई। इन लोगों हेतु सरकारी नौकरियाँ सुरक्षित रखी जाती हैं। इनके लिए विधानमंडलों में जगह आरक्षित रखे गए हैं।

6. राष्ट्रीय एकता व अखंडता—भारतीय संविधान निर्माता भारत में विभिन्नता से परिचित थे। उन्हें इस बात का ज्ञान था कि संविधान में इस तरह की व्यवस्था की जाए कि राष्ट्रीय एकता व सुदृढ़ता बनी रहे। संविधान निर्माता इस बात से

सहमत थे कि किसी भी स्थिति में राष्ट्रीय एकता को बनाए रखना है। उन्होंने कहा कि हमारे मौलिक अधिकारों से भी बढ़कर राष्ट्रीय एकता होगी। डॉ. अम्बेडकर ने कहा था, "व्यक्तिगत एवं मौलिक अधिकारों का महत्व राष्ट्रीय सुरक्षा व सार्वजनिक कल्याण से अधिक कभी नहीं हो सकता। मैं ऐसा कोई संविधान नहीं जानता जो मूल अधिकारों का आश्वासन इस रूप में दे कि संकट के वक्त अपने अस्तित्त्व की रक्षा हेतु राज्य अधिकारों को सीमित न कर सके।"

7. अन्तर्राष्ट्रीय शान्ति व व्यवस्था—भारतीय संविधान निर्माता गांधी व नेहरू के विचारों से सहमत थे कि अन्तर्राष्ट्रीय शान्ति व व्यवस्था में ही सम्पूर्ण विश्व की भलाई है। संविधान निर्माताओं की इस इच्छा को राज्य के नीति निर्देशक तत्त्वों में व्यक्त किया गया है। संविधान में कहा गया है कि राज्य अन्तर्राष्ट्रीय शान्ति व सुरक्षा को बढ़ावा देगा, अन्य राष्ट्रों के साथ न्यायोचित तथा सम्मानपूर्ण सम्बन्ध स्थापित करेगा, अन्तर्राष्ट्रीय विधि का सम्मान करेगा तथा अन्तर्राष्ट्रीय समस्याओं को शान्तिपूर्ण ढंग से पारस्परिक विचार विमर्श के माध्यम से सुलझाएगा। भारतीय विदेश नीति में भी अन्तर्राष्ट्रीय शान्ति को महत्व दिया गया है। इसी कारण भारत की विदेश नीति गुट-निरपेक्ष व शान्तिपूर्ण सह-अस्तित्त्व पर आधारित है।

उक्त वर्णित विचारों से भारतीय संविधान की अवधारणाएँ स्पष्ट हो जाती हैं। हमारे संविधान निर्माता संसदीय लोकतन्त्र, धर्म-निरपेक्ष व न्याय पर आधारित राज्य की स्थापना करना चाहते थे। यही हमारे संविधान का ध्येय व लक्ष्य है। हमारा संविधान सरकार को दिशा-निर्देश देता है। यह साधन है उन लक्ष्यों को प्राप्त करने का जो संविधान निर्माताओं ने निर्धारित किए हैं। अगर सरकार संविधान के अनुबन्धों को ईमानदारी से लागू करे तो भारत का हर नागरिक सहज जीवन व्यतीत कर सकता है।

भारतीय संविधान सभा जानकार व अनुभवी लोगों की संस्था थी जिसने उदारवादी, लोकतन्त्रात्मक व समाजवादी संविधान का सृजन किया। इस संविधान की मुख्य अवधारणाएँ निम्नलिखित हैं—

1. संसदीय लोकतन्त्र—संविधान निर्माता एक उत्तरदायी शासन की स्थापना करना चाहते थे जिस कारण संसदीय लोकतंत्रात्मक शासन की स्थापना की। इस व्यवस्था को इंग्लैंड से अपनाया गया।

2. धर्म-निरपेक्ष राज्य—भारतीय संविधान निर्माताओं के समक्ष विभिन्न धर्मों को एक सूत्र में बाँधने की चुनौती थी, इस के लिए धर्म-निरपेक्षता को अपनाया गया।

3. समाजवाद—भारतीय संविधान के निर्माता समाजवाद के पक्ष में थे। उन्होंने सम्पत्ति के अधिकार को स्वीकार किया परन्तु उसे सीमित कर दिया। 1976 में प्रस्तावना में समाजवाद शब्द जोड़ा गया। 1978 के संशोधन के माध्यम से सम्पत्ति के अधिकार को समाप्त कर दिया गया।

4. सामाजिक, आर्थिक व राजनीतिक न्याय—भारतीय संविधान निर्माता न्यायपूर्ण शासन की स्थापना करना चाहते थे। इस के लिए सामाजिक, आर्थिक व राजनीतिक न्याय को संविधान में शामिल किया गया। इसके माध्यम से समाज में समानता स्थापित करना तथा आर्थिक शोषण को समाप्त करना है। राजनीतिक न्याय के माध्यम से सबको सरकार में भाग लेने का समान अवसर प्रदान करना है।

5. अनुसूचित जातियों व पिछड़े वर्गों को आरक्षण—कुछ जाति के लोग सदियों से शोषित होते रहे हैं, उन्हें सुरक्षा इस संविधान में दी गई है।

6. राष्ट्रीय एकता व सुदृढ़ता—भारतीय संविधान निर्माता भारत में विभिन्नता से परिचित थे। राष्ट्रीय एकता को बनाए रखने हेतु अधिकारों को सीमित किया गया। प्रस्तावना में बन्धुत्व को व्यक्त किया गया।

7. अन्तर्राष्ट्रीय शान्ति व व्यवस्था—अन्तर्राष्ट्रीय शान्ति व व्यवस्था को बनाए रखने हेतु राज्य के नीति निर्देशक तत्त्वों में उपबंध जोड़े गए। भारत की विदेश नीति में भी इसे दर्शाया गया।

उपसंहार

उक्त वर्णित विचारों से भारतीय संविधान की अवधारणाएँ स्पष्ट हो जाती हैं। हमारा संविधान सरकार का पथ प्रदर्शन करता है। अगर सरकार ईमानदारी से इसका पालन करे तो हर नागरिक सहज जीवन बिता सकता है।

गृह कार्य

(1) संविधान निमार्ण प्रक्रिया का संक्षिप्त में विवरण प्रस्तुत करें।

(2) संविधान की प्रस्तावना से आप क्या समझते हैं?

पाठ-योजना-2

कक्षा— .... **विषय**—नागरिकशास्त्र (मूल अधिकार)

अवधि—50 मिनट **दिनांक**— ....

अनुदेशनात्मक उद्देश्य

1. छात्रों में पाठ्य विषय के सम्बन्ध में जिज्ञासा उत्पन्न करना।
2. छात्रों की तार्किक, मानसिक, निरीक्षण शक्ति का विकास करना।
3. छात्रों में ऐसी क्षमता विकसित करना कि वे प्रभावोत्पादक भाषा में अपने विचार प्रकट कर सकें।
4. छात्रों की शब्दावली में वृद्धि करना।
5. छात्रों का व्यावहारिक ज्ञान बढ़ाना।
6. छात्रों को मूल अधिकार की जानकारी देना।
7. छात्रों को भारतीय संविधान के प्रति आस्थावान बनाना।

प्रारम्भिक व्यवहार

पाठ्य विषय के सम्बन्ध में बालकों के विचार मानक भाषा में प्राप्त करना।

पूर्वज्ञान-परीक्षण

1. क्या आप जानते हैं कि अधिकार किसे कहते हैं?
2. मूल अधिकार क्या है?
3. समानता के अधिकार का सामान्य तात्पर्य क्या है?

उद्देश्य-कथन

छात्रों से सन्तोषप्रद उत्तर मिलने पर विषयाध्यापक घोषणा करेगा कि आज हम भारतीय संविधान की रचना का अध्ययन करेंगे।

प्रस्तुतीकरण

विषयाध्यापक निम्न रूप में विषय का प्रस्तुतीकरण सरल व सुबोध भाषा में करें–

कुछ ऐसे अधिकार होते हैं जो केवल सरकार चलाने हेतु ही आवश्यक नहीं होता बल्कि व्यक्ति के व्यक्तित्व के विकास हेतु भी आवश्यक होता है ऐसे ही अधिकारों को मूल अधिकार कहा जाता है। हमारा संविधान नागरिकों को छः मूल अधिकार देता है।

1. समानता का अधिकार–संविधान रंग, जाति, धर्म-क्षेत्र आदि की सामाजिक समानता, कानूनी समानता, राजनीतिक समानता का वर्णन करता है।

संविधान के माध्यम से प्रदत्त यह अधिकार समानता का अधिकार है। इस अधिकार के अन्तर्गत हमारे देश में भाषा, जाति, रंग, लिंग, राज्य आदि के आधार पर कोई भेद-भाव नहीं किया जायेगा।

2. स्वतन्त्रता का अधिकार—इसके तहत नागरिकों को विचार, भाषण, अभिव्यक्ति की स्वतन्त्रताएँ प्राप्त हैं। इस अधिकार के अन्तर्गत हमारे देश के नागरिक बिना हथियारों के एकत्र हो सकते हैं, संघ अथवा समुदाय बना सकते हैं, बिना किसी रोक-टोक के देश में कहीं भी आ-जा सकते हैं एवं घूम-फिर सकते हैं तथा कोई आजीविका, व्यवसाय, कार्य कर सकते हैं।

3. धार्मिक स्वतन्त्रता का अधिकार—इस अधिकार के अन्तर्गत हमारा देश कोई भी धर्म अपनाने, उसके प्रचार करने की स्वतन्त्रता का आश्वासन देता है। धर्मनिरपेक्षता का विचार इस अधिकार से पैदा हुआ है।

4. शोषण के विरुद्ध अधिकार—इस अधिकार के अन्तर्गत किसी भी प्रकार के शोषण की मनाही की गई है। इस अधिकार के माध्यम से संवैधानिक रूप से बेगार, जबर्दस्ती से लिया गया श्रम, बाल-अवस्था में जोखिम भरे कारखानों में कार्य करने आदि की मनाही की गई है।

5. सांस्कृतिक व शिक्षा सम्बन्धी अधिकार—इस अधिकार के अन्तर्गत भारतके लोगों को शिक्षा प्राप्त करने का अधिकार है तथा वे अपनी संस्कृति व समाजिक मान्यताओं को भी कायम रख सकते हैं। वे अपनी मान्यताओं के अनुसार किसी भी प्रकार की शैक्षिक व सांस्कृतिक संस्थाओं की स्थापना कर सकते हैं।

6. संवैधानिक उपचारों का अधिकार—यह ऐसा अधिकार है जो मूल अधिकारों का संरक्षक है। इस अधिकार के अन्तर्गत हमारे देश का प्रत्येक नागरिक अपने मूल अधिकारों के छीने जाने पर उच्चतम न्यायालय का दरवाजा खट-खटा सकता है। लेकिन संकट के वक्त यह अधिकार भी समाप्त हो जाता है।

अधिकारों की आलोचना

मूल अधिकारों की आलोचना को निम्नलिखित बिन्दुओं के अन्तर्गत व्यक्त किया जा सकता है—

1. जनसाधारण हेतु मौलिक अधिकारों की रक्षा कठिन—संविधान की धारा 32 में यह स्पष्ट किया गया है कि मौलिक अधिकारों की सुरक्षा का दायित्व न्यायालयों पर होगा। सामान्य तौर पर ऐसा लगात है कि न्यायालयों के माध्यम से अधिकारों की रक्षा सम्भव है, लेकिन ऐसे देश में जहाँ निर्धनता, बेकारी तथा राजनैतिक उदासीनता अपनी चरम सीमा तक पहुँच चुकी हो और

जहाँ एक साधारण व्यक्ति हेतु न्यायालय तक पहुँचना कठिन हो, वहाँ उसके लिए अपने अधिकारों की सुरक्षा कराना बहुत ही कठिन कार्य है। डॉ. के. वी. राव मौलिक अधिकारों की समीक्षा करते हुए कहते हैं कि मौलिक अधिकारों के सम्बन्ध में एक व्यक्ति को कुछ भी प्राप्त नहीं है, क्योंकि एक विशेष अधिकार का अस्तित्त्व जब सर्वोच्च न्यायालय के माध्यम से निर्णय पर ही निर्भर करता हो तो उस स्थिति में केवल मुकदमा लड़ने का अधिकार ही रह जाता है जो वास्तव में अधिकार नहीं है, और विशेषकर निर्धनों हेतु तो यह बिल्कुल ही अधिकार नहीं है।

2. कुछ विशेष अधिकारों की कमी—भारतीय संविधान के अन्तर्गत प्राप्त अधिकारों में कुछेक विशेष अधिकारों की कमी है। आलोचकों का विचार है कि आधुनिक युग लोकहितकारिता का युग है और ऐसे युग में राजनैतिक अधिकारों की तुलना में आर्थिक एवं सामाजिक अधिकारों को प्राथमिकता मिलनी चाहिए जो कि भारतीय संविधान ने प्रदान नहीं की। मौलिक अधिकारों में सामाजिक सुरक्षा का अधिकार (Right to Social Security), काम प्राप्ति का अधिकार (Right to Work), आदि को कोई जगह नहीं दिया गया। फलस्वरूप संविधान में वर्णित ये अधिकार अपूर्ण हैं।

3. अधिकारों की अपेक्षा निर्बन्धन अधिक—मौलिक अधिकारों की एक अन्य सामान्य आलोचना यह है कि इनमें अधिकारों की अपेक्षा निर्बन्धनों पर अधिक जोर दिया गया है। आलोचकों की धारणा है कि संविधान एक हाथ से मूल अधिकार प्रदान करता है और दूसरे हाथ से इन अधिकारों को छीन लेता है। शब्दों में इन अधिकारों पर अनेक तरह के निर्बन्धन डाले गए हैं जिनके परिणामस्वरूप अधिकार अर्थहीन बन जाते हैं। ऐसे वातावरण में जहाँ भारतीय प्रतिरक्षा अधिनियम या निवारक नजरबन्दी कानून या आन्तरिक सुरक्षा निर्वहत अधिनियम लागू होते हों वहाँ लोगों के अधिकारों की सुरक्षा की सम्भावना कठिन हो जाती है। यही कारण है कि आलोचक मौलिक अधिकारों के इस अध्याय के वर्तमान नाम को बदल कर मौलिक अधिकारों की परिसीमाएँ या मौलिक अधिकार तथा उनकी परिसीमाएँ रखना चाहते हैं।

4. मौलिक अधिकार अधिवक्ताओं का स्वर्ग—आलोचकों का ऐसा विचार है कि मौलिक अधिकारों से सम्बन्धित अध्याय ऐसे अर्हताओं एवं अपवादों से बँधा हुआ है कि एक साधारण व्यक्ति हेतु यह जानना कठिन है कि उसको कौन-कौन से अधिकार मिले हैं। अधिकारों के भाग में संविधान की भाषा बड़ी जटिल एवं कठिन है जिसे केवल कानून के जानकार ही समझ सकते हैं। इसी

कारण संविधान में दिए गए अधिकारों के अध्याय को अधिवक्ताओं का स्वर्ग कहा जाता है।

उपसंहार

थोड़े में हम यह कह सकते हैं कि हमारा संविधान हमें कुछ ऐसे अधिकार प्रदान करता हैं जो सिर्फ देश की शासन व्यवस्था को संचालित करने हेतु ही जरूरी नहीं है बल्कि प्रत्येक नागरिक के व्यक्तित्व के विकास हेतु भी आवश्यक है।

गृह कार्य

(1) मूल अधिकार से आप क्या समझते हैं?
(2) हमारा संविधान हमें कितने मूल अधिकार प्रदान करता है? वर्णन करें।
(3) संवैधानिक उपचारों के अधिकार से आप क्या समझते हैं?
(4) मूल अधिकारों की संक्षिप्त आलोचना प्रस्तुत करें।

पाठ-योजना-3

कक्षा– .... विषय—नागरिकशास्त्र (भारतीय शासन तंत्र की प्रकृति)

अवधि—50 मिनट दिनांक– ....

अनुदेशनात्मक उद्देश्य

1. छात्रों में पाठ्य विषय के सम्बन्ध में जिज्ञासा उत्पन्न करना।
2. छात्रों की तार्किक, मानसिक, निरीक्षण शक्ति का विकास करना।
3. छात्रों में ऐसी क्षमता विकसित करना कि वे प्रभावोत्पादक भाषा में अपने विचार प्रकट कर सकें।
4. छात्रों की शब्दावली में वृद्धि करना।
5. छात्रों का व्यावहारिक ज्ञान बढ़ाना।
6. छात्रों को शासन तंत्र की प्रकृति की जानकारी देना।
7. छात्रों को भारतीय शासन तंत्र के प्रति आस्थावान बनाना।

प्रारम्भिक व्यवहार

पाठ्य विषय के सम्बन्ध में बालकों के विचार मानक भाषा में प्राप्त करना।

पूर्वज्ञान-परीक्षण

1. भारत में कैसी शासन व्यवस्था है?
2. संघीय शासन व्यवस्था से आप क्या समझते हैं?

उद्देश्य-कथन

छात्रों से सन्तोषप्रद उत्तर मिलने पर विषयाध्यापक घोषणा करेगा कि आज हम भारतीय संविधान की रचना का अध्ययन करेंगे।

प्रस्तुतीकरण

विषयाध्यापक निम्न रूप में विषय का प्रस्तुतीकरण सरल व सुबोध भाषा में करें—

भारत में शासनतन्त्र का स्वरूप संघीय तथा संसदीय है। संविधान लोगों के अधिकारों की सुरक्षा का आश्वासन देता है तथा राज्य को आधुनिक बनाने के लिए कुछेक समाजवादी, गाँधीवादी तथा उदारवादी सिद्धान्तों को अपनाने का निर्देश देता है।

भारत में शासनतन्त्र के संचालन हेतु बनाए गए मौलिक नियमों पर निर्णय सर्वसम्मति, जनसहमति तथा बहुमत के आधार पर लिए जाने की व्यवस्था है।

राज्यों को तीन श्रेणियों में बाँटा जाता है। उदारवादी, मार्क्सवादी तथा तृतीय संसार के देश। उदारवादी देशों में प्रायः पश्चिमी यूरोप तथा अमेरिकी महाद्वीप के देश शामिल किए जाते हैं। मार्क्सवादी देशों में प्रायः पूर्वी यूरोप के कुछ समाजवादी देश आते हैं। तृतीय संसार उन देशों का समूह है जिसमें एशिया, अफ्रीका के नव स्वतन्त्रता प्राप्त देश तथा दक्षिणी अमेरिका के देशों को शामिल किया जाता है। परन्तु संसार में ऐसा वर्गीकरण आज नहीं देखा जाता। आज प्रायः देशों को ि वकसित और अविकसित श्रेणियों में बाँटा जाता है। यह उत्तर एवं दक्षिण का विभाजन भी है। उत्तरी गोलार्द्ध के देश विकसित तथा दक्षिणी गोलार्द्ध के देश अविकसित माने जाते हैं।

भारत का सम्बन्ध दक्षिणी गोलार्द्ध के देशों के साथ है जो अविकसित हैं। हमारे देश के आर्थिक पिछड़ेपन के कई कारण हैं। भारत पर अंग्रेजी शासन हमारे देश से धन की निकासी का कारण था। हमारा पिछड़ापन अंग्रेजों की देन है। 1947 ई. में अंग्रेजों ने जब भारत छोड़ा तब हम आर्थिक, सामाजिक व राजनीतिक रूप से अविकसित थे।

भारत में राज्य का भारतीयकरण—आजादी के पश्चात् जल्दी ही भारत के वैचारिक, औपचारिक तथा संस्थापक तत्त्वों का निर्णय करने हेतु संविधान-निर्माण का कार्य आरम्भ। जब संविधान अपने पूर्णरूप में नवम्बर, 1949 को लिख लिया गया तो उसमें विभिन्न विचारों का सम्मिश्रण झलकने लगा। अपने स्वरूप में भारतीय राज्य का स्वरूप उदारवादी था। इस उदारवाद की तस्वीर निम्न रूप में दिखाई देती है—

1. भारत में प्रभुसत्ता-सम्पन्न लोकतांत्रिक गणराज्य की स्थापना की जाएगी।
2. संविधान के अनुरूप शक्तियों के पृथक्करण लेगा। वैधानिक कार्य विधानपालिका को, कार्यकारी कार्य कार्यपालिका को तथा न्यायिक कार्य न्यायपालिका को सौंपे गए।
3. संविधान में मौलिक अधिकारों की व्यवस्था की गई और उन्हें न्यायोचित बनाने का प्रयत्न किया गया।
4. अल्पसंख्यकों के अधिकारों व हितों की रक्षा की व्यवस्था की गई।
5. राज्यनीति के निदेशक तत्त्वों के माध्यम से समाजवादी, गाँधीवादी तथा उदारवादी भारत के सृजन का संकल्प लिया गया।
6. आर्थिक रूप से भारत न तो पूर्णरूप से समाजवादी और न ही पूर्णरूप से पूँजीवादी राज्य बना। देश में अपनाई गई अर्थव्यवस्था मिश्रित तरह की थी जिसमें सार्वजनिक तथा निजी क्षेत्रों के साथ-साथ विकसित होने की व्यवस्था थी।
7. ग्रामीण क्षेत्रों के विकास के लिए पंचायती राज्य व्यवस्था को अपनाने का निर्णय लिया गया।

भारतीय राज्य के उदारवादी स्वरूप के पीछे निम्न तर्क दिए जा सकते हैं—

1. भारतीय संविधान के निर्माता अधिकांशतः उदारवादी तथा संविधान वादी थे। अतः संविधान निर्माताओं से उदारवादी संविधान की ही आशा की जा सकती थी।
2. भारत में संसद की सर्वोच्चता के साथ सर्वोच्च न्यायालय को प्राप्त न्यायिक पुनरावलोकन की शक्ति एक उदारवादी व्यवस्था का प्रतीक कहा जा सकता है।
3. संविधान के माध्यम से सर्वोच्च न्यायालय को निरपेक्ष तथा स्वतन्त्र बनाने तथा न्यायिक सर्वोच्चता की स्थापना का तत्त्व उदारवादी स्वरूप का ही होता है।

4. संविधान ने ऐसी कार्यपालिका का गठन किया जो संसद से बनती है तथा संसद के प्रति उत्तरदायी होती है। भारत में कार्यपालिका के दायित्व की व्यवस्था भारत के राज्य को उदारवादी बनाती है।
5. भारत के संविधान ने स्वतन्त्र व निरपेक्ष चुनाव आयोग तथा उस आयोग की चुनावों का प्रबन्ध करने का दायित्व देना उदारवादी तत्त्वों के लक्षण हैं।

किसी भी उदारवादी राज्य के अनुसार भारत में राज्य को सामाजिक, आर्थिक बदलाव का साधन बनाया गया। पंडित जवाहर लाल नेहरू ने भारत में स्थापित राज्य से यह आशा की थी कि राज्य ऐसे साधन के रूप में कार्य करेगा जो आर्थिक कल्याण तथा समाजवादी ढंग के समाज (समाजवाद, नहीं) की स्थापना को सुनिश्चित बनाए। नियोजन के दायरे में मिश्रित अर्थव्यवस्था उदारवाद का संकेत है।

भारत का सामाजिक ढाँचा बहुलवादी है। इस कारण इस तरह के ढाँचे के अनुसार ही भारत के शासनतन्त्र की व्यवस्था की गई है। वास्तव में, किसी भी देश में उसके सामाजिक ढाँचे के अनुसार ही शासकीय व्यवस्था की स्थापना की जाती है। भारतीय शासनतन्त्र भी इसका अपवाद नहीं है।

भारत विषमताओं का देश है। इसमें अनेक धार्मिक सम्प्रदाय हैं, अनेक भाषाएँ बोली जाती हैं, लोगों का अनेक तरह की जातियों से सम्बन्ध है। हमारा देश इतना विशाल है कि इनमें कई क्षेत्र तो बहुत अधिक विकसित हैं जबकि कई क्षेत्र बहुत पिछड़े हुए हैं। सामाजिक विषमताओं के साथ आर्थिक विषमताएँ भी सामाजिक ढाँचे को प्रभावित कर रही हैं।

भारत के सामाजिक ढाँचे का एक अन्य रूप समाज में विभिन्न समूहों का सम्मिश्रण है। हमारा देश कृषिप्रधान देश है। स्वतन्त्रता प्राप्ति के वक्त 75 प्रतिशत से भी अधिक लोग गांवों में रहते थे। मूलतया हमारी आर्थिक व्यवस्था कृषि पर आधारित है। इस कारण हमारे गांवों में सामाजिक ढाँचा भी उस आर्थिक व्यवस्था के अनुसार था। अधिकांश जनता ग्रामवासी है। इनमें छोटे तथा बड़े किसान भी थे, जमींदार व जागीरदार भी थे, किराए पर कृषि-कार्य करने वाले लोग भी थे, बन्धुआ मजदूर भी थे, लगभग हर ग्राम में एक-दो दुकानदार, कुछ कारीगर तथा महाजन भी थे। शहरों में कम गिनती के कुछ पूँजीपति, उनकी अपेक्षा अधिक संख्या में श्रमिक, छोटे-मोटे दुकानदार, अंग्रेजी-शिक्षा प्राप्त भारतीय आदि थे। इन सबका सम्बन्ध अलग-अलग धर्मों, जातियों, भाषाओं आदि से था। इस कारण इनकी परम्पराओं, रीति-रिवाजों व रहन-सहन में भी अन्तर था। भारतीय समाज का स्वरूप मूलतः बहुलवादी था।

भारत जैसे **बहुलवादी** देश में शासनतन्त्र का स्वरूप उसके अनुरूप होना अनिवार्य था। स्पष्ट है कि अपनी नव-प्राप्त स्वतन्त्रता को बनाए रखने हेतु जहाँ एक ओर शक्तिशाली केन्द्रीय सरकार का होना अनिवार्य था, वहाँ दूसरी ओर **विभिन्नताओं व विषमताओं** को देखते हुए **संघीय व्यवस्था** का होना भी स्वाभाविक था। यही कारण है कि हमारे देश में जिस तरह की **संघीय-व्यवस्था** का सृजन किया गया, उसमें राज्यों की अपेक्षा केन्द्र के पास अधिक शक्तियाँ होनी ही थीं।

अंग्रेजी सरकार के अधीन एक लम्बे वक्त तक शासित होने पर भारतीयों को ब्रिटिश पद्धति की शासन-प्रक्रिया की न केवल जानकारी हो गई थी, बल्कि उन्हें राजनीतिक अनुभव भी प्राप्त हो गया था। यह राजनीतिक अनुभव संसदीय शासन प्रणाली से सम्बन्धित था। अंग्रेजी शासकीय व्यवस्था के अनुसार भारत में **संसदीय शासन** प्रणाली को अपनाया गया था। ऐसी प्रणाली में राज्य-अध्यक्ष तथा सरकार अध्यक्ष में भेद किया जाता है। ऐसा भेद भारतीय व्यवस्था में भी विद्यमान है। राष्ट्रपति संवैधानिक मुख्य हैं जिनके नाम पर शासन होता है, परन्तु वे वास्तविक रूप से शासन नहीं करते। प्रधानमन्त्री प्रशासन के प्रधान होने के कारण अपने मन्त्रिमण्डल की मदद से देश में शासन-शक्तियों का संचालन करते हैं। मन्त्रिमण्डल को विधानपालिका, विशेषरूप से लोकसभा के प्रति उत्तरदायी बनाए जाने की व्यवस्था की गई है।

भारत जैसे देश हेतु आर्थिक तरह के शासन-तन्त्र की व्यवस्था करना घातक होता। इसलिए शासन-तंत्र के स्वरूप को **पंथनिरपेक्ष** बनाया गया। संविधान कहता है कि व्यक्ति का भले ही कोई भी धर्म हो, परन्तु सार्वजनिक जीवन में राज्य सभी धर्मों को समान दृष्टि से देखेगा। राज्य से यह भी आशा की गई है कि धार्मिक आधार पर किसी भी तरह का भेदभाव नहीं होगा। राज्य से किसी भी ऐसे कर लगाने की आशा नहीं है जिसकी जमा-राशि किसी विशेष धर्म पर खर्च की जाएगी।

भारत भले ही पूँजीवादी-उदारवादी मूल्यों से प्रेरित न हुआ हो और न ही मार्क्सवादी प्रतिमान से परन्तु इन दोनों तरह के प्रतिमानों के अनुयायी भारतीय जनसमूह के सदस्य थे। स्वतन्त्रता प्राप्ति के उपरान्त तथा आज भी जहाँ पूँजीवादी विचार के लोग हैं, वहाँ समाजवादी विचार के लोग भी हैं। इस कारण भारतीय अर्थव्यवस्था का पूर्णरूप में पूँजीवादी रूप ग्रहण करना उतना ही गलत था जितना कि समाजवादी रूप। परिणामस्वरूप भारत ने मिश्रित अर्थव्यवस्था को शासन-तन्त्र के पक्ष में था। आज हमारी अर्थव्यवस्था का स्वरूप मिश्रित अर्थ-व्यवस्था जैसा है।

भारतीय शासन व्यवस्था में विद्यमान अनेक लोकतान्त्रिक प्रक्रियाओं में निम्नलिखित का उल्लेख किया जा सकता है—

1. निर्वाचन प्रक्रिया—निर्वाचन प्रक्रिया भारतीय लोकतन्त्र का महत्त्वपूर्ण अंग है। भारतीय संविधान के भाग पन्द्रह, अनुच्छेद 324-329 में निर्वाचन सम्बन्धी तथ्यों का उल्लेख किया गया है। संविधान में निर्वाचन आयोग की स्थापना की गई है। निर्वाचन आयोग के अध्यक्ष मुख्य निर्वाचन आयुक्त हैं। राष्ट्रपति संसद व विधानमण्डलों के निर्वाचन की घोषणा करते हैं। निर्वाचन आयोग निर्वाचन क्षेत्रों का गठन करता है। हमारे यहाँ हर निर्वाचन क्षेत्र से एक सदस्य का निर्वाचन किया जाता है। यहाँ हर नागरिक को जो 18 वर्ष की आयु का है मत देने का अधिकार प्राप्त है तथा अपनी इच्छानुसार मत प्रकट कर सकता है। जो नागरिक चुनाव लड़ना चाहता है उसमें निर्धारित योग्यताएँ होनी चाहिए। हर दल अपने उम्मीदवारों का चयन करते हैं और अपने-अपने घोषणा पत्र लागू करते हैं। कई उम्मीदवार बिना दल के सहयोग से ही चुनाव लड़ते हैं। इन्हें स्वतन्त्र उम्मीदवार कहा जाता है। इसके पश्चात् उम्मीदवार मतदाताओं को प्रभावित करने हेतु सभाएँ आयोजित करते हैं। वे घर-घर जाकर मत प्राप्त करने के प्रयत्न करते हैं। वे पोस्टर लगाते हैं। अखबारों में अपने कार्यक्रम प्रकाशित करवाते हैं। रेडियो व टेलीविजन पर भाषण देते हैं। कोई भी उम्मीदवार निश्चित राशि से अधिक धन चुनाव में खर्च नहीं कर सकता।

जो राजनीतिक दल बहुमत में आता है, वह सरकार बनाकर अपनी नीतियों को लागू करता है। लोकतान्त्रिक प्रक्रिया का यह रूप लगभग सभी लोकतान्त्रिक राज्यों में देखा जा सकता है।

2. राजनीतिक दलबन्दी—आधुनिक अप्रत्यक्ष लोकतन्त्र में जनता का प्रतिनिधित्व करने हेतु राजनीतिक दलों का होना जरूरी है। भारत में बहुदलीय प्रणाली को स्वीकार किया गया है। कुछ दल राष्ट्रीय स्तर पर मान्यता प्राप्त दल है तथा अन्य स्थानीय दल हैं। राष्ट्रीय स्तर पर मान्यता प्राप्त दल हैं—कांग्रेस (ई.), भारतीय जनता पार्टी, भारतीय साम्यवादी दल, मार्क्सवादी साम्यवादी दल, जनता दल, लोकदल व कांग्रेस (समाजवादी) दल। स्थानीय दल में बहुत से दल हैं। इनमें मुख्य हैं—नेशनल कान्फ्रेंस, अकाली दल, डी. एम. के., अन्ना. डी. एम. के. तेलगूदेशम, क्रान्ति-रंगा, शिव सेना आदि।

राजनीतिक दलों की आपसी प्रतियोगिता किसी न किसी दल की विजय में बदलती है। चुनाव लोकतन्त्रीय व्यवस्था में निर्णय करने की एक महत्त्वपूर्ण प्रक्रिया है।

3. मतदान-आचरण—मतदान-आचरण से हमारा आशय है, मतदाता किन परिस्थितियों से प्रभावित होकर मत का इस्तेमाल करता है। इसमें जो मतदान नहीं करते उनके आचरण को भी देखा जाता है। जात-पात, गरीबी, अशिक्षा आदि के माध्यम से मतदान का आचरण निर्धारित किया जाता है। 1971 से पूर्व भारत का मतदान कांग्रेस के स्वतन्त्रता संग्राम से प्रभावित रहा। 1971 के चुनाव में गरीबी हटाओ के नारे से प्रभावित होकर मतदाताओं ने कांग्रेस को बहुमत से जिताया। 1977 में मतदाताओं के समक्ष जनता दल ने लोकतन्त्र व तानाशाही के बीच एक को चुनने हेतु कहा। जनता ने लोकतन्त्र का मार्ग चुना परन्तु जनता दल आपसी फूट के कारण लोकतन्त्र की रक्षा न कर सका। 1980 में लोगों ने महसूस किया कि देश में केवल कांग्रेस (ई.) ही ऐसा दल है जो स्वतन्त्रता, लोकतन्त्र, धर्म-निरपेक्षता व समाजवाद की रक्षा कर सकता है। इसलिए सत्ता एक बार फिर कांग्रेस (ई.) के हाथों में आ गई। 1985 में पुनः कांग्रेस का तथा 1990 में भी कांग्रेस का शासन लौटा। 1996 के उपरान्त से मिली-जुली सरकार का शासन रहा। तथा 2004 में पुनः कांग्रेस सता में लौट आई।

मतदान-आचरण में केवल नारों का प्रभाव नहीं पड़ता बल्कि जाति-धर्म का प्रभाव भी पड़ता है। मतदाता अपनी जाति व धर्म वाले प्रत्याशी को मत देता है। इस कारण राजनैतिक दल चुनाव क्षेत्रों में जाति-धर्म को देखकर अपने प्रत्याशी खड़े करते हैं। भारतीय दल अपने दलीय हितों के कारण सामाजिक संकीर्ण विचारों को नहीं छोड़ पाए हैं।

4. जन-सम्पर्क के विभिन्न साधन—समाचार-पत्र, दूरदर्शन, रेडियो आदि जनसम्पर्क के साधन हैं। इन साधनों के माध्यम से जनता सरकार की गतिविधियों को समझ सकती है। जनता सरकार की उन कार्यवाहियों की आलोचना कर सकती है जो राष्ट्रीय हित में नहीं हैं। सरकार इस आलोचना का लाभ उठा सकती है तथा नीतियों में बदलाव कर सकती है।

जन-सम्पर्क के साधन स्वतन्त्र होने चाहिए वरन् उसका कोई लाभ नहीं हो सकता। जनता अन्धकार में रहेगी। लोगों के अधिकार खतरे में पड़ जाएँगे। गैर-जिम्मेदार समाचार-पत्र लोकतन्त्र हेतु हानिकारक सिद्ध होते हैं। समाचार पत्रों को जिम्मेदारी से अपना कार्य करना चाहिए। पं. जवाहर लाल नेहरू ने कहा था, "यदि गैर-जिम्मेदार पर स्वतन्त्र समाचार-पत्रों और जिम्मेदार लेकिन नियन्त्रित अखबारों के बीच मुझे किसी एक को चुनना हो तो मैं गैर-जिम्मेदार लेकिन स्वतन्त्र समाचार-पत्रों को ही पसन्द करूँगा।"

5. दबाव-समूह—दबाव-समूह शासकीय व्यवस्था के बाहर ऐच्छिक व संगठित समूह होते हैं जो शासकीय अधिकारों की नियुक्ति, सार्वजनिक नीति-निर्धारण, उसके प्रशासन व समझौता व्यवस्था को प्रभावित करने का प्रयत्न करते हैं। इन्हें लॉबी व अनौपचारिक संगठन भी कहा जाता है। ये राजनीतिक प्रक्रिया के ठोस अंग हैं तथा सरकार की नीति को आगे बढ़ाने या उसकी दिशा बदलने का प्रयत्न करते हैं, परन्तु यह स्वयं सरकार नहीं बनाना चाहते।

भारत लोकतन्त्रात्मक राज्य है। यहाँ राजनैतिक दलों के साथ-साथ दबाव-समूहों के विकास का भी समान अवसर उपलब्ध है। भारत में दबाव-समूहों में मुख्य हैं—भारतीय ट्रेड यूनियन कांग्रेस, राष्ट्रीय ट्रेड यूनियन कांग्रेस, भारतीय व्यापार मण्डल, अखिल भारतीय किसान सभा, भारतीय छात्र संघ, युवा कांग्रेस, अखिल भारतीय विद्यार्थी परिषद् आदि। निःसन्देह भारत के दबाव-समूह अमेरिका के दबाव-समूहों की भाँति सक्रिय नहीं हैं परन्तु इसमें भी सन्देह नहीं कि यहाँ के दबाव समूह सरकार को प्रभावित करते हैं। दबाव समूह संवैधानिक, एवं गैर संवैधानिक मार्ग अपनाकर अपने उद्देश्य की पूर्ति करते हैं। यह जन-आन्दोलन, हड़तालों, सत्याग्रह आदि मार्ग अपनाकर अपने उद्देश्य की प्राप्ति करते हैं। ये राजनैतिक दलों के कार्यों में सहायक होते हैं। इस तरह ये भी लोकतान्त्रिक प्रक्रिया के अंग हैं।

लोकतान्त्रिक प्रक्रिया

1. चुनाव प्रक्रिया—भारतीय संविधान में निर्वाचन प्रक्रिया का विवरण दिया गया है। यहाँ वयस्क मताधिकार की व्यवस्था है।

2. राजनीतिक दलबन्दी—राजनीतिक दलबन्दी किसी भी लोकतान्त्रिक व्यवस्था की एक प्रक्रिया होती है। भारत में राष्ट्रीय दल क्षेत्रीय दलों के साथ मिलकर सरकार व शासन कार्यों में भूमिका निभाते हैं।

3. मतदान-आचरण—भारत में मतदाता नारों से प्रभावित होता रहा है परन्तु अब मतदाता जाति-पांति से प्रभावित हो रहा है। धर्म भी चुनावी-आचरण को प्रभावित कर रहा है।

4. जन-सम्पर्क के साधन—समाचार-पत्र, दूरदर्शन व रेडियो जन-सम्पर्क के साधन हैं। अगर सच्चा लोकमत तैयार करना है तो जन-सम्पर्क के साधनों को स्वतन्त्र बनाना होगा।

5. दबाव-समूह—ये शासकीय व्यवस्था के बाहर ऐच्छिक व संगठित समूह होते हैं जो सरकार पर दबाव डालते हैं। इन्हें लॉबी अथवा अनौपचारिक संगठन

भी कहते हैं। भारत में ऐसे बहुत से समूह हैं। ये लोकतान्त्रिक प्रक्रिया के अंग हैं।

भारत विश्व का सबसे बड़ा लोकतन्त्र है। यहाँ का हर नागरिक लोकतन्त्र में विश्वास रखता है। हमारा लोकतन्त्र स्वतन्त्रता व समानता पर आधारित है। यहाँ सभी निर्णय लेने वाली संस्थाएँ लोकतन्त्रीय आधार पर गठित की गई हैं। पंचायत निचली संस्था व संसद उच्चतम संस्था है। दोनों का गठन वयस्क मताधिकार प्रणाली के आधार पर होता है। 18 वर्ष के हर नागरिक को मत देने का अधिकार दिया गया है। वह अपने मत का इस्तेमाल निष्पक्ष रूप से करता है। यहाँ लोग लोकतन्त्र को किसी तरह से खोने को तैयार नहीं हैं।

आज भारत में लोकतन्त्र की जड़ें गहरी होती जा रही हैं। हर नागरिक प्रभुसत्ता-सम्पन्न है। वह मत के मूल्य को समझता है। परन्तु फिर भी हमारे लोकतन्त्र के समक्ष कुछ समस्याएँ हैं। जिस कारण हमारे लोकतन्त्र के समक्ष चुनौतियाँ बनी हुई हैं।

1. जातिवाद—भारतीय समाज में जातिवाद विद्यमान है। यहाँ के समाज में हर व्यक्ति जाति के आधार पर जाना जाता है। यहाँ कुछ जातियाँ उच्च व कुछ निम्न मानी जाती हैं। यहाँ जातियों के आधार पर सम्बन्ध स्थापित किए जाते हैं। आज जाति का सम्बन्ध राजनीति से हो गया है। चुनाव में जातियाँ महत्त्वपूर्ण कार्य करने लगी हैं। हर चुनाव-क्षेत्र में जाति के आधार पर प्रत्याशी खड़े किए जाते हैं। अगर किसी राज्य में किसी विशेष जाति की अधिकता होती है तो उस राज्य की राजनीति में वह जाति एक महत्त्वपूर्ण भूमिका निभाती है। टिंकर ने राज्यों की राजनीति को 'जातियों' की राजनीति का नाम दिया है। जातीयता के आधार पर लड़े गए चुनाव लोकतन्त्र के समानता के सिद्धान्त के विरुद्ध हैं। यहाँ नेता जाति हेतु कार्य करते हैं, सम्पूर्ण जनता हेतु नहीं। इस कारण जातीयता हमारे लोकतन्त्र के मार्ग में बाधक बन गई है।

2. साम्प्रदायिता—हमारे लोकतन्त्र के समक्ष एक और समस्या साम्प्रदायिकता की है। यहाँ लोग अपने सम्प्रदाय को पसंद करते हैं तथा दूसरे सम्प्रदाय से घृणा करते हैं। हर सम्प्रदाय चाहता है कि शासन पर उसका प्रभाव हो तथा अन्य सम्प्रदायों को कुछ भी न मिले। इससे असमानता उत्पन्न हुई है जो लोकतन्त्र के विरुद्ध है। हर अल्पसंख्यक समूह अपने को पृथक समझता है बल्कि संविधान सभी सम्प्रदायों को समान समझता है। हर अल्पसंख्यक समूह को विशेष अधिकार दिए गए हैं। उनकी सुरक्षा का प्रबन्ध भी किया गया है।

भारत धर्म-निरपेक्ष राज्य है। यहाँ किसी भी धर्म को विशेष अधिकार नहीं मिले फिर साम्प्रदायिकता क्यों। क्या कारण है कि समय-समय पर साम्प्रदायिक दंगे होते हैं। निहत्थे लोग मारे जाते हैं। लोकतन्त्र साम्प्रदायिकता से ऊपर है फिर ये दंगे-फसाद क्यों? लोकतन्त्र की सफलता हेतु हमें साम्प्रदायिकता से ऊपर उठना होगा।

3. क्षेत्रवाद व भाषावाद—प्रत्येक देश की प्रशासनिक सुविधा हेतु राष्ट्र को क्षेत्रों में विभक्त किया जाता है। भारत को भी प्रशासनिक दृष्टि से 28 राज्यों व 7 संघशासित क्षेत्रों में विभक्त किया गया है। महेश्वरी के अनुसार, "इनमें से हर क्षेत्र के तहत काफी बड़ा इलाका शामिल है। उनका अपना एक विशिष्ट ऐतिहासिक, सांस्कृतिक और आर्थिक सुझाव है। भारत में राज्यों का सृजन भाषायी व धार्मिक आधारों पर किया गया है। इस कारण यहाँ कई समस्याएँ उत्पन्न हो गई हैं। जम्मू-कश्मीर में नेशनल-कांफ्रेंस, पंजाब में अकाली दल, केरल में ईसाई व मुस्लिम संगठन तथा नागालैण्ड, मिजोरम और मेघालय में ईसाई मिशनरी प्रादेशिक स्वायत्तता की माँग कर रही हैं। इनमें कुछ उग्रवादी दल हैं जो भारतीय संघ से अलग होने की बात करते हैं।

क्षेत्रवाद के साथ-साथ भाषावाद भी भारतीय राजनीति में सक्रिय है। भारत में बहुत-सी भाषाएँ बोली जाती हैं। निःसन्देह भारतीय संविधान में हिन्दी को राजभाषा घोषित किया गया है, परंतु अनेक भाषाओं की उपस्थिति में भाषायी समस्याएँ उत्पन्न हो गई हैं। राज्यों का गठन भाषा के आधार पर किया गया है। एक भाषा बोलने वाले लोग, दूसरों के साथ मिलकर रहने हेतु तैयार नहीं। भाषा के आधार पर पृथक राज्य के गठन की माँग की जा रही है। तैलंगाना इसका उदाहरण है। इसके अलावा राजनीतिक दल भाषायी समस्या से लाभ उठाने का प्रयत्न भी करते रहे हैं। हर दल यह कहता है कि किसी पर हिन्दी भाषा को थोपा नहीं जाएगा।

क्षेत्रवाद व भाषावाद भारतीय राजनीति में काफी सक्रिय रहा है जिस कारण एकता खतरे में पड़ गई है। इस कारण यहाँ असमानता स्थापित हुई है। लोगों की स्वतन्त्रता खतरे में पड़ गई है। क्षेत्रवाद व भाषावाद लोकतन्त्र के दुश्मन हैं।

4. आर्थिक-विषमता—भारत में आर्थिक-विषमता, मँहगाई, बेकारी, गरीबी व भ्रष्टाचार के कारण पैदा हुई है। एक गरीब आदमी निष्पक्षता से अपने मत को प्रकट नहीं कर सकता। हर नागरिक के समक्ष रोटी की समस्या, राजनीति से अधिक महत्त्वपूर्ण है। आर्थिक विषमता का एक कारण सम्पत्ति है। इस कारण सम्पत्ति के

अधिकार को सीमित करने हेतु समय-समय पर संविधान में संशोधन भी किए गए तथा 44वें संशोधन के माध्यम से सम्पत्ति के अधिकार को समाप्त कर दिया गया। इसके अलावा 42वें संशोधन के माध्यम से प्रस्तावना में 'समाजवाद' शब्द जोड़ा गया। पंचवर्षीय योजनाओं के माध्यम से प्रति व्यक्ति वार्षिक आय की वृद्धि का प्रयास किया गया।

5. चुनाव सुधार की आवश्यकता—भारत में संविधान निर्माताओं के माध्यम से चुनाव की प्रक्रिया संविधान में दी गई है। संविधान निर्माता आशा करते थे कि भारत में चुनाव स्वतन्त्र व निष्पक्ष होंगे परन्तु हमारी चुनाव-व्यवस्था में बहुत से दोष हैं। यहाँ पर साधारण बहुमत की पद्धति अपनाई गई है। इसमें जो प्रत्याशी अन्य प्रत्याशियों से अधिक मत प्राप्त करता है उसे सफल घोषित कर दिया जाता है चाहे उसे कुल मत का 20 प्रतिशत अथवा 30 प्रतिशत मत ही क्यों न मिले। इसके अलावा हमारे यहाँ चुनाव में पैसे का बोलबाला है। चुनाव-आयोग ने चुनाव पर खर्च होने वाली राशि को निर्धारित किया हुआ है परन्तु फिर भी जो अधिक से अधिक धन खर्च कर सकता है चुनाव जीतता है। इसके अलावा चुनाव से पूर्व मन्त्री कई सुविधाएँ लोगों को दे देते हैं जिससे उन्हें अधिक मत मिलें। प्रत्याशी चुनाव अधिकारियों पर प्रभाव डालते हैं। ये सब राजनीतिक भ्रष्टाचार के साधन हैं जो भारतीय लोकतन्त्र को खोखला बना रहे हैं।

6. राजनीति में सामन्तवाद—भारत में सामन्तवाद को समाप्त कर दिया गया है परन्तु यह सब दिखावा है। आज भी राजनीति में समाजवाद का बोलबाला है। आज चुनाव में कौन भाग लेता है, वही जिसके पास बहुत बड़ी जागीर है। अधिकतर वही व्यक्ति चुनाव लड़ते हैं जिनके पास पैसा होता है अथवा जिन्हें पैसा दिया जाता है। इसके अलावा स्वयं भूतपूर्व शासक चुनाव लड़ते हैं। इस कारण शासन सामन्तवादियों के हाथों में केन्द्रित हो जाता है।

उपसंहार

थोड़े में हम यह कह सकते हैं कि हमारे देश में संघीय शासन प्रणाली है। राज्य में अलग शासन व्यवस्था तो है लेकिन एक ऐसी केन्द्रीय शक्ति भी है जो सम्पूर्ण देश को एकता के सूत्र में बाँधे रखता है। इस प्रकार की शासन व्यवस्था में एकहरी नागरीकता प्राप्त होती है। इसमें केवल देश की नागरिकता दी जाती है। राज्य की अलग नागरिकता नहीं प्रदान की जाती है।

गृह कार्य

(1) भारतीय शासन व्यवस्था का संक्षिप्त विवरण दें।

(2) एकल नागरिकता से क्या समझते हैं?

(3) लोकतान्त्रिक प्रक्रिया का संक्षिप्त विवरण दें।

❑❑❑